· 西北大学“双一流”建设项目资助
Sponsored by First-class Universities and Academic Programs of Northwest University
· 教育部人文社会科学基金青年项目（立项号：20YJC790029）资助
· 陕西省社会科学基金项目（立项号：2020D026）资助

Research on the capital misallocation effect in the development of Chinese Industrial Enterprises

中国工业企业发展的资本错配效应研究

葛鹏飞◎著

中国经济出版社
CHINA ECONOMIC PUBLISHING HOUSE
北 京

图书在版编目(CIP)数据

中国工业企业发展的资本错配效应研究 / 葛鹏飞著. --北京:中国经济出版社,2023.8(2025.4 重印)
ISBN 978-7-5136-7423-2

Ⅰ.①中… Ⅱ.①葛… Ⅲ.①工业企业-资本管理-研究-中国 Ⅳ.①F425

中国国家版本馆 CIP 数据核字(2023)第 155892 号

责任编辑 贺 静
责任印制 李 伟
封面设计 华子设计

出版发行 中国经济出版社
印 刷 者 北京艾普海德印刷有限公司
经 销 者 各地新华书店
开 本 710mm×1000mm 1/16
印 张 14
字 数 222 千字
版 次 2023 年 8 月第 1 版
印 次 2025 年 4 月第 2 次
定 价 88.00 元
广告经营许可证 京西工商广字第 8179 号

中国经济出版社 **网址** www.economyph.com **社址** 北京市东城区安定门外大街 58 号 **邮编** 100011
本版图书如存在印装质量问题,请与本社销售中心联系调换(联系电话:010-57512564)

前　言

当前，中国经济正处在从数量型增长向质量型发展的转型期，深入推进供给侧结构性改革成为提高社会整体生产力水平、实现中国经济高质量发展的必由之路。企业作为经济活动的微观主体，是构成经济体供给端的基础个体。研究微观企业行为，探索提高企业竞争力的机制因素，对于推动供给侧结构性改革具有重要作用。目前，中国金融部门改革滞后，引发的资本错配已成为制约中国企业发展的主要障碍。而且，深化金融供给侧结构性改革，扫除企业在金融市场所面临的体制及制度性歧视，改善资本和金融市场的结构性扭曲，增强金融服务实体经济能力，已经成为金融改革的主要目标。综观现有文献，学术界主要关注资本错配引发的加总全要素生产率损失问题以及资本错配的成因分析，尚缺乏资本错配对实体经济中微观企业行为的影响研究。鉴于此，本书根据异质性企业的垄断竞争模型，利用中国工业企业的微观数据，在测算中国工业分行业资本错配的基础上，从理论与实证两个方面研究资本错配对企业行为的影响，分别从企业产能过剩、企业规模状况、企业出口行为以及企业进入退出四个维度进行讨论。本书发现，资本错配对企业行为有着复杂的影响，主要结论有以下五点：

(1)中国工业行业的资本错配存在显著的行业异质性。从国民经济分类的一位数行业来看，采矿业的资本错配程度最高，电力、燃气及水的生产和供应业的资本错配程度次之；制造业的资本错配程度最低。从二位数行业来看，行业的资本错配与行业市场竞争程度呈负相关，市场竞争程度高的行业资本错配程度低。资本错配程度最高的五个行业从高到低分别为黑色金属矿采选业，有色金属矿采选业，石油加工、炼焦及核燃料加工业，其他采矿业，石油和天然气开采业。

(2)资本错配对中国工业企业产能利用率有显著负向影响。资本错配显著降低了正常企业的产能利用率,却显著提高了僵尸企业的产能利用率。机制研究得出,资本错配通过政府补贴渠道提高了僵尸企业的产能利用率;但是,资本错配对僵尸企业的企业税负没有显著影响,不存在企业税负的渠道效应。

(3)资本错配显著提高了中国工业企业规模扭曲。资本错配提高了企业规模,并且对国有企业规模的提升作用最大,对民营企业规模的提升作用最小。进一步地,本书把大企业低生产率与小企业高生产率视作企业规模扭曲,考察资本错配对企业规模扭曲的影响。研究得出,资本错配显著提高了企业规模扭曲的发生概率。本书发现,僵尸企业占比越多,企业规模扭曲发生的概率越高;行业的僵尸化程度越高,资本错配对该行业内大企业低生产率扭曲发生概率的影响越大,即僵尸化程度的加剧使资本被更多地错配给了行业内规模较大但效率较低的企业。另外,"僵尸企业"在一定程度上放大了资本错配对高效率小企业成长的抑制作用,使得行业内高生产率企业规模偏小。

(4)资本错配显著提升了中国工业企业出口扭曲。资本错配的加剧提高了外资及港澳台企业的出口概率,但抑制了民营企业的出口概率,对国有企业的出口概率无显著影响。进一步地,本书发现,资本错配导致了企业出口扭曲程度的加剧。机制研究表明,资本错配通过提高企业的政府补贴,提高了企业的出口扭曲程度;同时,资本错配通过降低企业税负,提高了企业的出口扭曲程度;而且政府补贴和企业税负变量均表现出部分中介效应。

(5)资本错配提高了国有企业和外资及港澳台企业的进入扭曲,对民营企业无显著影响;同时降低了国有企业的退出扭曲,提高了民营企业的退出扭曲,但对外资及港澳台企业退出无显著影响。僵尸企业对企业进入有着"筛选效应",提高了企业的进入门槛;同时,僵尸企业对企业退出有着"挤出效应",降低了企业的退出门槛。另外,资本错配通过提高企业补贴概率这一中介效应,提高了企业的进入扭曲;通过降低企业税率的中介效应,既提高了企业的进入扭曲,又提高了企业的退出扭曲。企业税率并非越低越好,合理的税率有助于进入企业提升生产率和淘汰市场低效率企业。

本书的创新之处有三点:首先,拓展和深化了要素错配领域的相关研究,尤其是资本错配领域的研究前沿。探讨资本错配对中国工业企业行为的影响，有助于推进要素错配的细分新领域研究，并且拓展了资本错配对微观企业行为影响的相关研究。其次，通过逻辑推演和构建数理模型考察了资本错配影响企业行为的微观机理，从理论上深入分析了资本错配与企业产能利用率、企业规模、企业出口、企业进入退出的关系及作用机制，从理论上丰富了资本错配研究。最后，实证分析资本错配对企业产能利用率问题、企业规模问题、企业出口问题、企业进入退出问题的影响，并进一步讨论了资本错配对僵尸企业产能利用率问题、企业规模与生产率关系问题、企业出口与生产率关系问题、企业进入退出与生产率关系问题的影响。本书的研究为推动中国金融领域的改革，进而提高企业供给质量具有重要意义。

CONTENTS 目录

1 导　论

从资本错配角度研究中国工业企业发展中存在的问题，对于提升微观企业竞争力、提高企业供给质量具有重要作用；对于准确把控金融市场改革、增强金融部门对实体经济的支撑能力、有效实现供给侧结构性改革目标起着关键作用。本章主要就本书的选题背景及意义、研究思路与方法等进行总体情况说明。

1.1 选题背景与选题意义

1.1.1 选题背景

自1978年实行改革开放以来，中国经济历经四十多年的快速发展，取得了举世瞩目的经济增长奇迹，经济总量跃居世界第二位，并且成长为全世界最具活力的发展中国家。在1978年，按2010年不变价美元度量，中国的GDP为2943亿美元，同期日本的GDP为27839亿美元，美国的GDP为63437亿美元，中国的经济体量仅相当于日本的10.57%、美国的4.64%；到2017年，中国的GDP为101610亿美元，日本为61563亿美元，美国为173050亿美元，中国的经济体量已经是日本的1.65倍、美国的58.72%。中国经济对世界的影响力越来越大，在1978年，中国GDP仅占世界GDP的1.12%，到2017年，中国GDP已经达到世界GDP的12.69%（见图1－1）。

伴随着GDP的增长，中国人均GDP也大幅提升（见图1－2）。以2010年不变价美元度量，中国人均GDP从1978年的308美元上升到2017年的7329美元，增长近23倍。中国经济虽然实现了快速增长，人均GDP也得到大幅提高，但是与日本、美国等发达国家的人均GDP相比仍有较大差距；

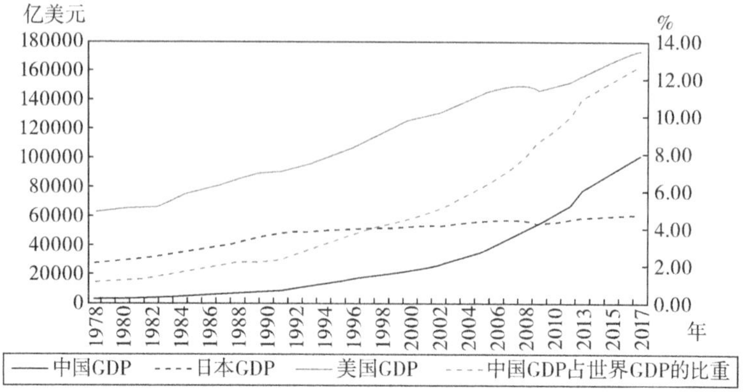

图 1-1 1978—2017 年中国 GDP、日本 GDP、美国 GDP 以及中国 GDP 占世界 GDP 的比重

资料来源:世界银行数据库。

2017 年,中国人均 GDP 仅占日本人均 GDP 48557 美元的 15.09%、美国人均 GDP 53129 美元的 13.79%;甚至比世界 10636 美元的人均 GDP 要低 3307 美元。而且,"未富先老"也成为横亘在当前中国发展面前的一个重要问题。国际上通常认为,一个国家或地区内 60 岁及 65 岁以上老年人口占到总人口的 10%(及 7%)就表明该国或地区进入老龄化社会。按此标准,2016 年年底,在中国 13.83 亿人口中,60 岁及 65 岁以上人口占比分别达到 16.7%、10.85%。由此可见,中国经济发展依旧道阻且长。

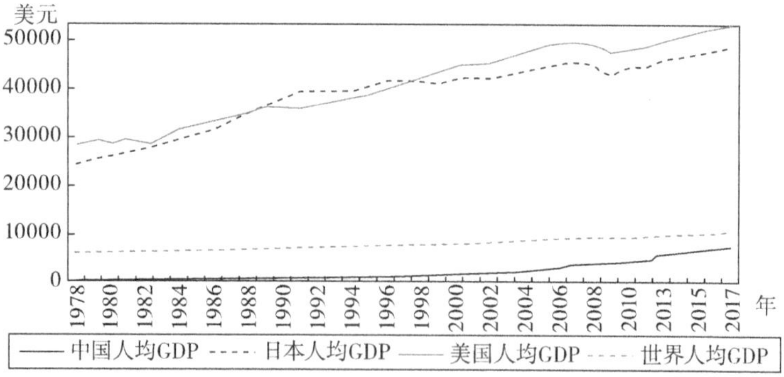

图 1-2 1978—2017 年中国、日本、美国以及世界的人均 GDP

资料来源:世界银行数据库。

毋庸置疑,中国经济的发展速度举世瞩目,但同时面临越来越多的增长约束。根据图 1-3,1978—2011 年,除个别年份经济增长受到不确定性特殊因素影响外,中国经济增长率均保持在 8% 以上,即便个别年份 GDP 增长率低于 8%，短期内经济也能够恢复到 8% 以上的高速增长水平。但是，从 2012 年开始出现的经济增长率持续性下行表明，中国经济已步入“新常态”。习近平总书记于 2014 年 5 月在考察河南时首次提出“经济新常态”，标志着中国经济基本告别了过去三十多年 10% 左右的高速增长，也基本告别了以高要素投入为特征的传统粗放式增长模式。同时，与世界上其他主要国家相比，中国经济的增长速度优势正在减弱，具体表现为与美国 GDP 增长率的差距正在不断缩小，中国经济的增长模式亟待转变。

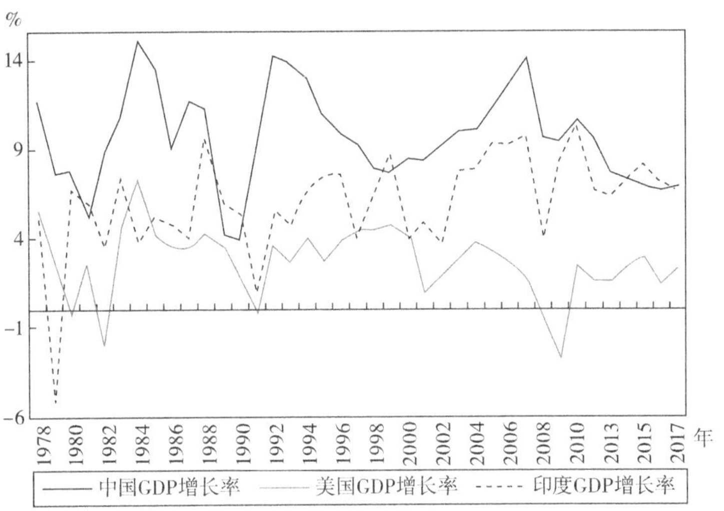

图 1－3 1978—2017 年中国、美国、印度的 GDP 增长率

资料来源：世界银行数据库。

在这一形势下，习近平总书记在 2015 年 11 月 10 日召开的中央财经领导小组第十一次会议上提出：“……在适度扩大总需求的同时，着力加强供给侧结构性改革，着力提高供给体系质量和效率，增强经济持续增长动力，推动我国社会生产力水平实现整体跃升。”“供给侧结构性改革”概念的提出，旨在推动中国经济从数量型增长向质量型发展转变。随后，党的十九大报告中指出：“我国经济已由高速增长阶段转向高质量发展阶段……必须坚持质量第一、效益优先，以供给侧结构性改革为主线，推动经济发展质量变革、效率变革、动力变革，提高全要素生产率。”至此，中国经济发展已经明确以供给侧结构性改革为主线，坚持推动经济的高质量发展。

供给侧结构性改革的根本目的是提高社会整体生产力水平，企业作为供给端的微观主体和基本单元，有效减轻企业税费负担、降低企业融资成本，是增强企业国际竞争力、提高企业供给质量的根源（黄群慧，2016）。解决资本和金融市场结构性扭曲，扫除企业在制度和体制上面临的金融市场制度性歧视，增强金融对实体经济的支撑和服务能力，就成为供给侧结构性改革的主要目标（刘伟，2016）。金融活动广泛存在于现代国民经济中，金融发展对经济增长日益显著的推动作用已成为当前共识（张成思、刘贯春，2016）。中国金融规模逐年上升，金融机构的年末存款余额从 1978 年的 1155 亿元，上升到 2017 年的 1641044 亿元，上升了约 1420 倍，年均增长率约为 120%；金融机构的年末贷款余额从 1978 年的 1890 亿元，上升到 2017 年的 1201321 亿元，上升了约 635 倍，年均增长率约为 100%。金融部门在国民经济中的地位也越来越高，金融机构存贷款余额占 GDP 的比重逐年稳步上升，从 1978 年的 83% 提高到 2017 年的 344%，年均增长率高达 100%（见图 1－4）。

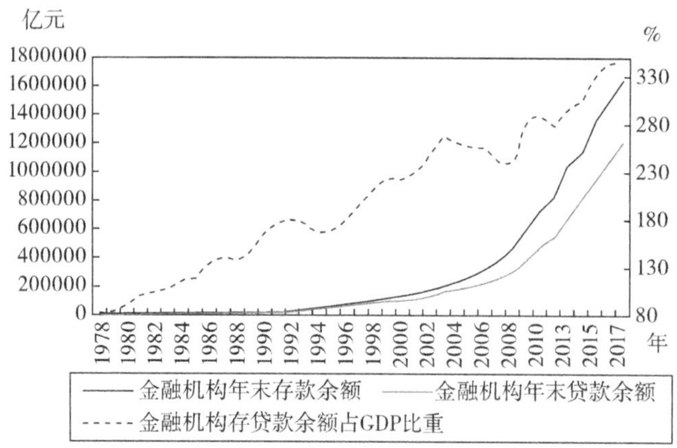

图 1－4　1978—2017 年中国金融机构年末存贷款余额及其占 GDP 比重

资料来源：历年《中国统计年鉴》。

在金融部门对国民经济的重要性日益突出的同时，金融市场扭曲对微观企业的成长约束也越发显著。根据图 1－5，在 1998—2013 年的样本期内，中国工业企业的平均资本使用成本经历了先下降再上升的过程，平均资本使用成本随着时间的推移呈“U”形变化态势。而且，中国工业企业的平均资本使用成本在各所有制企业之间存在显著差异，主要表现为民营企业与其他所有制企业的差异，而国有企业与外资及港澳台企业的资本使用成本无明显差异。在样本期内，民营企业的资本使用成本最高，平均为4.95%；国有企业和外资及港澳台企业的平均资本使用成本分别为2.04%、1.99%；民营企业的平均资本使用成本显著高于国有企业和外资及港澳台企业。具体地，民营企业平均资本使用成本最低为2004年的2.92%，最高为2013年的8.56%；国有企业资本使用成本最低为2004年的1.32%，最高为2012年的3.10%；外资及港澳台企业资本使用成本最低为2004年的1.13%，最高为2012年的4.77%。在样本期内，民营企业的资本使用成本普遍是国有企业、外资及港澳台企业资本使用成本的2~3倍。资本使用成本在民营企业与其他所有制企业之间存在巨大差异，凸显了民营企业的融资困境，也初步表明中国的国民经济体系存在资本配置不当的问题。

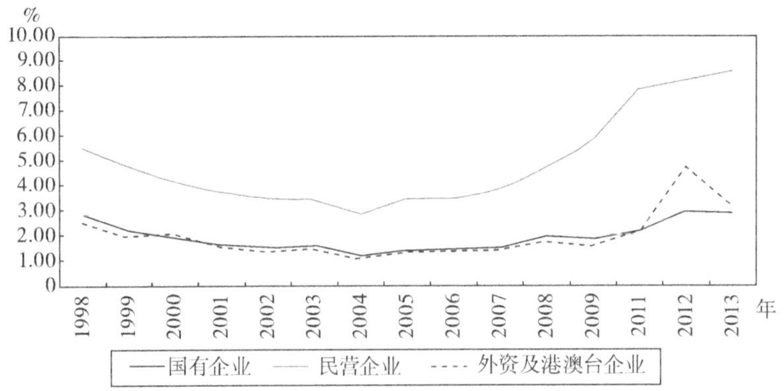

图1-5 1998—2013年不同所有制企业的平均资本使用成本①

资料来源：中国工业企业数据库，并由笔者计算整理得出②。

中国的资本使用成本在不同所有制企业之间存在显著差异，这可能是因为民营企业自身的资本生产率低于国有企业与外资及港澳台企业，造成银行只将较少贷款分配给民营企业，从而表现为民营企业较高的资本使用

① 参考邵挺(2010)的研究，本书的企业资本使用成本用财务费用中的利息支出扣除应付账款后的负债总额相除表示。在计算各所有制企业平均资本使用成本时，为了剔除异常值的影响，本书对企业资本使用成本变量进行了0.1%的缩尾处理。有关所有制的划分依据，本书利用1998—2007年、2011—2013年的数据，根据各所有制资本占实收资本的比重进行划分；由于2008—2009年的数据缺少各所有制的资本数据，本书根据中国工业企业数据库中给出的控股情况进行划分。

② 需要特别说明的是，本书未使用中国工业企业数据库中2010年的企业数据。原因有两个：一方面，现在流通的2010年数据的真实性有待考证，几乎不被学术界认可；另一方面，根据EPS数据公司提供给北京大学图书馆等国内高校的中国工业企业数据库，2010年的企业数据仅包含该年年末从业人员合计、资产总计、营业收入合计三项财务指标。

成本，这种情况属于资本市场正常的资本分配活动。那么，事实是否如此呢？本书参考 Banerjee 等（2003）和简泽等（2018）的方法，把产出资本比 Y/K 作为企业资本生产率的度量指标，并绘制折线图。根据图 1－6，样本期间，国有企业、民营企业和外资及港澳台企业的资本生产率都表现出逐年提高的走势，而且其在不同所有制企业之间也表现出显著的差异性特点；其中，民营企业的平均资本生产率最高为 18.88 元/元，即每 1 元的资本投入会带来 18.88 元的产出；外资及港澳台企业和国有企业次之，平均资本生产率分别为 18.18 元/元和 9.33 元/元；平均而言，民营企业的资本生产率是国有企业的 2.02 倍。虽然民营企业的资本生产率在 2011 年以后表现出增长缓慢的特点，民营企业的资本生产率仍旧显著高于国有企业的资本生产率。通过以上分析可以发现，民营企业的资本生产率最高，其资本使用成本也最高；外资及港澳台企业的资本生产率较高，其资本使用成本也较高；国有企业的资本生产率最低，但其却拥有着最低的资本使用成本。这样就会导致拥有较高资本使用成本的民营企业势必存在资本要素投入不足的问题；相对而言，国有企业势必存在资本要素投入严重过量的问题；外资及港澳台企业也或多或少地存在资本要素投入稍微过量的问题。

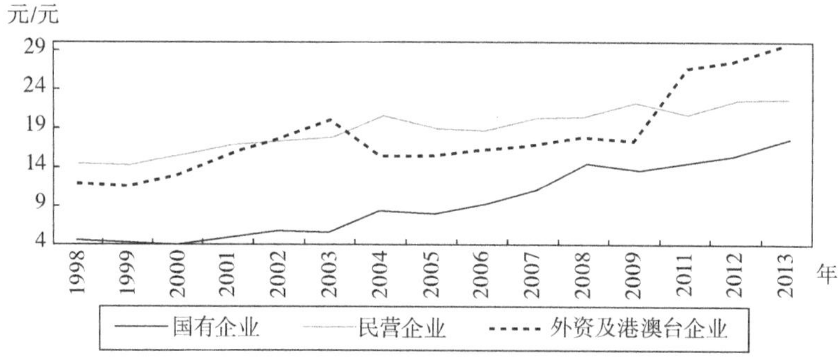

图 1－6　1998—2013 年不同所有制企业的平均资本生产率

资料来源：中国工业企业数据库，并由笔者计算整理得出。

在各所有制企业之间，资本使用成本除本身具有差异性以外，在不同所有制内部也存在着差异。图 1－7 展示了 1998—2013 年国有企业、民营企业与外资及港澳台企业内部各个企业之间的以标准差衡量的资本使用成本的离散程度。可以发现，在样本期内，民营企业内部的各个企业之间资本使用成本的离散程度最大，其次是外资及港澳台企业，而国有企业之间资本使用成本的离散程度最小。从各所有制内企业资本使用成本标准差的走势来看,三条曲线均表现出先平稳再上升的趋势。1998—2007 年,各所有制内企业之间的资本使用成本离散程度较平稳;在 2008 年以后,各企业的资本使用成本的差异性逐步上升。在数值上,国有企业之间资本使用成本的离散程度从 1998 年的 0.0649 上升到 2013 年的 0.2352,离散程度提高了 2.6237 倍;外资及港澳台企业之间资本使用成本的离散程度从 1998 年的 0.0931 上升到 2013 年的 0.2875,提高了 2.0872 倍;民营企业之间资本使用成本的离散程度从 1998 年的 0.1373 上升到 2013 年的 0.4698,提高了 2.4224 倍。结合图1 -5可知,2008 年以后,不仅民营企业整体与国有企业整体、外资及港澳台企业整体的平均资本使用成本的差异逐步拉大;在民营企业、国有企业、外资及港澳台企业内部各企业之间,资本使用成本的离散程度也在进一步增大。结论表明,资本使用成本的差异性不仅存在于所有制之间,也存在于同一所有制的不同企业之间。

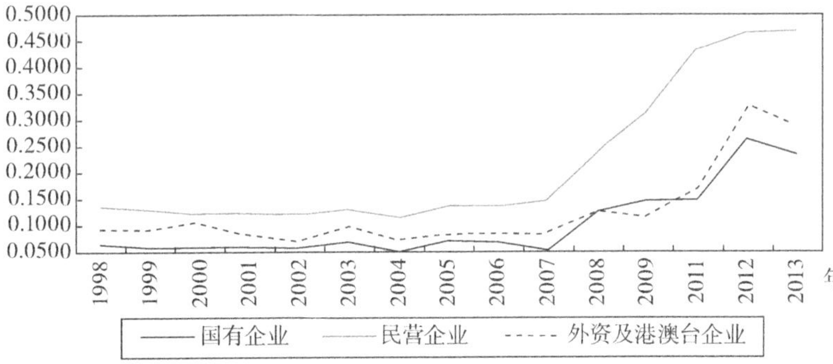

图 1 -7 1998—2013 年国有企业、民营企业与外资及港澳台企业的资本使用成本的标准差

资料来源:中国工业企业数据库,并由笔者计算整理得出。

类似地,除去资本生产率在不同所有制之间的差异以外,资本生产率在不同所有制内部的企业间也存在着差异。图 1 -8 展示了 1998—2013 年国有企业、民营企业与外资企业内部各企业之间的以标准差度量的资本生产率的离散程度。可以发现,样本期内,民营企业、国有企业和外资及港澳台企业内部的各企业之间资本生产率的离散程度均呈现逐年上升的态势。对比而言,国有企业和民营企业更多地表现出平稳上升的走势,而外资及港澳台企业更多地表现出较大的波动性,并且民营企业比国有企业的差异性更大。在托数值上,国有企业之间资本生产率的离散程度从 1998 年的

44.1023 上升到 2013 年的 126.8101，离散程度提高了 1.8754 倍；外资及港澳台企业之间资本生产率的离散程度从 1998 年的 71.0002 上升到 2013 年的 157.4659，提高了 1.2178 倍；民营企业之间资本生产率的离散程度从 1998 年的 74.1631 上升到 2013 年的 129.4018，提高了 0.7448 倍。结合图 1-6 可知，在样本期内，不仅整体上国有企业、民营企业与外资及港澳台企业的平均资本生产率的差异拉大，在国有企业、民营企业与外资及港澳台企业内部各企业之间，资本生产率的差异性也在逐年增高。结论表明，资本生产率的差异性不仅存在于所有制之间，也存在于同一所有制内的企业之间。

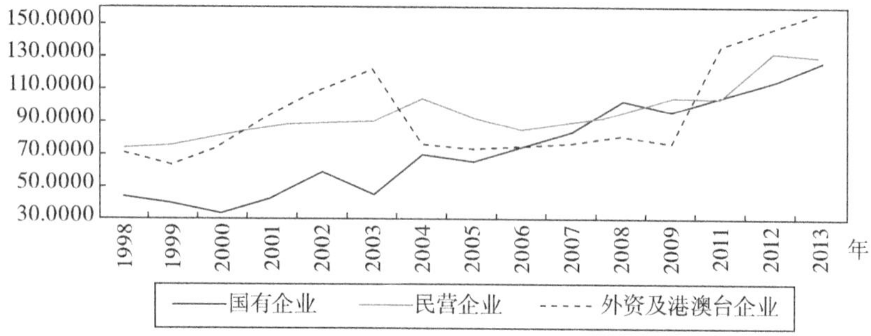

图 1-8　1998—2013 年国有企业、民营企业与外资及港澳台企业资本生产率的标准差

资料来源：中国工业企业数据库，并由笔者计算整理得出。

一系列的数据分析显示，中国微观工业企业可能存在着严重的资本错配问题。一方面，资本生产率最高的民营企业，面临最高的资本使用成本；而资本生产率最低的国有企业，面临最低的资本使用成本；外资及港澳台企业处于中间状况。另一方面，在国有企业、民营企业和外资及港澳台企业内部，可能也存在进一步的资本错配，即可能资本生产率较低的民营企业比资本生产率较高的民营企业，由于政企关系等原因，会面临较高的资本使用成本，而不得不选择投入较少的资本；国有企业和外资及港澳台企业内部也可能存在类似的情况。

在中国市场化经济转型过程中，资本市场的市场化改革严重滞后于劳动力市场和产品市场改革，资本错配问题已成为制约中国经济高质量发展的关键问题（简泽等，2018）。目前，资本错配引发的加总全要素生产率损失问题已受到学术界的广泛关注（Hsieh and Klenow，2009；姚毓春等，2014；Song and Wu，2015；Dai and Cheng，2018）。另外，已有研究对资本错配形成原因的关注也较多,比如,金融抑制会产生资本错配(Buera et al.,2011),而金融发展可以有效地缓解资本错配(Benhima,2013;Marconi and Upper,2017)。金融市场在运行中产生的金融摩擦会引发资本错配(Gilchrist et al.,2013;Uras,2014)等。针对中国的资本错配成因,现有研究认为,政策制度扭曲、受政府政策影响的金融市场不完善、国有企业等因素是造成中国企业资本错配的主要原因(Hsieh and Klenow,2009;Dai and Cheng,2018;David and Venkateswaran,2018),而金融摩擦对资本错配的贡献程度很少(Wu,2018)。除去资本错配会带来加总全要素生产率损失,以及资本错配的成因研究以外,鲜有文献指出资本错配对经济运行的作用,更没有文献探索资本错配对微观企业行为的影响情况。直观地思考,微观经济学理论认为,要素配置对企业行为有着重要影响,资本要素是现代企业赖以生存的决定性资源,资本错配会扭曲资本要素在各企业之间的配置情况,进而影响企业的基本经营活动,并进一步地导致企业经营行为与市场经济下企业经营行为的背离,产生企业扭曲;企业作为供给端的微观组成部分,其行为的扭曲不仅会影响企业成长、降低企业竞争力,还会对供给端造成影响,引起供给质量的下降,对中国经济的发展质量产生不利影响。因此,从供给侧结构性改革的角度来看,中国经济实现高质量发展的关键在于提高微观企业的竞争力,即提高企业生产、交换、分配、投资等组织活动的能力。结合当前中国经济产能过剩、僵尸企业、出口乏力、效率低下等现实问题,本书选择产能行为、企业出口、企业规模、企业进入退出等具体行为进行分析探讨。

基于以上分析,本书利用中国工业企业数据库中的微观企业数据,深入探讨资本错配对微观企业行为的影响,本书的研究对于实现中国经济高质量增长有着重要的指导意义。

1.1.2 选题意义

根据上文的分析,以改革促发展成就了中国经济过去四十多年的辉煌,但与发达国家的较大差距仍使中国经济的增长之路充满挑战。而且,中国"新常态"的经济形势,也意味着经济增长应该实现从数量向质量转变。在经济下行压力增大的背景下,在高要素资源投入的粗放式经济增长方式不可持续的情况下,对中国经济实施供给侧结构性改革成为解决中国经济增长困境、提升经济增长质量的必由之路。

供给侧结构性改革以提高中国经济供给质量为主要目的，企业作为经济活动的微观主体，是经济供给端的基本单元，也是供给侧结构性改革的重要抓手。因此，破除微观企业经营中所面临的障碍，进而有效地提高企业竞争力，已成为供给侧结构性改革需要解决的首要问题。根据现代企业理论，资本资源是企业运营的根本要素。但是在现实中，中国企业却面临复杂多变的融资环境，“融资的高山”被民营企业家形容为“三座大山”之一①。与一般意义上的企业融资约束相比，资本资源在企业间的不合理配置对经济的负面影响要更严重。第一，与生产率不相符的资本配置，将导致生产率高的企业融资不足，而生产率低的企业过度融资，带来生产率的损失和产出损失。第二，生产率较低企业的过度资本投入，会带来企业产能过剩；而生产率较高企业的资本投入不足，会使得企业产能不足。第三，资本错配会明显抬高部分企业的经营成本，也会明显降低部分企业的经营成本，造成企业规模过大或过小，对企业的规模经济效应产生消极影响。第四，资本错配会使企业经营风险加剧，破坏企业的创新活动，阻碍企业转型升级，不利于企业竞争力的提升。第五，资本错配会打击资本使用成本较高企业（多数为民营企业）的积极性，影响民营企业的发展。第六，宏观上，资本错配会带来产能过剩、高杠杆率等问题，加剧宏观经济的运行风险。

已有文献主要关注资本错配对加总全要素生产率的损失研究，鲜有学者就资本错配对企业行为的影响问题进行深入分析。很显然，资本资源作为现代企业运行的基本要素资源，如果其在代表性企业 A 和企业 B 之间存在错配现象，则必然会改变企业 A 和企业 B 的经营行为。因此，研究资本错配对企业行为的影响，清晰明确地掌握资本错配对企业行为的影响路径和影响机制，有助于排除中国企业面临的经营障碍，对企业竞争力的提升有直接作用。

自 Hsieh 和 Klenow（2009）通过建立异质性企业的垄断竞争模型，讨论了资源错配对加总全要素生产率损失的影响之后，学术界开启了要素资源配置方面问题研究的新篇章。基于以上现实背景与理论发展，本书采用中国工业企业微观数据，全面系统地考察资本错配对中国工业企业行为的影响，以此揭示资本错配对中国工业企业的微观影响机理。

---

① 参考 2018 年 11 月 1 日，习近平总书记在民营企业座谈会上的讲话。

通过以上分析，本书的研究意义得以明确。理论上，发端于 Hsieh 和 Klenow（2009）的异质性企业的垄断竞争模型，仅考虑了资源错配对中国加总全要素生产率损失的影响。虽然国内外学者在 Hsieh 和Klenow（2009）研究的基础上进行了大量后续研究，但这些研究要么是各国学者对本国经济现实的应用，要么是资本错配的成因分析①，缺乏对资本错配相关研究的进一步扩展和补充。就研究主题而言，本书把资本错配对经济的影响拓展到微观企业，深入探讨资本错配对企业行为的影响，从而拓展并丰富了资本错配理论的研究。企业行为是企业为实现利润最大化和一系列经营目标而进行的生产、交换、分配、投资行为等组织活动。结合中国经济面临的现实问题，本书着重研究的企业行为具体包括企业产能、企业规模、企业出口、企业进入退出四个方面，这四个方面主要属于生产行为和交换行为的范畴，未来可以着重从企业分配行为和投资行为的范畴展开研究。

从现实意义来说，在中国经济转型的过程中，金融部门改革滞后对经济的负向影响日益凸显，金融部门没有完全发挥其在分散企业风险、提高企业竞争力方面的作用。进一步地，无论是政策制定者还是学术研究者，其对金融部门受到政策性干预后导致的资本错配问题的危害性研究都还停留在表面。当前，推进供给侧结构性改革虽然成为中国改革的主线，其目的也是提高中国经济增长质量，但是在推进供给侧结构性改革的具体实施中，相关部门缺乏对资本错配问题的解决方案措施，更多的是关注降低企业融资成本等表层问题。政策干预导致的资本错配对中国工业企业产能、企业规模、企业出口和企业进入退出等企业行为究竟产生了怎样的具体影响？危害性程度有多大？其作用机理如何？对这一系列问题的考察不仅有助于理解近年来中国工业企业在多个层面上的动态演进趋势，还有助于深化中国工业企业的高质量发展，特别是从金融部门改革的视角提供全新的审视与解读。更重要的是，本书的研究对现实中政策文件关注的僵尸企业问题、产能过剩问题、高杠杆率问题、TFP 低下等问题都提供了微观层面的有益解读和判别。此外，本书利用中国工业微观企业数据，通过严谨的实证分析得到了较为可靠和准确的结论，对于提高工业企业竞争力和提升中国经济质量具有重要的政策参考价值。

---

① 事实上，现有文献更多地涉及资源错配的成因分析。

1.2 研究思路与研究方法

1.2.1 研究思路

本书的研究思路具体如下：首先，本书通过对资本错配的相关理论与实证研究的梳理，清晰掌握资本错配的发展脉络，以求站在学术研究的国际前沿，以文献为基础开拓思维，发现资本错配对企业行为影响的研究尚且存在不足；并分别对企业产能、企业规模、企业出口与企业进入退出方面的前沿文献进行归纳总结，逐步深入研究，以便能够发掘兼具学术价值及现实价值的研究结论。其次，本书在 Hsieh 和 Klenow（2009）的异质性企业的垄断竞争模型基础上，将资本错配的绝对扭曲引入模型，然后利用中国工业企业数据库的微观企业数据，测算出各企业的资本绝对扭曲值，并在此基础上进一步计算出中国工业的资本错配指标现状，通过简单的描述性统计分析，初步掌握中国工业资本错配的现实特征；基于 Luttmer（2007）的多部门模型，对资本错配与企业行为的关系进行理论分析。再次，在构建回归模型之后，本书分别对资本错配与企业产能、企业规模、企业出口、企业进入退出的关系进行实证研究。实证研究分别就基准模型、异质性回归分析、影响机制回归等进行分析，并就结论可能存在的偶然性和内生性进行详尽的稳健性与内生性等检验，以期做到实证策略尽可能深入细致，与中国经济现实的问题相结合，以求挖掘资本错配对微观企业动态影响的深层次问题。最后，本书根据研究结论给出相应的政策启示，并对研究不足进行总结，对未来的研究提出展望。

1.2.2 研究方法

本书所采用的研究方法归纳如下：

（1）演绎分析与归纳分析相结合

演绎法，是指从普遍到个别、从一般到具体的认识“隐性”知识的方法。归纳法，是指从个别事例中获得一个较概括性的结论。演绎分析法与归纳分析法贯穿本书。运用演绎法，本书从微观经济的厂商理论，推论出资本错配对企业行为有着重要的作用,并且该作用应该具有异质性,由此得出资本错配是影响经济高质量发展的障碍之一。在文献梳理的过程中,本书利用归纳分析法对浩瀚如海的文献进行归纳总结,使之具有逻辑性和结构性,进而概括出资本错配的几个主要研究方向。在进行实证分析时,本书将演绎与归纳分析法结合使用,可以抽丝剥茧般地逐步深入挖掘问题的本质,譬如,通过对僵尸企业的现有研究进行归纳分析、演绎分析以后,本书推导出僵尸企业对企业产能、企业进入退出等均有不同程度的影响。

(2)规范分析与实证分析相结合

规范分析法可以对事物的运行态势做出是非曲直的主观性价值取向判断,有自身的主观性。而与规范分析相对应的实证分析法,则倾向于比较客观地分析问题,不作任何主观评价,仅列出客观性道理,客观地描述事物的显性状态。本书在综合梳理现有学术研究的基础上,对资本错配、企业行为的相关研究成果进行总结归纳,并进行文献评论,就是使用的规范分析法。在文献述评和理论分析之后,通过理论数理模型的推演和构建实证回归模型,本书采用中国工业企业微观数据,对资本错配与企业行为的作用机制进行实证分析,即使用规范分析与实证分析相辅相成的方法进行理论研究与实证研究,做到科学、合理、有效。

(3)微观企业分析与中观行业分析相结合

本书研究的对象是中国工业的微观企业,并主要采用企业级的数据进行微观层面的实证分析,以揭示资本错配对微观工业企业产能、企业规模、企业出口、企业进入退出的微观影响。此外,根据资本错配的理论概念,资本错配是指资本在不同企业间配置的低效率,即效率高的企业使用了过少的资本,效率低的企业使用了过多的资本。本书使用行业内企业间资本扭曲的离散程度来衡量资本错配。本书给出了具体的资本错配的分行业统计性描述结果;除此以外,还给出了分行业的平均产能、平均企业规模、平均企业出口强度、平均企业进入退出率等统计性描述结果。

(4)对比分析法

为了更为全面地探讨资本错配对中国工业企业的微观影响,本书利用了对比分析法进行研究,尤其体现在文献综述与实证研究方面。在文献综述部分,通过对比国内外资本错配的研究,本书发现,中国国内学术界针对资源错配的研究要严重滞后于国外学术界。国外学术界已经把资源错配的相关研究进行了细化,分为资本错配、劳动力错配、创新资源错配、自然资源错配、土地资源错配等,而国内学术界仍旧关注于资源错配这一统一性概念。在实证研究部分,在基准研究的基础上,本书一般会进行分组研究,通过对比不同所有制企业、不同地区企业、僵尸企业与正常企业等,达到揭示问题异质性的目的,从而极大地丰富了本书研究的内涵。

(5)多种数理模型和计量方法的综合运用

为了提高本书研究的可靠性和更进一步地提高研究质量、挖掘创新,得到更加具有现实意义的研究结论和启示,本书采用了不同的数理经济模型和不同的计量方法。例如,在对资本错配、产能利用率、企业全要素生产率以及企业行为扭曲进行测算或度量时,本书均使用数理经济模型进行指标推导和变量量化。在实证分析时,本书则用到众多的计量方法,如普通最小二乘回归模型、Probit 二元选择回归模型等;考虑计量模型中潜在的内生性问题,本书构建了含有工具变量的两阶段最小二乘法(2SLS)、含有工具变量的两阶段 Probit 回归模型(IVProbit)等。

1.3 研究内容与研究框架

1.3.1 研究内容

本书的研究内容安排如下:

第一章为导论。本章简要地介绍选题背景、选题意义,研究思路与研究方法,研究内容与研究框架以及主要创新点。

第二章为文献述评。这部分主要围绕五个方面展开:一是资本错配的文献回顾,包括资本错配的形成原因和资本错配对经济的影响。二是产能利用率的文献回顾,主要包括产能利用率的测算方法与中国工业产能利用率现状、企业层面因素对产能利用率的影响、宏观经济因素对产能利用率的影响、政府干预对产能利用率的影响、金融因素对产能利用率的影响。三是企业规模的文献回顾,包括企业内部因素与企业规模、企业规模的制度机制、企业规模与企业生产率的关系。四是企业出口的文献回顾,包括企业金融对出口的影响、国内金融对出口的影响、国际金融对企业出口的影响以及企业生产率与企业出口的关系研究。五是企业进入退出的文献回顾,包括企业进入的原因分析、企业退出的原因分析、企业动态更替与生产率。

第三章为资本错配对中国工业企业行为影响的理论分析。本章首先对资本错配进行了理论阐述,并使用所阐述理论,结合中国工业企业数据库的微观企业数据,对中国工业企业的分行业资本错配进行特征分析;其次是资本错配对企业产能影响的理论分析;再次是资本错配与企业规模的理论分析;复次是资本错配与企业出口的理论分析;最后是资本错配与企业进入退出的理论分析。

第四章为资本错配与中国工业企业产能的实证分析。首先,本章使用成本函数法测算了中国工业企业的产能利用率,并进行了简要分析。其次,构建资本错配与企业产能利用率的计量模型,并使用中国工业企业数据库进行实证研究,在考察资本错配对企业产能利用率的整体影响后,进行了稳健性检验和内生性讨论;随后,进行了地区异质性和所有制异质性的分组回归。再次,在上述研究的基础上,重点考虑僵尸企业问题。先是引入僵尸化程度的交互项,进行了调节效应分析;接着把企业分为正常企业和僵尸企业,讨论资本错配对其影响的差异;再把僵尸企业进一步按地区和所有制划分,进行异质性回归;还考虑了资本错配对僵尸企业产能影响的中介效应。最后,对主要结论进行总结。

第五章为资本错配与中国工业企业规模的实证分析。本章主要研究资本错配对中国工业企业规模的影响。首先,对数据进行处理,简要描述了中国工业企业的规模现状。其次,构建计量模型,初步考察资本错配对企业规模影响的整体情况;为了研究结论的可靠性,随后从各方面进行了稳健性检验和内生性讨论。再次,考察了地区异质性和所有制异质性,并基于政府补贴和税收负担的中介效应,初步研究资本错配对企业规模影响的机制。复次,在上述研究基础上,重点讨论资本错配对企业规模与生产率偏离的规模扭曲情况;通过初步回归、异质性回归、中介效应回归以及僵尸企业的调节效应逐步进行深入分析,具体将企业规模扭曲分为大企业低生产率的扭曲和小企业高生产率的扭曲,分别进行实证分析。最后,对本章内容进行总结。

第六章为资本错配与中国工业企业出口的实证分析。企业出口是外向型经济的基本问题，本章从资本错配角度分析中国企业的出口决策和出口强度问题。首先，通过对中国工业企业数据库进行处理，统计性描述分析中国工业企业的出口现状。其次，构建资本错配与出口决策、出口强度的计量回归模型，考察资本错配对企业出口的影响，并通过稳健性和内生性检验验证结果的可靠性。再次，进行分组回归以考察异质性结论，采用中介效应进行机制分析。复次，根据“出口—生产率悖论”的理论，建立出口企业生产率偏离指标以此表示出口扭曲程度，检验资本错配对出口扭曲的影响，并进行分组回归以及中介效率的机制分析。最后，对本章内容进行总结。

第七章为资本错配与中国工业企业进入退出的实证分析。企业进入退出是市场经济的基本特征，对市场发挥“优胜劣汰”有着关键性作用。首先，本章从中国金融改革滞后导致由中国式政策扭曲所引发资本错配的视角，研究中国普遍存在的资本错配对企业进入退出这一基本问题的影响。在构建多部门模型，从理论层面分析资本错配对企业进入退出的影响后，本章利用中国工业企业的微观企业数据，实证分析行业的资本错配对企业进入退出的影响。实证策略包括研究资本错配对企业进入退出概率的影响。其次，本章通过地区分组回归和所有制分组回归，研究地区和所有制异质性。再次，以进入退出企业的生产率与在位企业平均生产率的偏离度作为度量企业进入退出扭曲的标准，进一步研究资本错配对企业进入退出扭曲的影响。最后，通过僵尸企业的调节效应与政府补贴和企业税负的传导效应，研究资本错配对企业进入扭曲和退出扭曲的作用机制，并对本章内容进行总结。

第八章为主要结论与研究展望。本章对全书进行总结，归纳全书的主要研究结论，并对未来研究提出展望。

1.3.2 研究框架

本书的研究框架如图1-9所示。

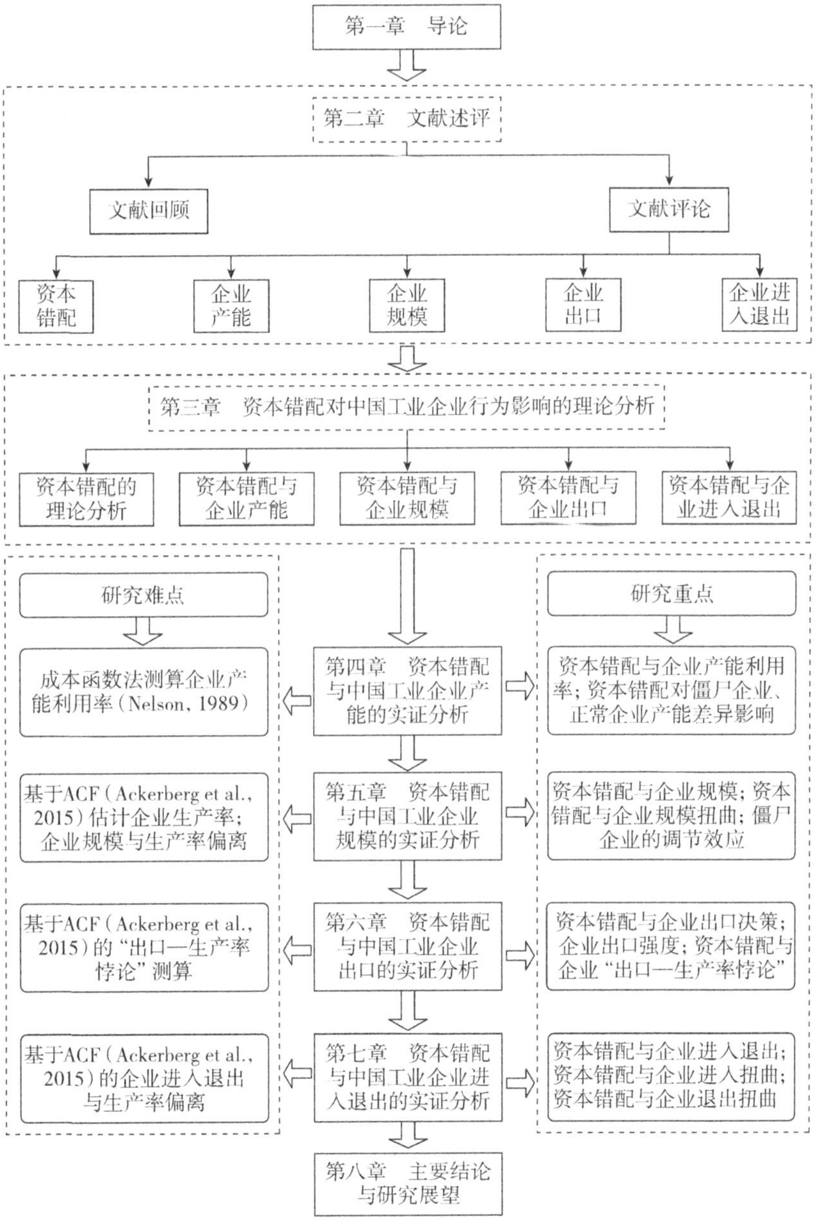

图1-9 本书的研究框架

1.4 创新之处

本书主要研究资本错配对中国工业微观企业行为的影响，在利用异质性企业的垄断竞争理论模型测算资本错配的基础上，从理论和实证角度分别探讨资本错配对企业产能、企业规模、企业出口、企业进入退出四个维度的影响。本书的创新之处主要体现在以下四个方面：

(1)本书拓展和深化了资本错配领域的研究前沿，区别于已有资本错配对全要素生产率损失的研究，本书首次探讨了资本错配对微观企业行为的影响作用。在 Hsieh 和 Klenow(2009)建立异质性企业的垄断竞争模型，讨论资源错配对加总 TFP 损失的影响后，学术界开启了要素资源配置问题研究，国内外学者围绕资源错配问题展开了新一轮的研究热潮。通过梳理已有文献本书发现，虽然国外学者已将资源错配进一步细分为资本错配、劳动力错配、能源错配、创新错配等展开讨论，但是大多数文献仍旧关注要素错配的成因或延续 Hsieh 和 Klenow(2009)的思路，主要分析错配对加总全要素生产率损失程度的量化。中国国内学者仍然把资源错配作为重点研究对象，主要围绕资源错配的成因或带来的全要素生产率损失问题展开讨论。就中国的现实来说，资本错配与劳动力错配的产生机制明显不同，资本市场与劳动力市场的发展程度也有较大差异，有必要把资本错配与劳动力错配进行单独讨论。基于以上分析，本书关注中国资本错配问题与工业企业行为的关系，研究不仅拓展和深化了要素错配的研究，而且在一定程度上为资本错配细分新研究领域的开辟做出了一定贡献。

(2)有关企业产能、规模、出口、进入退出等行为的影响研究虽已十分丰富，但金融视角的文献多关注融资约束和金融发展对企业行为的影响，而从资本错配视角对企业行为问题的分析却相对较少。根据微观经济学的基础理论，企业行为与包括资本要素在内的要素资源配置效率有关，而根据经济学资本稀缺的假设，资本错配问题对企业行为的影响也不容忽视。本书首次从资本的结构性因素出发，研究资本错配对微观企业行为的影响。而且，现有研究鲜有将僵尸企业与企业行为纳入统一的框架进行分析，本书则重点考察资本错配对企业行为影响的僵尸企业的调节效应。此外，虽然已有学者关注中国企业行为的扭曲问题或与生产率关系的偏离问题，但是缺乏成因讨论和机制解释。本书从资本错配角度为中国企业行为扭曲提供了新的解释视角，并根据大样本的工业企业数据发现了中国企业行为资本错配成因的直接证据，拓展了资本配置这一基础效应理论对企业特征的影响。

(3)在理论方面，本书借助逻辑推演和数理经济模型，分析资本错配影响企业动态的微观机制，并在此基础上提出理论研究假设。具体地，本书将企业行为划分为企业产能、企业规模、企业出口、企业进入退出四个维度。一方面，通过对现有文献的归纳总结和逻辑推演，深入分析资本错配对企业产能的影响以及僵尸企业对两者产生的作用机制。另一方面，在借鉴已有理论研究的基础上，构建引入资本错配的数理经济模型，通过提出假设并对家庭部门、最终产品部门、中间产品部门等的均衡分析，讨论资本错配与企业规模、企业出口、企业进入退出的相关影响，从理论上拓展和深化了资本错配对微观企业行为的研究。

(4)在实证方面，本书实证研究了资本错配对中国微观企业行为的影响机制，丰富了中国经济的宏观行业因素对微观个体影响的研究实践。本书不仅计量分析了资本错配对企业产能利用率问题、企业规模问题、企业出口问题、企业进入退出问题的影响，还进一步实证讨论了资本错配对僵尸企业产能利用率问题、企业规模与生产率关系问题、企业出口与生产率关系问题、企业进入退出与生产率关系问题的影响。在计量方法使用上，本书综合运用了一些较新的方法，例如，利用 ACF 方法测算资本错配和企业生产率，利用成本函数法测算企业产能利用率等。此外，本书通过严谨的实证分析，不仅利用中国工业微观企业的百万级大样本数据进行计量回归分析，而且充分考虑了回归结果的稳健性和内生性问题，通过构建合适的工具变量，利用两阶段最小二乘法或含有工具变量的两阶段 Probit 方法进行计量估计，从而降低了实证回归偏差，提高了研究结论的可靠性。

2 文献述评

本书主要研究资本错配对微观企业行为的影响与作用机制。根据本书的研究内容，本章的文献述评将主要围绕资本错配、产能利用率、企业规模、企业出口、企业进入退出五个方面展开。

2.1 文献回顾

2.1.1 资本错配的文献回顾

如何实现稀缺资源的有效配置是微观经济学研究的基本问题，随着微观企业数据的应用，研究者利用现实数据可以从实证上对资源错配的有效性进行深入研究。尤其是 Hsieh 和 Klenow(2009)的资源错配研究开启了要素资源配置方面问题研究的新天地。学术界围绕着资源错配展开了新一轮的研究，国际顶级期刊陆续刊登相关论文讨论资源错配问题，甚至宏观经济学的国际一流期刊《经济动态学评论》(*Review of Economic Dynamics*)在 2013 年专门设置了“错配与生产率”(Special Issue：Misallocation and Productivity)的专题，刊载了一组资源错配的学术论文。

自 Hsieh 和 Klenow(2009)的经典论文发表后，学者追随着二人的脚步把资源错配与生产率的研究应用到不同国家。例如，Camacho 和 Conover(2010)使用 1988—1998 年哥伦比亚制造业数据研究了资源错配与全要素生产率。Busso 等(2013)通过 10 个拉丁美洲国家的企业级数据，得出有效的资源配置可以将制造业 TFP 提高 41% ~122% 的结论。Pratap 等(2014)利用 2003—2010 年墨西哥制造业的行业数据研究了墨西哥信贷、资源错配与 TFP 之间的关系。Ryzhenkov(2016)、Chuah 等(2018)分别就乌克兰和马来西亚的资源错配与 TFP 进行了讨论。

随着学术界对资源错配问题探索的不断细化和深入，一些国外学者在 Hsieh 和 Klenow（2009）构建异质性企业的垄断竞争模型、主要关注劳动力要素资源和资本要素资源的综合资源错配、对加总全要素生产率损失影响的基础上，把资源错配中的“资源”具体划分为资本错配、劳动力错配，以及随之延伸的能源错配、创新错配等并展开了大量的研究，取得了一系列丰硕的成果，这些都推动着资源错配研究的深化和发展（Midrigan and Xu，2010；Song et al.，2011；Ranasinghe，2017a；Caggese et al.，2018；Li et al.，2017；Wei and Li，2017）。

与此同时，国内学者也认识到，Hsieh 和 Klenow（2009）的研究对于全要素生产率的提升有着巨大的意义，由此把 Hsieh 和 Klenow（2009）的研究与中国的现实更深入地结合在一起。一部分文献主要针对资源错配对生产率的损失影响、资源错配的程度测算和成因展开分析。例如，邵宜航等（2013）沿用 Hsieh 和 Klenow（2009）的思路，发现中国工业企业资源配置呈现出先改善后恶化的态势。韩剑和郑秋玲（2014）认为资源错配受到金融抑制、财政补贴以及行政性市场进入壁垒的显著影响。韩超等（2017）发现，环境规制有助于污染行业“去污染，去错配”，具有资源再配置效应。刘贯春等（2017）发现，最低工资标准的上调有利于改善资源错配。另一部分文献则把资源错配进一步分解成劳动力错配和资本错配等分别进行讨论，以便厘清资源错配更加细致的结构成因和后果。譬如，龚关和胡关亮（2013）发现，资本配置效率和劳动配置效率的改善分别使 TFP 提高了 10.1%、7.3%；资本错配的负向影响要大于劳动力错配的影响，姚毓春等（2014）也得出类似结论。袁志刚和解栋栋（2011）就劳动力错配和 TFP 的关系展开研究；马颖等（2018）则关注人力资本错配对产出的影响情况。白俊红和刘宇英（2018）得出对外直接投资改善了中国的资本错配和劳动力错配，提高了资源配置效率的结论。陈小亮和陈伟泽（2017）发现，政府补贴、自然垄断定价权和行政进入壁垒引发了企业间的资本错配。王竹泉等（2017）认为，中国企业的资本错配问题严重，并且资本错配降低了公司价值。可见，有关资源错配的研究已经向劳动力错配和资本错配分化开来。这些研究对中国经济从增长数量向增长质量转变、实现经济全要素生产率的持续增长有着重要作用。

在中国市场化经济转型过程中，资本市场的市场化改革严重滞后于劳动力市场和产品市场，使资本错配带来的生产率损失显著高于劳动力错配（龚关、胡关亮，2013；姚毓春等，2014；Song and Wu，2015；Dai and Cheng，2018），由此引发的资本错配问题已成为中国经济发展的重要阻碍（简泽等，2018）。而且除中国以外，其他一些发展中国家也存在资本错配比劳动力错配更严重的现象（Oberfield，2013）。因此，研究资本错配，探寻资本错配的成因、影响对于中国经济有着重要意义。

2.1.1.1 资本错配的形成原因

（1）金融发展和金融抑制对资本错配的影响。金融部门对经济增长日益显著的推动作用已成为共识，金融体系具有减少逆向选择、降低道德风险、分散风险和流动性供给等功能，金融发展优化了资本配置效率（Demirguc－Kunt and Levine，2008）。Marconi 和 Upper（2017）对比了中国、印度、墨西哥、韩国、日本和美国的金融发展与行业资本配置的关系后发现，发达的金融系统能更有效地分配资本投资，如果国家的金融发展水平较低，则其资本错配程度会更高。随着国家内部的金融发展，金融市场效率的提高可以缓解资本错配。另外，国家间的区域金融一体化同样提高了资本配置，减少了资本错配（Radim and Hugo，2011）。对于新兴国家来说，企业在面对金融发展不足、信贷受限的现实情况时，往往会热衷于过度投资短期项目，而造成长期项目的投资不足，由此引发资本的总体错配。随着金融市场整合、金融一体化，拥有长期项目的企业可以在国外获得更低成本的短期资产，使其拥有更多投资资源，进而减少资本错配（Benhima，2013）。

金融发展不成熟，也会阻碍资本流向最具有生产效率的企业，低效率的企业会占有过多的资本，从而产生企业间的资本错配（Buera et al.，2011）。例如，有担保贷款和无担保贷款的内生债务限制会减缓资本再分配，不利于生产效率较低部门的剩余资本以担保抵押贷款的形式贷给生产效率较高的部门，从而从负面影响资本配置，产生资本错配（Azariadis and Kaas，2016）。金融抑制导致了实体经济维持发展所需资本的长期化和实际获得资金的短期化之间的错配和扭曲（张杰、杨连星，2015）。而且，相比美国企业，中国企业面临很高的资本调整成本和信息摩擦，对资本错配造成了显著的负向影响（David and Venkateswaran，2018）。总之，金融发展提高了资本配置效率，降低了资本错配，金融抑制加重了资本错配。

（2）金融摩擦对资本错配的影响，即金融市场中阻碍资本要素自由流动的诸多因素产生的金融摩擦会导致资本错配（Gilchrist et al.，2013；Uras，2014）。在金融摩擦的情况下，营运资本较高的公司将面临更严重的融资约束，资本不确定的公司倾向于进行较低水平的生产，这会导致公司资本扭曲，产生资本错配（Mahmoudzadeh et al.，2018）。Chen 和 Song（2013）把金融摩擦作为未来技术新闻冲击驱动加总 TFP 波动的传导机制，发现影响资本配置的金融摩擦是触发 TFP 波动对新闻冲击响应的关键因素。Bleck 和 Liu（2018）提出与信贷扩张相关的资本错配新渠道，通过分析信贷扩张背景下具有不同金融摩擦程度的两部门之间的相互作用，发现在经济大规模信贷扩张后，信贷配置不当往往会特别严重。随后，他们以 2008 年国际金融危机时中国政府实施的信贷扩张政策为研究对象，发现中国政府试图将实体经济从衰退中拯救出来的信贷扩张政策，导致了房地产价格飙升，实体经济更难获得流动性。Kurmanna 和 Rabinovichb（2018）通过研究摩擦对资本市场中讨价还价效率的影响，发现企业通过双边竞争与交易进行资本买卖，但由于企业所有权和投资具有跨期性质，企业当前的投资决策会影响未来讨价还价的结果。一方面，资本存在贬值，会导致战略投资过度。另一方面，随机生产率可能导致投资过度或投资不足，高生产率企业由于期望未来成为资本的卖方而投资不足；而低生产率企业由于期望未来成为资本买方而过度投资。因此，相对于最优资本配置，资本在企业间的离散度会增加，进而产生资本错配。

另外，金融摩擦的负向影响会因经济体的金融发展程度的不同而产生不同效果，金融发达经济体的金融摩擦对资本错配的负向影响更大。Di Nola（2016）通过大衰退期间的研究，发现金融摩擦占 TFP 下降总量的很大一部分，而“真正的经济衰退”只会导致 TFP 下降 0.16%。也有学者指出，金融摩擦对生产率的重要影响只存在于短期经济中，长期来看，金融摩擦对生产率的影响并不大（Moll，2014）。对于中国来说，由于金融部门发展的滞后性，金融摩擦仅解释了中国资本错配的 30%，或导致总 TFP 损失的 8.3%，政策扭曲才是中国资本错配的重要原因（Wu，2018）。

（3）政府干预对资本错配的影响。扭曲的政府干预政策会导致资本错配。David 和 Venkateswaran（2018）通过研究中国企业发现，虽然中国企业面临很高的资本调整成本和信息摩擦，但是二者对 TFP 损失的影响很小，分别为 1% 和 8%；而其他与生产率相关的因素以及企业本身的永久因素，分别导致 TFP 损失高达 38% 和 36%。其进一步研究发现，受政府政策影响的额外市场摩擦、政策制度扭曲等带来的金融市场的不完善因素对中国企业资本错配的影响更大。刘朝等（2018）发现，补贴和免税额的差异化程度、国有资本比重的提高会显著加剧行业内企业间的资本错配程度。Johanssona 等（2017）就中国企业的 IPO 选择标准的研究发现，拥有更多超额就业的公司，即雇用过多员工的公司，更有可能被选中进行首次公开募股；与国有企业相比，民营企业的表现更甚，这表明股票市场的资本流动受到政策性引导，需要符合政治家的就业实践。当这些劳动力过剩的公司在 IPO 以后，由于上市表现不佳，有可能产生较大的资本错配问题。

事实上，就算在发达国家，如日本，由政府干预的产业政策也会带来资本错配。日本实行的产业政策，扭曲了特定行业中的企业资本投资决策，导致钢铁和纺织品等行业产生了相互矛盾，资本相对于劳动力资源配置过度。而政府试图根据当前的生产能力份额或基于高增长期产生的偏向需求预测来控制资本投资，也会出现投资过度的现象，导致资本错配问题（Hatasea and Matsubayashi，2018）。为什么政府干预总能造成资本过度投资与资本投资不足的资本错配现象呢？Savvides（2012）的解释是，由于不受监管的金融中介机构、对冲基金和信用评级机构在管理投资风险方面的综合效应，以及银行对投资的扩大作用和银行自身参与金融衍生品导致的资本错配，均会将资本转移到实体经济之外的其他非生产性用途，或者直接转移给政府，而政府依赖金融市场会产生过度借贷现象。要打破这种现象，有必要检查和限制政府的借贷能力。另外，政府掌握资本资源，容易引发商业环境中的腐败问题，也会显著提高资本错配；而且国家越小，政治稳定程度越低，腐败与资源错配的关联就越大（Gamberoni et al.，2016）。

（4）国有企业、民营企业对资本错配的影响。国有企业也可能导致中国资本错配（Hsieh and Klenow，2009；Dai and Cheng，2018）。Wei 等（2016）通过引入政府的偏好，将信用错配内生化，在权衡国有企业利润与地方总产出之后，地方政府会确定对国有企业的信贷补贴，国有企业份额占比较高的地区，资本错配更为严重。陈小亮和陈伟泽（2017）发现，国有企业的垄断不但增加了非国有企业的生产成本，挤占了非国有企业在上游行业的投资空间，而且加剧了下游中间品需求，削弱了非国有企业在下游行业的投资动机，引发明显的资本错配，这一现象在亏损的国有企业中体现得尤为明显。改善和消除国有企业和非国有企业之间的资本错配问题需借助利率市场化改革和国有企业改革(陈小亮、陈伟泽,2017)。在现实中,民营企业通过政治参与或者获得政治联系,会与国有企业一样,获得更好的债务融资、税收优惠,更多的政府补贴等(Feng et al. ,2015)。通过对2008年中国政府的大规模刺激计划的讨论,Johansson和Feng(2016)发现,与实施刺激计划后的私营企业相比,国有企业能够更好地维持其杠杆水平,并且能够更好地获得短期和长期债务;而民营企业参与政治,也有助于减轻银行的信贷歧视。Chen等(2017)通过对2011年欧盟征收反倾销税(ADS)和反补贴税(CVDS)政策的研究,发现ASD和CVDS通过影响资本在国有企业与非国有企业之间的重新分配是改善中国光伏企业资本错配的关键。另外,Cubizol(2018)从储蓄和消费角度研究了转型中中国的资本错配问题;除金融摩擦以外,中国的金融中介和国有企业也改变了劳动与资本强度之比、贷款与存款利率之比;受到融资约束的民营企业阻碍了工资增长,国有企业融资的家庭储蓄回报率较低,从而降低了消费,这是中国资本错配的根源。

(5)资本错配的其他成因。还有一部分文献从公司治理、企业融资和宏观经济周期方面讨论了资本错配的形成原因。

第一,从公司治理角度。Fuchs等(2016)把逆向选择嵌入具有异质性资本的动态一般均衡模型,认为生产率较低的公司将资本出售给生产率较高的公司,可以实现资本的优化配置。可是,由于资本盈利能力和内生流动性的差异,交易双方对交易的资本会存在不对称信息。当受到生产率的冲击时,生产率较低的企业会在立即出售资本或等待以更高的价格出售资本之间进行权衡,而且企业更急于出售利润较低的资本;生产率较高的企业在认识到这一点以后,会在初始期提供较低的价格以作应对,使具有较高资本质量的公司延迟交易,更长时间剥离资本以获得更高的出售价格。资本重新分配的延迟不仅会导致公司盈利能力的下降,也会阻碍资本优化配置,产生资本错配,还会导致加总产出和加总全要素生产率的下降。当生产率的冲击更持久时,企业重新分配资本的速度会更加缓慢,资本错配也会更加严重。Isabel - Maria和Ligia(2017)证实了企业的资本成本与综合报告披露之间存在的负相关关系,企业财务信息的披露会带来重要的经济优势,但在发展中国家,企业在信息不对称方面存在相当大的问题,在一定程度上造成资本错配。因此,中国的民营企业要严控自身风险,规范企业各项财务信息,使经营透明化。Sevcik(2015)指出,资本配置不仅取决于金融市场的完善程度,更取决于公司的内部组织,集团企业内部公司之间的资本重组可以部分地克服金融市场不完善产生的资本错配效应,资本的内部重新分配在多元化的企业集团和商业集团中发挥着特别重要的作用,在经济和金融发展水平较低的经济体中,大型企业集团的内部资本形式甚至可以替代外部金融市场。

第二,从企业融资角度。Ek 和 Wu(2018)将投资现金流敏感性的异质性与资本边际收益产品的分散联系起来,估计了融资约束对资本错配的影响,发现融资约束损失了中国制造业企业 TFP 的 15%。李思龙和郭丽虹(2018)则认为,企业的外部融资决策受到固定资产投资市场依赖度的影响,市场依赖度的差异会影响企业资本错配。

第三,从经济周期角度。邢天才和庞士高(2015)研究了经济周期对资本错配程度的影响,发现相比经济上行,经济下行时期的企业会面临更加严重的资本错配,而大企业在经济下行时期,其资本边际生产率对资本错配程度的变化表现得更加敏感。Gersbach 和 Rochet(2017)从宏观审慎监管的角度,认为信贷波动对经济的长期增长不利,即使在完美金融市场亦会发生繁荣时期银行放贷过多、经济不景气时期放贷过少的现象;对发达地区或部门分配的贷款过多,对不发达地区或部门分配的贷款过少,会造成跨地区或部门间的资本错配。

2.1.1.2 资本错配对经济的影响

(1)资本错配造成了生产率的损失。Oberfield(2013)使用智利制造业普查的企业数据,检验资本错配对 TFP 损失的影响,发现资本错配起到了重要作用,造成 TFP 下降了 25% ~50%,且对于国内需求更为敏感的耐用品和出口量低的行业影响更大。Gopinath 等(2017)利用 1999—2012 年西班牙制造业公司的数据,发现资本流入被错误分配给净资产更高但不一定具有高生产率的公司,引发的资本错配问题会增加生产率损失。王林辉和袁礼(2014)指出,中国资本配置效率对全要素生产率增长的整体作用为负,资本错配造成 TFP 下降 2.6%;同时,使实际产出与潜在产出缺口变大,实际产出仅为潜在产出的 70% ~89%。Dai 和 Cheng(2018)通过对中国制造业数据进行研究,得出资本错配和劳动力错配分别造成全要素生产率 6.73% 和 4.45% 的损失的结论。

（2）资本错配降低了微观企业的竞争力。王昱等（2014）发现，由于金融发展不足，银行部门在金融风险甄别功能缺失的情况下无法有效参与有关企业创新决策的过程，这一事实造成创新资金被过度投入创新效率较低的国有企业中，降低了企业的最优创新规模。王竹泉等（2017）得出资本错配越严重的企业其公司价值越低，资产专用性的增大虽缓解了资本错配对市场绩效的消极作用，但恶化了资本错配对会计绩效的负向影响。张庆君和李萌（2018）认为，资本错配导致了企业投资的非效率性，致使国有企业过度投资、民营企业投资不足，而且国有企业过度投资程度比民营企业投资不足程度更深，而金融发展可以缓解资本错配，提高资本配置效率。

（3）资本错配损害了经济增长。Caggese 和 Perez－Orive（2017）从无形技术角度，认为近年来无形技术的广泛出现，使企业无形资本份额增加，降低了企业的借贷能力，增加了企业的现金持有量，企业从净借款人转变为净储蓄者。在这种无形资产密集的经济运行中，企业利用留存收益购买无形资本的能力受到低利率的影响，因为低利率会增加资本价格，并减缓企业储蓄的积累，提高资本价格、加剧资本错配，损害经济的增长，造成经济的长期停滞。

2.1.2 产能利用率的文献回顾

产能利用率是实际产出与潜在最大生产能力的比值，企业过低的产能利用率则意味着产能过剩。产能过剩是中国经济高质量发展的直接障碍，是供给侧结构性改革"三去一降一补"的首要问题。国外研究普遍把产能过剩认为是市场经济运行中的正常现象，是企业作为理性经济人在面对市场不确定性以及市场竞争时做出的理性选择和策略行为，如平滑生产（Auernheimer and Trupkin，2014）、降低成本（Ishii，2011）、追求利润最大化（Nikiforos，2013）、维持市场地位（Chaturvedi and Martinez－De－Albeniz，2016）、阻止新进入者（Mason and Weeds，2010）、应对市场波动及不确定需求（Schnell，2005；Sarkar，2009）等。产能利用率顺应经济周期的变化，经济衰退往往会造成产能利用率下降，带来产能过剩；经济复苏则带来产能利用率的上升，让产能过剩得以缓解。

而中国式的产能过剩有其深刻的发展阶段和体制机制原因，具有明显的"中国特色"。产能过剩是近年来影响中国经济发展的"痼疾"，已经成为中国当前面临的最重要宏观经济风险之一。成功解决产能过剩是中国经济防范化解风险、实现可持续发展的“牛鼻子”（张林，2016）。由经济体制扭曲而引致的产能过剩直接加剧了宏观经济波动（程俊杰、刘志彪，2015）。若不能有效将恶化企业效益及不良竞争，甚至造成系统性风险的因素消除（国务院发展研究中心课题组，2015），产能过剩会带来中国企业海外直接投资的盲目性和低效率（王自锋、白玥明，2018）。本书的文献回顾主要从产能利用率的测算方法以及形成原因两个方面展开。

2.1.2.1 产能利用率的测算方法

产能利用率是衡量产能过剩程度最直接、最常用的指标，它反映了生产决策单元（DMU）潜在生产能力的利用程度，一般用实际产出与潜在产出的比值表示。根据学术界对潜在产能的界定①，产能测算的方法具体包括调查法、峰值法、数据包络分析法和函数法。

调查法将企业的设计生产能力作为潜在产能，通过比较企业实际产出和设计生产能力，计算产能利用率。基于该方法，Nyaoga 等（2015）、白让让（2016）分别测算了非洲肯尼亚茶叶加工企业、中国乘用车制造业企业的产能利用率。但该方法仅用于拥有设计生产能力的行业，具有明显的局限性。

峰值法是将“峰年”的产值作为最大生产能力进行产能利用率的计算。例如，Kirkley 等（2002）用该方法对美国捕鱼业产能利用率进行了估计。调查法和峰值法的理论基础简单直观，涉及的样本数量较小、时间范围较短，难以从宏观层面上综观整体工业企业的产能状况（余淼杰等，2018）。因而更多文献基于数据包络分析法和函数法来衡量行业或企业层面的产能利用率（Salnikov et al.，2017；Yang et al.，2018a；余淼杰等，2018）。

数据包络分析法的理论基础是，在可观察到的最优技术水平下，可以生产的最大潜在产出水平，侧重于厂商在现有的生产技术条件下，对生产要素资源的充分利用（Johansen，1968）。Ray（2015）利用该方法对 2007 年美国各州制造业企业的产能利用率进行了测度，并研究了规模经济情况，发现 48 个州中有 6 个州的产能利用率低于 75%，制造业企业大多都处于规模不经济，缩小企业规模有利于产能利用率的提高。Yu 等（2016）基于 SBM－DEA 模

① 这里的潜在产能是指企业在实际工作时间框架内能够维持最大的产出水平，而非工程学意义上的最大产出水平。

型估算了低成本航空公司的产能利用率，认为超过一半的低成本航空公司应该提高其产能利用率，技术效率、分配效率、当地市场效率和全球市场效率的低下是造成低成本航空公司超额成本的原因。Arfa 等（2017）采用双重数据包络分析法衡量了突尼斯公立医院的产能利用率。Yang 等（2018a）基于数据包络分析法和定向距离函数，估算了中国制造业的产能利用率，发现中国制造业的产能利用率在 2007—2010 年略有改善，而这一改进的驱动力主要源于技术进步。

与数据包络分析法不同，成本函数法基于经济增长理论，考虑了要素投入对生产能力的贡献，通过对企业成本函数的假设，推测出厂商在长期生产中最佳的生产规模和最优产出，因此具有很强的经济意义。同时，该方法在计算过程中使用了许多经济变量，可以获得更多信息，因而在基于微观数据的研究中被广泛使用。Ray（2018）认为，基于成本的产能利用率和产能产出指标是评估企业绩效的重要指标，了解企业在其平均成本曲线上的生产位置，可以提供有关产能利用率大于、小于或等于 1 的信息；其通过对美国多家电力生产商提供的单一产出数据和牙科诊所提供的多产出案例样本进行分析，发现两个行业的大多数企业运营能力不足，需要扩大产量以降低成本。Zhang 和 Nie（2018a）研究了中国煤炭行业的产能利用率，发现中国煤炭行业的产能利用率存在周期性波动，周期约为 10 年，产能过剩警戒线为 85%。Wang 等（2019）使用生产函数法估算了中国 25 个省份的煤炭产能和产能利用率，发现中国煤炭工业的产能利用率远低于合理利用率的下限，而 TFP 则长期呈负增长。

2.1.2.2 企业层面因素对产能利用率的影响

首先，企业为应对市场变化、平滑生产、追求利润最大化的目标，往往会“囤积”部分闲置产能。因而产能过剩是企业在不完全信息下所做出的理性选择。Coelli 等（2002）认为，企业在短期利润最大化原则下，拥有闲置产能总是占优选择。Sarkar（2009）发现，企业长期持有一定多余产能，是在缺乏需求方完全信息且要素产出弹性较低情况下，对不可预见市场波动的预防。Chaturvedi 和 Martinez - De - Albeniz（2016）则从企业维持市场地位视角指出，企业产能过剩的形成源于维持现期产出的需要，在原材料供应和产品需求不确定时表现得尤为明显。Ishii（2011）认为，企业会为了避免需求不确定时的成本非凸性，如劳动力的雇佣和解雇成本，倾向于保持过剩产能。

Auernheimer 和 Trupkin(2014)通过对美国企业库存周期性和产能利用率的研究认为,在面临临时需求冲击时,库存可以作为“减震器”发挥减震作用,而在面临高持续性的需求冲击以及任何持续性的技术冲击时,库存可以缓解供应冲击。

其次,企业的生产灵活性和技术革新对产能利用率产生影响。具有生产灵活性的企业,在市场需求增加时,不仅可以扩大现有产品生产,还可以将闲置产能分散到其他产品中,从而享受规模经济。但是,生产单一产品的厂商却无法这样做。固定资产投资具有沉没成本属性,固定资产投资会因其带来的营收难以弥补其成本而变成企业的负担(Anderson et al.,2003),带来成本和收入之间的非对称性变化,最终产生过剩产能(刘斌、张列柯,2018)。另外,Nikiforos(2013)认为,技术条件和规模报酬共同决定了企业的产能利用率,若两者随着产量增加而降低,那么成本最小化企业就有动力提高其产能利用率。Cramer 和 Krueger(2016)以优步为对象的研究得出,基于智能手机和移动互联网技术的驾驶员—乘客匹配技术,使优步比传统出租车行业的产能利用率更高。除了技术革新之外,规模的网络效率也让优步司机比传统出租车司机更加接近潜在客户,灵活的劳动力供应模式和峰时定价使其更加接近市场的供求匹配,产能利用率也更高。王永进等(2017)发现,企业或地区层面的信息化投资均能促进企业产能利用率的提高。

最后,企业出于策略性竞争、预算软约束以及经理人道德风险而保持过剩产能。Wen 和 Sasaki(2001)在重复混合双寡头垄断的框架下考察了企业的产能选择,认为上市企业持有的超额产能是维持子博弈的完美均衡。在寡头垄断中,维持现有公司的过剩产能可能是阻止新进入者的可靠进入障碍(Boyle and Guthrie,2003;Mason and Weeds,2010)。Nishimori 和 Ogawa(2004)分析了长期混合寡头垄断市场中企业的产能选择问题,即企业不仅要决定产量,还要决定产能规模;当一家利润最大化的公司将产能过剩作为一种战略手段时,追求非纯利润的公司会选择产能不足。

2.1.2.3 宏观经济因素对产能利用率的影响

Murphy(2017)认为总需求冲击对产能过剩有引致作用,消费需求的永久性下降会导致产能过剩。Dixon 和 Rimmer(2011)建立了一般均衡模型研究经济衰退,发现资本存量闲置是对经济衰退的理性反应。自 1970 年以来,美国的七次经济衰退均导致了产能利用率的急剧下降。Mamizadeh - Chatghayeh 等(2012)发现,过剩产能的产生既来自需求的周期性波动,又受到需求短期冲击的影响。生产系统的选择取决于需求端,较高的需求会带来产能利用率的提高(Nikiforos,2013)。Golmohammadi 和 Hassini(2018)以农业生产为例,认为农业产量的不确定性和需求的不确定性加剧了农业综合企业供应链的不确定性,会使理性的农业生产企业倾向于扩大产能,以便在旺季高价出售来获取更高的利润,但也会在市场需求下降时造成产能过剩。Yang 等(2019)分析了中国煤炭行业产能过剩的驱动因素,认为产能过剩是自然过剩和周期性过剩双重作用的结果,自然过剩受企业战略的影响,周期性过剩则受需求冲击的影响。

另外,市场的不完备性、信息不对称、公共品供给等因素的市场经济失灵也会造成产能过剩。Pirard 和 Irland(2007)、Sumaila 等(2008)就市场价格信号与产能的关系进行了研究,认为产能过剩的根源在于市场价格信号传递失灵,市场价格信号发挥化解产能过剩的作用要以政府补贴不会导致反向激励为前提。Horton 和 Zeckhauser(2016)分析了所有者与租赁者之间的"共享经济",理论上所有者将其空闲产能出租给租赁者,租赁者通过较少的花费满足自身需求,这会提高社会福利。但现实中,短期租赁市场并不一定清楚市场中共有多少需求,未使用的租赁产能超过需求会导致产能过剩,如中国近期的"共享单车"现象。林毅夫等(2010)认为,市场信息不完全所引起的众多厂商对未来需求的一致预期和过度投资的"潮涌现象"会驱动产能过剩。周开国等(2018)基于期权博弈理论,认为市场风险加剧了企业退出与进入的难度,并对相应成本有"放大"作用,如果企业对退出成本的估计高于理想情形下的真实值,就会导致产能过剩。

2.1.2.4 政府干预与产能利用率

与发达国家不同,政府对经济的不恰当干预被认为是造成当前中国产能过剩的一个重要原因。体制扭曲论者认为,中央政府与地方政府二者间的互动,以及政策性补贴带来的体制性扭曲是造成产能过剩的关键因素。Feng 等(2018)、Ren 等(2019)认为,项目审批权的下放是火电投资过剩和产能扩张的政策诱因。Yang 等(2018b)发现,中国非周期性的产能过剩是地方政府干预追求 GDP 和税收最大化,向大企业、重点企业过分倾斜产生的后果。类似地,席鹏辉等(2017)发现,"压力式"财政激励降低了化解产能过剩政策的效果。Zhang 等(2016)认为,补贴会扭曲企业的投资行为,特别是在政府政策目标的推动下，政府提供的超额补贴是致使中国可再生能源产品产能过剩的重要原因之一。包群等（2017）发现，地方过度追求 GDP 增长的竞争行为使企业在主导产业引导下不断注入新投资，实施产能扩张，但生产率和新产品销售未增加，高度相似的地区主导产业是产能利用率下降的关键原因。

另一些研究则从政企合谋视角，认为政企关系令中国产能过剩呈长期化和广泛化的特征。朱希伟等（2017）认为，政企合谋是煤炭行业民企落后的过剩产能久久不能被淘汰的重要原因。一方面，早该被淘汰的落后煤炭小企业在政企合谋的庇护下得以继续存活于市场；另一方面，本可以投资清洁安全生产设备的企业选择通过交纳保护费的形式，以落后方式继续生产，进一步加剧了落后的过剩产能。吴利学和刘诚（2018）从中国项目招商特点出发，认为产能形成于招商项目中政府和企业的匹配，地方政府所获得的收益分配比例与其对项目匹配贡献强度偏离越大，对产能过剩的影响越强。刘斌和张列柯（2018）从去产能黏性视角，认为政府干预通过缓解国企融资约束、增加人工成本黏性和提高国企补助依赖度，削弱了其处置过剩产能的动力。侯方宇和杨瑞龙（2018）发现，企业与地方政府的合谋使治理“潮涌现象”的产业政策表现出低效或无效特征，在利用信息优势造成产业政策失效的同时，进一步扭曲了政商关系。

还有学者从产业政策、政策不确定以及资源配置效率的视角，探讨了企业产能利用率低下的原因。Haehl 和 Spinler（2018）以国际集装箱运输业为例，认为监管的不确定性增加了投资，导致了产能过剩的增加。Lacerda 和 Bergh（2016）比较了中国、美国、德国和西班牙的风力发电装置及其驱动器的利用率，认为中国的电网连接限制和市场缺乏整合导致了产能利用率的下降。Wang 等（2014）、余东华和吕逸楠（2015）通过对光伏产业的考察，认为政府偏好于战略性新兴产业的投资和各类优惠政策，导致并恶化了该行业的产能过剩。虽然中央出台了各类产能管制措施，但是效果极为有限，工业用地被地方政府出让给受管制行业的现象依旧存在（杨其静、吴海军，2016），管控措施虽然在短期内起到缓解产能过剩的作用，但是经济的长期平稳、健康发展仍需国家深化市场经济体制改革，设计合理有效的约束和激励机制。杨继东和罗路宝（2018）通过整理中央和省级政府“十一五”“十二五”两个五年规划提及的重点产业，发现资源空间配置扭曲是导致产能过剩的一个重要原因。

值得注意的是，合理的政府干预作为“看得见的手”在弥补市场失灵、提高资源配置效率方面仍然发挥着重要作用。以环境监管为例，Berman 和 Bui（2001）认为，环境监管可能会降低资本的边际收益，增加生产成本，然后通过减少生产要素的投入来减少工业产能过剩。Du 和 Li（2019）研究发现，环境监管对企业具有“跟随成本效应”和“创新补偿效应”，可以通过加速僵尸企业的退出实现能源企业产能过剩的治理。但是，环境规制的效果受到区域制度环境的影响。监管权力的下放和地方官员的腐败程度，会减弱环境监管对能源企业过剩能力的治理效果。

2.1.2.5 金融因素与产能利用率

源于政府主导的过度投资势必违背市场机制，导致产能利用率的降低和过剩产能的发生。政府投资支出的增加会对不同部门的产能造成一系列显著的、差异性的影响，刺激上游行业企业产品价格上涨、产能扩张，同时对下游行业企业的产能利用率造成负面影响（郭长林，2016）。项后军等（2017）认为，地方债务恶化了产能过剩问题，并通过投资波动加剧了经济波动。杨振兵（2016）发现，资本偏向型的生产技术特征让企业在生产过程中更加偏好于增加资本投入，会加速引致投资型产能过剩，尤其是重工业行业。另外，产能过剩也更容易存在于资本使用成本较低的部门（樊茂清，2017）。资本边际产品大于成本价格的扭曲现象，通过加速投资和抑制技术进步阻碍对产能利用率的改善，最终对中国工业部门的产能利用率造成消极影响（杨振兵、陈小涵，2018）。

不同地区的金融发展会通过推动所在地区的市场化水平、开放程度以及产权保护力度等配套制度环境，对产能利用率产生积极影响。杨光和孙浦阳（2017）发现，外资自由化有利于下游行业企业产能利用率的提高，而且对服务业的提升作用尤为明显。较低的所得税率和融资成本有利于产能利用率的提升（李雪松等，2017）。Boyle 和 Guthrie（2003）分析了受内生融资约束影响的企业动态投资决策，认为未来资金短缺的威胁会降低企业的择时期权并加速投资，导致投资超出最佳水平。马红旗等（2018）认为，金融支持和沉没成本是对产能利用率产生负面影响的主要因素。

货币政策对企业产能利用率也有重要影响。宽松的货币环境会“助推”企业的产能扩张（马红旗等，2018）。Chen 等（2016）研究了货币刺激对信贷配置和宏观经济的影响，发现货币政策对银行信贷配置的影响具有不对称性，重工业部门往往比轻工业部门得到更多的信贷分配。当 GDP 增长低于政府预期目标时，扩张性的货币政策加剧了房地产和重工业的过度投资，造成了对应行业的产能过剩，并加速了政府债务的增长。王自锋和白玥明（2015）发现，人民币实际汇率升值抑制了中国工业产能利用率的提升，特别是对重工业行业。

2.1.3 企业规模的文献回顾

实现企业做大做强是一个国家经济增长和产业升级的重要抓手。研究发现，企业规模的提升会带来一系列积极影响。对于微观企业来说，其可以有效降低企业的生产和管理成本（Dhawan，2001），增加企业的人力资本（Pischke，2001），为企业的技术创新和研发活动提供更多的资金支持和风险分散（Petruzzelli et al.，2018），提高企业的生产率和市场竞争力（Antonelli et al.，2015）。对于宏观经济来说，大企业对潜在投资者的吸引力更为突出（张会清、王剑，2011），不容易受到外部环境的影响，其在提高产业集聚、化解宏观经济风险方面有积极意义（Gorg and Henze，2017；Calvino et al.，2018）。

然而，就中国现实而言，大多数企业仍面临成长约束，较大规模企业所占比重较小，企业规模分布与企业生产率决定的最优分布不一致等现象依旧存在（高凌云等，2014；孙晓华、王昀，2014；Jin and Zhao，2018）。那么，是什么影响了中国的企业规模呢？

2.1.3.1 内部因素与企业规模

（1）要素资源与企业规模。企业自身可利用的要素资源及资源的配置效率均会对企业规模产生重要影响。首先，从资本资源来说。Lopez－Garzia 和 Puente（2012）基于西班牙企业认为，资本要素的可用性是企业成长的关键性因素。融资约束制约了企业创新和其他活动，对企业成长有消极影响（Mahendra et al.，2015）。相比那些受到融资约束的企业，不受融资约束的企业平均规模更大（Angelini and Generale，2008）。其次，从人力资源来说。作为技术变革和创新的另一重要来源，人力资本的提高会带来企业规模的提升（Lopez－Garcia and Puente，2012）。Gabaix 等（2014）认为，CEO 的微小差异会对企业规模造成巨大影响。Gomes 和 Kuehn（2017）使用企业调查和全球创业监测调查,发现一个国家人口的受教育程度与企业规模呈正相关,仅受教育程度的差异就能解释墨西哥和美国平均企业规模差异的37%。类似地,Medrano - Adán 等(2018)认为,美国与西班牙之间工人技能差异是造成两国企业平均规模差异的主要原因。最后,从资源配置效率来说。资源配置效率会影响企业规模。Bento 和Restuccia(2017)研究发现,要素配置不当和政策扭曲减少了企业总产出,缩小了印度的平均企业规模,资源配置效率的优化可以提高企业规模(Hsieh and Klenow,2009)。李旭超等(2017)基于中国的数据得出,资源配置效率对中国企业规模有着重要的影响,认为资源错配使较高生产率的企业因为存在要素约束而很难进行扩张,较低生产率的企业因受到补贴影响而出现不合理膨胀。

(2)企业创新与企业规模。生产技术的差异会影响行业内的企业规模。相比那些只采用简单技术和生产过程的企业,涉及高度专业化投入生产过程的企业会更加靠近生产技术前沿;这些企业如果能够持续地从技术进步中获得更多收益,就会随着生产率的提高逐渐扩大业务范围,提高企业规模(Poschke,2018)。Ranasinghe(2017b)评估了企业层面的创新差异对企业规模和生产率的影响;通过对比加拿大和美国之间的企业规模与跨国生产率差异,发现创新成本的差异可以解释加拿大和美国之间生产率和企业规模差异的60%。Akcigit 和 Kerr(2018)利用美国公司的专利数据发现,与外部创新相比,内部创新有利于企业规模更快地扩大。Grillitsch 等(2019)从知识与企业成长的视角,认为知识及其组合对企业规模的提高具有积极影响。对知识的创造性重组和破坏式创新是企业实现高增长的重要因素(Colombelli et al. ,2013)。

(3)公司治理与企业规模。科斯的企业边界理论为经济学开创了从公司治理层面研究企业规模的视角。Medrano - Adán 等(2018)认为,企业规模的扩张与层级组织结构中的管理成本有关。每个企业的最佳规模或取决于其组织资本,或取决于企业家的能力(Almeida and Wolfenzon,2006)。如果小企业的首席执行官拥有比大企业同行更高的所有权,那么小企业的首席执行官将拥有更大的动力激励和推动企业成长(Cichello,2005)。企业所有者的认知、情感和行为态度也会影响企业的规模,受教育程度较低的企业所有者建立的非标准化管理实践会造成员工人际关系的恶化,阻碍企业成长(Arthur - Aidoo et al. ,2016)。此外,企业经营战略对企业规模也有影响。

Clausen 等(2012)发现,企业的管理策略,包括研发投资选择与获取特定外部知识相关的其他决策,在保证企业业务持续增长方面至关重要。Parker 等(2010)发现,一些关键的动态管理战略,如客户调查、直接向其他企业销售而不是向客户销售等,可以帮助“瞪羚企业”实现规模扩张。

2.1.3.2 企业规模的制度机制

除企业自身因素以外,企业规模还受到外部环境的影响,如国家制度环境、政府经济政策和发展战略、金融发展的影响。无制度摩擦的市场能够为企业的发展创造良好的外部环境,有利于企业规模扩大;而获得信贷的机会有限、要素市场的不完善、腐败和进入壁垒等会对企业规模产生负向影响,甚至造成企业规模的扭曲(Bento and Restuccia,2017;Chong and Gradstein,2007;Restuccia and Rogerson,2008)。

(1)政府政策与企业规模。政府的监管政策和规制政策会改变企业规模,Ranasinghe(2017a)发现,加拿大较高的监管负担对企业生产造成了扭曲,降低了企业的创新回报并改变了生产率的基础分布,缩小了企业规模。而环境监管中的统一排放标准所导致的监管不对称对小企业有利,但排放税和绩效标准却不会导致监管不对称,只会改变企业的最佳规模(Coria and Kyriakopoulou,2018)。孙学敏和王杰(2014)认为,环境规制能够改善企业规模分布不均匀的状态,而且这一效应对重污染行业和中西部地区而言尤为明显。

处在经济转型期的中国,政府对经济的影响力很大,国家宏观战略、地方政府决策、企业所有制差异均会对企业规模产生影响。中国的优先发展战略使沿海地区和中西部省份的企业规模分布与经济结构表现出明显不同(Heinrich and Dai,2016);企业特征与所有权结构的差异也较大,国有企业和外资及港澳台企业更有可能出现较高的规模扩张(Duschl and Peng,2015)。

(2)宏观经济环境与企业规模。企业规模与一个国家的金融和法律体系的质量呈正相关,更有效的法律制度和更好的产权保护有利于企业规模的扩大(Beck et al. ,2006)。企业规模也与国家的人均收入呈正相关,更高人均收入国家的平均企业规模也更大(Bento and Restuccia,2017)。贸易自由化正向作用于企业规模,减让中间投入品关税有利于企业的成长(盛斌、毛其淋,2015);合作伙伴国家的贸易自由化政策也有利于本国企业规模的扩大,中国关税的降低就导致了韩国平均企业规模的扩大(Kapri,2016)。

一个国家或地区的产业集聚水平亦会影响企业规模。Holmes 和 Stevens (2002)发现,无论在美国制造业内部还是不同产业之间,产业集聚和企业规模之间都存在正相关关系;Barrios 等(2006)就爱尔兰、Lafourcade 和 Mion (2007)就意大利、陆毅等(2010)就中国数据再一次证实了该结论。Li 等(2012)认为,产业集聚会促进中国企业合作,企业规模更有可能扩大。另外,有学者发现,中国的房价上涨不利于中小企业成长,工资成本和信贷成本的上升、进入房地产市场的挤出路径,会对企业规模造成较大冲击(郭树龙、刘文斌,2017)。

(3)金融发展对企业规模的影响。通过将外部融资引入增长前景更好的企业,金融发展能够改善资本配置、缓解企业的信贷约束;而且与能够筹集更多外部资金的大企业相比,国内金融市场发展对减缓小企业、年轻企业信贷约束的作用尤为突出(Bena and Ondko,2012;Guiso et al. ,2004)。对于新兴经济体和转型经济体来说,融资约束被认为是企业发展的主要障碍之一。一方面,由于金融发展的滞后、信息透明度和信息共享机制的缺失,许多缺乏既定信用记录、净资产有限的中小企业面临高昂的资金使用成本,以及筛选和合同执行成本等交易成本(Beck et al. ,2006),这不利于中小企业成长。另一方面,发展中国家的金融市场无法识别和奖励具有增长潜力的公司(Beck et al. ,2005a),导致制造业多由微小型企业和大型企业主导,中心挖空,表现出"缺少中间"现象(Sleuwaegen and Goedhuys,2002),企业平均规模偏小(Hsieh and Klenow,2014)。Lashitew(2017)基于埃塞俄比亚制造业企业的数据证实,金融市场的不完善会限制小企业规模的扩大。

金融部门中的银行部门对企业平均规模有着重要影响。由于中小企业的融资灵活性以及其缺乏进入证券市场的机会,银行部门提供的资金对于中小企业的运营和新公司的创建尤为重要。加强以银行为导向的金融体系建设是缓解中小企业成长限制的可行策略。金融发展通过减少流动性限制、提高创新和高生产率项目的投资比例、降低交易成本、改善资本和风险管理的分配,增加了企业部门可获得的信贷量,从而为中小企业的发展提供了机会(Beck et al. ,2008;Chauvet and Jacolin,2017)。另外,货币政策对企业规模也有一定影响(Fang et al. ,2018),由于大企业对货币政策的反应更为强烈,大企业通常会通过缩小规模来应对提高利率和存款准备金率的问题。

中国的金融体制不健全、金融改革的滞后以及融资约束的差异化加剧了企业规模的进一步分化（白俊、连立帅，2012）。刘斌等（2015）发现，融资约束对不同规模企业的成长具有异质性和非均衡性特征，不同规模企业间存在的“规模歧视”扭曲了规模等级下的企业成长动态，导致中国企业整体仍面临扩张约束，企业规模分布与生产率决定的最优分布发生偏离（李旭超等，2017）。而且，中国企业在信贷方面也存在“所有制歧视”，非国有企业受到的融资约束远远高于国有企业受到的融资约束（Jin and Zhao，2018），国有企业的软预算约束进一步放松了流动性限制，导致国有企业规模偏大、民营企业规模偏小。

2.1.3.3 企业规模与生产率

企业规模作为企业的重要特征之一，与企业生产率有着密切关系。基于发达国家和发展中国家的众多研究表明，大企业的生产率显著高于小企业的生产率（Hsieh and Klenow，2009；Tovar et al.，2011；Hsieh and Klenow，2014；Moral－Benito，2018；Medrano－Adán et al.，2018）。Syverson（2004）以美国制造业企业为例，发现企业规模前10%和后10%企业的全要素生产率平均差异的估计因子为2，这意味着企业规模前10%的企业使用相同的生产投入，其产出是位于后10%企业的两倍。在中国和印度的类似研究中，这一比值达到了5∶1，即企业规模较大的企业生产率更高（Hsieh and Klenow，2009）。一方面，由于规模较大的企业能够更好地利用规模经济，通过投资新技术、使用更专业的设备、对人员进行高技能培训，更有效地利用企业资源，降低生产成本和管理成本，从而提高企业的生产率（Mashayekhi and Bazaz，2008；Syverson，2011；Olokoyo，2013）。另一方面，大企业具有“累积效应”，即过去生产率的增长对当前和未来生产率的滞后影响会随着作为战略资产的能力积累规模的扩大而增加（Antonelli et al.，2015）。

然而，需要注意的是，企业规模扩张所带来的经济效应可能并不只是简单的线性关系，而是表现出更为广泛的非线性特征或阈值效应。在其他条件一定的情况下，总有一个使企业效率最高或平均成本最低的规模，即最佳规模。Cowling 和 Tanewski（2019）发现，规模报酬递减是澳大利亚商业部门的一个重要特征，这意味着并非所有企业规模的增长都会带来生产率的提高。Schiersch（2013）通过研究德国中小企业主导行业的企业规模与效率之间的关系,发现企业规模和企业生产率之间的关系并非单调递增,而是具有"U"形特征。平均而言,小型企业和大型企业效率最高,而中型企业效率最低。孙晓华和王昀(2014)以中国工业企业为研究对象,发现企业规模与生产率分布虽然在不同要素密集度的行业中表现出一定的差异性,但是大多数企业的规模扩张依旧会提高生产率。高凌云等(2014)得出了类似的结论,认为大部分中国企业掣肘于扩张约束,部分大企业"大而不强",存在明显的资源错配问题。李旭超等(2017)认为,资源错配使企业规模与生产率的对应关系遭到破坏,企业规模分布与生产率分布偏离增大,高效率的企业因受到约束难以做大,低效率的企业却因得到补贴反致膨胀,中间规模企业数量过多,大企业和小企业数量反倒不足。

由此可见,虽然企业规模与生产率的关系存在争议,但是现有研究更倾向于认为大企业比小企业具有更高的生产率。

2.1.4 企业出口的文献回顾

出口是推动中国经济快速增长的关键动力之一,出口对中国 GDP 增速的贡献,自中国加入世界贸易组织(WTO)后逐年升高,到 2007 年甚至高达 30%(Xing and Pradhananga,2013),出口也是企业国际化和全球化的重要手段(Zhao and Zou,2002)。那么,是什么决定了企业的出口行为呢? Melitz(2003)研究认为,高生产率企业因为能够覆盖出口所需的固定成本而选择出口,低生产率企业因成本较高、风险较大而选择内销或随着出口市场的开放而被逐出市场。

遵循 Melitz(2003)的文献,之后的学者从制度环境(Wang and Ma,2018;Qi et al.,2018a)、环境规制(Shi and Xu,2018;许和连、王海成,2018)、政府补贴(Defever and Riano,2017;Yoon and Choi,2018)、出口退税政策(Chen et al.,2006;谢建国、陈莉莉,2008)、最低工资政策(孙楚仁等,2013;Gan et al.,2016)、贸易政策不确定性(Crowley et al.,2018;Kapri,2019)、出口促进机构的指导功能(Li and Liu,2018;Jose and Christian,2019)、出口企业的溢出效应(Wagner and Zahler,2015;Hu and Tan,2016)、交通基础设施(Xu et al.,2016;白重恩、冀东星,2018)、互联网发展(岳云嵩、李兵,2018;Fernandes et al.,2019)、企业创新(Azar and Ciabuschi,2017;Dohse and Niebuhr,2018)、公司治理(Ohashi and Toyama,2017;Manolopoulos et al.,2018)等方

面,研究了企业出口决策或出口强度的提升问题。

本质上,上述影响企业出口的因素,要么是提高了出口企业的竞争力,要么是降低了出口企业所需的固定成本。例如,交通成本的下降降低了企业出口成本,促进了企业出口额的增长(白重恩、冀东星,2018);互联网技术通过减少开展出口业务所需成本,提高了企业出口决策和出口强度(Fernandes et al. ,2019)。出口促进机构对出口企业的指导作用,以及先前出口企业对后来出口企业的溢出效应,均在不同程度上减少了企业出口的固定成本,从而对企业出口产生积极影响(Jose and Christian,2019;Hu and Tan,2016)

除上述文献以外,还有一些文献从金融角度研究企业出口。有出口意愿的企业,需要搜寻出口市场,根据国外市场的需求对产品规格进行调整,建立国外市场分销渠道,承担更高的运输成本和更久的运输时间;而且,为了能够在国际市场存活,企业需要不断地创新,面临创新风险;另外,企业还会面临意外事件,所有这些都需要企业花费大量的费用。有前瞻性的企业家会权衡市场准入期间产生的成本、不确定性带来的风险和未来收益之间的关系。因此,企业出口问题就演变成企业是否有能力进行这种风险投资的问题。显然地,一方面,融资受限的企业将无法承担这项投资,从而阻碍其进入出口市场。另一方面,国家金融体系不发达、金融政策制度不力,会导致企业银行贷款受限,金融部门也无法实现分散风险的功能,进一步阻碍了企业进入出口市场。

从另一个角度思考,如果金融因素不存在企业异质性,或者如果企业在其他因素不变的情况下,所面临的金融市场是完美的,那么当生产率超过一定临界点时,所有企业都有可能参与出口,如 Melitz(2003)的研究。然而现实并非如此,不同企业融资状况差异明显,资本市场也不完美。而且,很多研究均验证了市场上确实存在着许多高生产率的非出口企业以及低生产率的出口企业(汤二子,2017)。企业间的金融异质性、金融市场不完善共存,有助于解释企业出口的问题,并进一步解释为什么高生产率企业不出口、低生产率企业出口的问题。因此,越来越多的学者将金融因素引入解释企业出口的研究中。

2.1.4.1 企业金融因素与企业出口

Greenaway 等(2007)开创性地把企业金融因素与企业出口联系起来,分析了金融因素与企业出口决策的联系，利用1993—2003年9292家英国制造企业的数据，发现出口企业虽然拥有更好的融资状况，但更有力的证据表明，出口会改善企业的财务状况，而不是健康的财务状况导致了企业的出口。与Greenaway等（2007）的研究相反，Bellone等（2010）基于16万家法国企业的数据得出，出口商更有可能出自那些拥有健康财务的企业，融资约束制约了企业的出口参与，更好地获取外部金融资源增加了企业出口的可能性，没有发现任何证据说明，企业进入出口市场后财务状况才得到改善，即出口企业在未出口前已经具有财务优势。

一系列的文献支持了Bellone等（2010）的研究，即拥有金融优势的企业更倾向于出口。Nagaraj（2014）通过分析印度制造企业的数据，发现出口企业比非出口企业的财务状况更健康，证实了财务健康是出口的原因，而非出口的结果。降低企业的融资约束，可以使新出口商的出口量增加；但是，财务状况与持续出口企业的出口强度无显著关系，结论强调融资约束的存在阻碍了企业进入出口市场。Mirabelle（2015）使用比利时的企业数据，发现信贷约束较低的企业更有可能进行出口。Wagner（2015）使用德国的数据，也得出信贷约束抑制了企业出口的研究结论。Minetti和Zhu（2015）利用意大利制造企业数据发现，相比那些没有信贷约束的企业，存在信贷约束的企业其出口概率降低了39%，信贷约束对出口销售额的损失超过38%，并且信贷约束对高科技企业的出口阻碍作用更大。Askenazy等（2015）通过分析法国的企业数据发现，融资约束阻碍了企业支付固定进入成本以进入新市场的能力，也阻碍了企业支付相关经常性成本以维持现有市场的能力，从而降低了企业进入新出口市场的可能性，并增加了其退出现有出口市场的可能性。

对于中国来说，在改革开放四十多年的时间里，金融体系发展始终落后于国家经济的发展，金融部门对资本分配存在缺陷。Qi等（2018b）发现，信贷约束对中国企业的出口决策存在负面影响；信贷约束较低的企业更有可能成为国外市场的先驱，那些信贷约束严重的企业因缺乏足够的流动性无法实现出口。Jarreau和Poncet（2014）利用中国海关数据发现，在金融脆弱性较高的行业中，信贷约束为外资企业和合资企业提供了优势，具有部分和全部外资所有权的企业可以依赖其母公司的内部资金来源，这有助于其减轻出口所面临的信贷约束。而中国国内的民营企业对金融部门的依赖程度较高，信贷约束对其出口的影响也更大；缓解融资约束、提高企业流动性的政府政策会显著提高企业出口。Liu 和 Lu(2015)研究了中国2004年增值税试点改革对企业出口行为的影响发现,增值税试点改革通过增加企业内部现金流量,极大地放松了企业面临的信贷约束,提高了融资约束较高企业的出口概率。

2.1.4.2 国内金融因素与企业出口

(1)企业面临的外部融资约束降低了企业出口概率,更好地获取外部金融资源则增加了企业出口的可能性,并且缩短了企业出口的准备时间(Bellone et al.,2010)。相比来说,大型企业、国有企业、外资企业的融资渠道呈多样化,中小企业、民营企业更依赖银行这一外部信贷资源。Abor 和 Biekpe(2006)指出,随着企业从事出口活动的增加,企业需要更多的资金支持扩张,对正规金融的需求相应增加,非正规融资占比下降,尤其中小型企业更依赖正规金融。但是,正规金融的获取与企业规模有着重要的正向相关性。通过对加纳出口企业的研究,Buatsi(2002)发现,金融机构更喜欢投资于政府债券,而不是贷款给中小型企业。中小型出口商也很难满足银行对抵押品的要求,其获得信贷的难度较高,而且贷款违约率也很高。Abor 等(2014)指出,中小企业获得银行融资可以提高其出口的可能性,这种融资对于满足企业国际营销和海外品牌建立的高固定成本,以及海外市场所需的更高质量标准至关重要。相比而言,大公司更有可能迈出进入出口市场的重要一步,这就阻碍了具有显著出口潜力的小公司的出口。

(2)银行危机减少了企业出口。Spatareanu 等(2018)使用英国银行—企业的匹配数据发现,英国的银行危机对企业出口有着即时的、显著的负向影响,即陷入困境的银行限制了企业的融资,并且影响企业异质性,私营企业和更依赖外部融资的企业受影响更严重,国有企业受银行危机的影响较小。Iacovone 等(2019)依靠1970—2012年160个发达国家和发展中国家的数据,分析了147个银行业危机事件对出口的影响,并将需求冲击、汇率冲击等其他影响分开;研究发现,危机期间,更依赖外部融资的企业其出口增长显著低于其他企业的出口增长,但这一结果仅适用于依赖银行融资而非企业融资的行业;依赖内部融资的出口企业不受银行业危机的负向影响。Niepmann 和 Schmidt - Eisenlohr(2017)利用各国对美国银行贸易融资索赔的数据,估计了信用证供应冲击对美国出口的影响,发现美国银行对一个国家信用证供应的冲击使美国对该国的出口增长减少;在金融危机期间,信用证供应冲击的影响是正常时期的两倍。

(3)金融发展增加了企业出口。Manova(2013)构建了一个引入金融发展水平的异质性企业模型,考察金融市场不完善对国际贸易的影响,发现金融发展促进了各国的出口增长,金融发达的经济体的出口产品范围更广,出口产品的周转率更低,也拥有更多的贸易伙伴。Fauceglia(2015)利用17个发展中国家的企业级数据,认为企业流动性对出口概率的提升作用比对金融欠发达国家企业来说更加明显,凸显了金融发展在减少出口企业信贷约束方面的重要性;依赖外部融资的创新型出口企业,消除融资障碍比融资带来的收益更为明显。Feng和Lin(2013)利用包含金融冲击、执法约束的DSGE模型,得出金融状况的恶化会降低企业的借贷能力,迫使企业减少生产,从而降低企业利润和企业价值。出口商在生产中面临较大的固定成本,对融资限制更为敏感。所以金融状况的恶化会阻碍潜在出口商进入出口市场,从而减少总出口。

2.1.4.3 国际金融因素与企业出口

(1)汇率变动对本国企业的出口有着重要的影响。Cheung和Sengupta(2013)指出,货币升值和货币波动对印度企业的出口产生了强烈的负向影响,劳动力成本上升加剧了货币升值的负向影响。与出口产品的企业相比,出口服务的企业受汇率波动的影响更大。Chaney(2016)通过构建一个具有流动性限制的国际贸易模型,指出对于金融发展不完善的国家来说,汇率上升一方面使其出口商的竞争力下降、出口减少;另一方面意味着国内资产价值的增加,提高了有出口意愿但存在流动性受限企业的出口可能性。对于金融发达的国家来说,这意味着没有企业受到流动性的限制,出口的波动将更加适应汇率的波动。许家云等(2015)基于多产品企业出口行为的分析,得出人民币实际汇率升值会造成企业出口价格和出口数量的下降,而且这一作用对多产品企业中排序靠前的产品和生产率较高企业的影响更大。宋超和谢一青(2017)对比了加工贸易企业和一般贸易企业,发现前者出口价格的汇率弹性更大,出口量的汇率弹性更小。因而,相比一般贸易企业,加工贸易企业在应对汇率冲击时更多地会选择调整出口价格,而非调整出口量。Xing(2018)指出,人民币升值降低了中国加工出口的比例,人民币兑美元名义汇率升值10%,加工贸易出口预计会降低8%,人民币累计升值削弱了中国加工贸易出口的利润空间,甚至使一些加工出口的企业退出市场或迁往第三国。

(2)外国投资对企业出口具有影响。中国银行体系的信贷歧视,限制了非国有经济的发展,给外资的大规模进入留下空间,外资可以有效缓解依赖外部融资产业的出口,外国投资与中国银行信贷有相互替代的作用(黄玖立、冼国明,2010)。Manova 等(2015)利用中国海关数据库发现,在金融较为脆弱的行业,外资企业和合资企业的出口业绩优于国内民营企业的出口业绩,对于贸易成本较高的出口地,这一结果更为明显。这与跨国企业较低的流动性约束有关,外资企业可以依靠企业内部或企业集团获得额外融资,外国投资事实上降低了国内金融市场发展不完善。Sun(2012)发现,中国国内企业在外国投资流入增加的情况下增加了出口,外国投资增长 1%,国内企业出口增长 0.57%。外国投资通过前向联系和后向联系,其溢出效应和竞争效应会对国内企业产生积极影响。此外,张靖佳等(2015)通过拓展量化宽松政策的封闭凯恩斯模型,发现量化宽松政策具有出口贸易的跨国财富溢出效应,该政策带来的资本流动不仅显著提高了中国企业,尤其是外资企业的出口能力;同时使中国出口企业的结构得以调整,并表明该政策冲击带来的国际资本流动效应大于汇率升值压力所产生的不利影响。

2.1.4.4 生产率与企业出口

许多权威研究(Melitz,2003;Bernard et al.,2003;Aw et al.,2011;Eaton et al.,2011)均表明,具有较高生产率的企业自行选择出口,近期的文献也说明了出口企业具有高生产率的事实。Eliasson 等(2012)发现,未来出口商在进入出口市场之前的生产率高于非进入企业,表明出口是自主选择的结果。但是,没有任何证据表明,出口企业和非出口企业之间的生产率差距在企业进入出口市场后会继续扩大。结果表明,学习出口是可行的,但通过出口来学习却不可行。Le 和 Valadkhani(2014)使用澳大利亚的 543 家制造业中小企业的数据发现,相同行业和相同规模的企业中,与非出口企业相比,出口企业的效率水平更高,提高企业效率是企业在全球出口市场取得成功的有效途径。Moral - Pajares 等(2015)分析了 2012 年南欧橄榄油企业的生产率与出口之间的关系,证实了出口公司比非出口公司更有效率。

2.1.5 企业进入退出的文献回顾

企业进入退出是市场经济的基本特征,高效率企业的进入和低效率企业的退出有助于市场竞争机制作用的充分发挥，可以促进创新和生产力的提高（Aghion et al.，2009），使产业结构不断升级，为经济增长提供动力源泉（Tybout，2000；张维迎等，2003）。企业进入不仅有助于优化资源配置，使要素从低生产率企业转移到高生产率企业，还是消除垄断租金竞争压力的基础（Caves，1998）；企业进入退出与宏观经济周期也有着密切联系（Tian，2018）。

2.1.5.1 企业进入的原因

（1）企业自身因素与企业进入

企业以利润最大化为目标，其拥有的要素资源决定着其获得利润的程度，除资本和劳动力资源以外，企业的技术资源、营销资源、市场情报资源对企业进入都有正向影响（Niu et al.，2013）。企业家也是影响企业进入的重要因素，而且接受过高等教育的混合型企业家更容易对政府放松进入管制做出响应，他们可能通过混合创业来实验商机，响应程度是全职企业家的四倍多（Schulz et al.，2016）。

除企业自身因素以外，在位企业对新企业进入也有影响。在位企业与买方签署的排他性长期合同经常被执法机构确定为企业进入的障碍，在欧洲和北美的反垄断案件中，在位企业的"长期合同"成为新企业进入市场的障碍（Gavin and Ross，2018）。而且，企业会在财务报表中显示低利润率以阻止新企业进入（Khan and Ozel，2016）。Pe'er 和 Vertinsky（2008）发现，在位企业的退出推动了高效率的新企业不断进入市场；本地企业持续较高的退出率会阻止本地新企业的进入，但是，邻近地区的持续高企业退出率会增加本地对新进入者的吸引力。

（2）外部因素与企业进入

其一，制度环境与企业进入。

第一，由法律法规和执法部门构成的法制环境对企业进入有着重要作用，法制建设较差的发展中国家，企业的进入壁垒更高（North，1991）。缺乏法治、法规执行不一致、腐败等一系列的非正式障碍，不仅阻碍了新企业的创建，对企业的生存和退出也会造成不利影响（Aidis and Adachi，2007）。Klapper 等（2006）利用欧洲企业级数据，发现规章制度阻碍了新企业的创建，特别是在那些本应具有高进入率的行业中，这些规定还迫使新进入企业规模更大。Aidis 等（2008）发现，俄罗斯的制度环境是企业创业相对较低的重要原因之一，有助于在位企业建立相对于新进企业的比较优势。Iwasaki 等(2016)发现，俄罗斯司法系统解决不遵守合同和不支付欠款等的效率影响着企业的进入退出，行政部门的官僚作风会扭曲市场经济的治理原则，令私营企业的经营环境更加复杂。Campos 和 Iootty(2007)发现，法规和税收是影响巴西企业进入退出的主要障碍，融资和政策不稳定则为其次。Tuppura 等(2010)发现，知识产权保护制度对高新技术企业的进入起到积极作用。

第二，政府进行监管改革，放松企业进入管制，减少行政部门的繁文缛节，可以降低企业的进入成本，提高企业进入概率与进入质量。Ciccone 和 Papaionnaou(2007)发现，削减繁文缛节会提高企业的进入率，在注册新企业所需时间较少的国家，企业进入率更高。墨西哥企业快速开放系统的建立，降低了繁文缛节成本，对企业进入产生了积极影响(Kaplan et al.,2011;Bruhn,2013)，使符合条件的行业注册企业数量增加了 5%(Bruhn,2011)。Branstetter 等(2014)研究了葡萄牙 2005 年的新企业进入改革，发现葡萄牙企业的进入率显著上升，但以企业生存率和单位工人销售额衡量的新进入企业的平均质量却显著下降。毕青苗等(2018)发现，企业进入率在设立行政审批中心的地级市提高了约 2%~25%，通过进驻部门跨部门的协调，审批中心增加了企业入市便利度。Amici 等(2016)把企业进入改革分为降低进入的时间成本与减少进入的货币成本，发现减少其中任何一项，均会提高企业的进入，但二者对新进入者的影响存在差异性；时间成本与企业家的个人能力有关，而支付货币成本取决于企业商业活动的预期盈利能力；减少繁文缛节可能会提高新进入企业的平均质量，而削减货币成本可能会提高新进入企业的数量。

其二，政府干预与企业进入。

第一，政府补贴与企业进入。关于政府补贴对企业进入的影响存在争议。Peng 和 Liu(2018)发现，虽然政府补贴有助于中国清洁能源企业进入，但是事前补贴阻碍了创业企业的发展，事前补贴通过扭曲清洁能源公司的投资行业和研发活动，使企业违背了其发展战略；并且事前补贴使清洁能源行业的竞争更加激烈，使许多没有掌握关键技术工艺，甚至污染高、产量低的大型国有企业进入了该行业(Shen and Luo,2015)。当事前补贴量很高时，创业企业将把大量精力和资源花费在建立和维持与政府部门的关系上，这意味着创业企业将忽视与企业长久发展息息相关的其他利益者的关系(Peng and Liu,2018)。Pfluger 和 Suedekum(2013)的研究发现,政府补贴虽然会提高企业的进入率,但是补贴也会增加竞争,进而提高企业的存活难度,最终导致市场中的企业数量偏少。金晓雨(2018)基于中国工业企业数据,发现政府补贴实质上羁绊了企业的进入退出,相较于未补贴企业,受补贴企业的市场进入退出概率更低。

第二,税收与企业进入。Rin 等(2011)发现,政府的税收政策会影响新企业的进入,通过对 1997—2004 年 17 个欧洲国家的企业数据分析,得出企业所得税与新企业的进入呈现负相关关系,减税对企业进入产生作用与低于某一阈值税率水平有关。而且,在具有良好制度的国家,有效企业税率的降低对企业进入的影响更为有效,因为企业更容易在制度环境较差的国家中产生避税行为。贾俊雪(2014)发现,减少企业平均税率会显著提升各类所有制企业的进入率,对外资企业尤为明显;但这一作用在考虑诸如个人所得税等其他税种影响后显著减弱。面对由政府腐败等产生的投资风险以及信贷约束,税收激励不仅可以缓解其对外商投资企业进入的抑制作用,而且有利于民营企业进入。

第三,政府干预与企业进入。张国峰等(2016a)研究开发区政策对企业进入退出与成长的作用,发现开发区政策在吸引高效率企业入驻的同时,也减少了开发区内企业的退出风险,从而显著提高了开发区内净进入企业的数量。需要注意的是,市场风险放大了企业进入退出的相应成本,增加了进入退出难度,因此政府在制定产业政策时应“因时而变”,与市场协同发挥作用(周开国等,2018)。如果市场风险较大,短期内政府对市场风险的调节策略会更加有效;长期来看,政府对企业进入退出成本以及淘汰率的调节会取得更好效果。

其三,金融因素与企业进入。

企业在建立时需要筹集资金,以支付生产所需的固定成本,如果假定企业只能从金融中介机构获得信贷来为固定成本提供资金,而其他融资来源,如股票、商业票据、公司债券等均无法获得。在这种情况下,潜在企业能否进入市场完全取决于信贷的可用性,扩张性货币政策可以增强新企业的进入并刺激总产出。由广泛的保证金效应产生的这种“信贷配给渠道”与传统的银行贷款渠道不同,因为配给不是由于缺乏银行流动性,而是由于缺乏借款人的信誉。从此意义上讲,信贷配给渠道可以被视为对传统资产负债表渠道的补充。由于中小企业无法获得诸如短期融资券或公司债券等其他外部融资来源,资产负债表渠道的支持者坚持认为,中小企业会承受紧缩货币政策的冲击,因为中小企业的外部融资溢价往往高于大企业的外部融资溢价。政策利率的上升不会影响信贷可用性本身,反而会降低中小企业对外部资金的需求(Kobayashi,2011)。

此外,Hallwarddriemeier 和 Rijkers(2013)发现,金融危机降低了印度尼西亚新企业的进入率,但提高了进入企业的生产率。Iwasaki 等(2016)发现,俄罗斯企业的进入退出与国际原油价格关系密切,以原油为主要能源是俄罗斯融入世界经济的唯一变量,在地方政府与中央政权保持政治和谐的地区影响会减弱,这些地区拥有的特权可以应对外来的不利影响。

通过对中国企业的研究,吴晗和段文斌(2015)发现,中小银行市场份额的增加虽然对大企业的进入无明显影响,但却是提高中小企业进入市场概率的关键所在;如果银行业结构保持不变,那么银行业规模的扩大将不会对中小企业进入产生显著影响。李俊青等(2017)认为,企业外部融资成本和进入决策会受到金融契约执行效率的影响。较高的金融契约执行效率会通过降低企业贷款难度和生产成本激励企业进入,促进市场充分竞争,但这一作用在技术密集型行业中表现并不明显。

其四,其他社会经济因素与企业进入。

Baptista 等(2011)发现,新大学的建立促进了知识密集型行业中新企业的进入,但有滞后效应,知识密集型企业的进入量会在五年后有所增加;同时会降低低技术行业的企业进入率。张天华等(2018)的研究表明,中国高速公路修建提高了潜在企业进入市场概率。邵宜航和李泽扬(2017)发现,中国城市中制造业企业空间集聚对新企业进入的影响呈现倒"U"形。Mao 和 Sheng(2017)得出产品关税(Output Tariff)的削减会降低企业进入率,中间投入品关税(Input Tariff)的削减则有助于企业进入率的提高。

2.1.5.2 企业退出的原因分析

通过创造性的破坏,企业退出是确保经济增长和繁荣的主要手段。企业退出受诸多因素的影响。

(1)企业因素与企业退出

第一,管理层决策与企业退出。一些研究发现,低利润是企业退出的重要因素(Olley and Pakes,1996;Foster et al.,2008)。另一些研究发现,管理者的短视认知以及在公司战略决策时,未考虑企业经营风险,从而使企业累积了退出风险,提高了企业退出概率(Hoyt and Sherman,2004)。Golombek 和 Raknerud(2018)把企业管理层的投资决策与决定是否退出同时引入模型,发现如果企业持续生产的预期值低于相对退出的预期值,企业经过几年高退出风险的累积效应后会选择退出。

由于经理人的贪得无厌(Rahaman,2009),在企业兼并和收购中,尽管并购对股东财富产生了负面影响,但依旧出现过度并购问题,过度并购会导致公司治理薄弱和公司信息披露质量下降,过度活跃的投标人会错误分配企业的资本,扭曲企业投资政策,而且过度并购还会削弱公司的声誉资本,从而限制公司进入资本市场,这些都会增加企业的退出风险,促使企业退出(Rahaman,2014)。另外,受企业环境社会责任约束的管理层投资决策会提高资本租赁成本,从长远来看,这提高了制造业企业退出市场的概率(Ee et al.,2018)。

第二,创新与企业退出。创新是企业竞争力的源泉,对企业退出有着重要的影响。Fernandes 和 Paunov(2015)利用智利企业数据,发现创新企业具有较高的生存概率,风险对创新生存环节起到重要作用,只有保留多样化产品的创新企业才能生存更长时间,单一产品创新企业退出的风险较大。Cefis 和 Marsili(2011)利用荷兰制造企业样本,发现高科技行业的创业企业并没有通过创新增加生存的机会,创新特别是产品创新,是参与行业创新竞争的必要条件,但不足以保证企业生存;而在低技术含量的行业中,流程创新是创业企业生存的关键。Howell(2015)指出,虽然创新降低了中国企业退出的概率,但是与创新时机、创新战略特征、创新过程中的风险有关;通过提高企业效率,谨慎的创新企业能够存活更长时间。Nemlioglu 和 Mallick(2017)发现,高效管理与创新活动相结合的公司经营得更好,只有与研发活动相结合的无形资产才会为企业带来收益。其进一步分析却发现,管理较好、创新活动较高的公司表现出更高杠杆率,不利于企业生存。Zhang 等(2018b)得出,通过内部创新机制,创新效率可显著降低中国高新技术企业的退出概率。深入分析发现,具有进出口地位的公司,尤其与国外贸易伙伴联系密切的公司受到更显著的创新溢出效应影响。何文韬和肖兴志(2018)也得出企业群体退出风险的降低得益于技术创新行为的类似结论。总之,创新作为企业生存立足的关键性因素，降低了企业的退出概率。

(2)外部因素与企业退出

第一，政府规制、政府干预与企业退出。Greaney 等(2017)发现，中国“双控区”污染控制政策增加了企业成本，提高了企业退出率，外资企业与国内企业不存在显著差异性。在污染控制更严格的地区，企业规模越大，生产率越高，出口越多，外国公司退出的可能性就越小。Du 和 Li(2019)利用中国能源企业实施的环境规制，发现环境监管可以加快僵尸企业退出，其效果受到区域制度环境的影响。Mayneris 等(2018)研究了中国最低工资改革对企业退出的影响，发现企业的退出概率，尤其是低生产率企业退出的概率，在 2004 年中国最低工资制度改革后有明显提高。

王明益和石丽静(2018)从政府干预的视角分析了中国制造业企业的退出行为，指出企业市场退出的风险与劳动力流动管制程度、金融抑制程度、政府补贴强度，以及企业负责人与政府打交道时间占比呈正相关。除国有企业与外资企业外，其他类型企业的市场退出风险随着资本价格扭曲度的增大而增大，资本价格扭曲在提高资本技术密集型企业市场存活概率的同时，促进了劳动密集型企业的市场退出。金晓雨(2018)发现，政府补贴实质上不利于企业退出，相对于未得到补贴的企业，受补贴企业的退出概率更低，何文韬和肖兴志(2018)也得出了类似结论。张国峰等(2016a)指出，开发区的设立会降低该区内企业的退出风险。

第二，金融因素与企业退出。马光荣和李力行(2014)发现，地区金融契约效率的提高有利于减少整个经济中的资源错配，在降低高效率企业融资约束的同时，提高了低效率企业的融资约束；在加速低生产率企业退出的同时，降低了高生产率企业的退出概率。Hallwarddriemeier 和 Rijkers(2013)认为，亚洲金融危机导致印度尼西亚相对有生产率的企业退出。Spokeviciute 等(2019)得出金融危机具有清理效应，危机提高了低效率金融企业的退出。

第三，国际贸易与企业退出。Mao 和 Sheng(2017)发现，产品关税的削减有可能增加企业退出率，而中间投入品关税的削减有助于提高企业的退出率，而且区域市场化加强了贸易自由化对企业动态的影响，贸易自由化对低生产率的企业退出的可能性有更大的影响。Rigby 等(2017)得出，来自低工资经济体的进口竞争加剧增加了美国制造业企业退出的可能性；来自高工资国家的行业特定的进口竞争也增加了退出的可能性，其影响远小于来自低工资国家的竞争。李磊等(2018)研究发现,外资进入通过降低就业的性别差距,降低了企业的退出概率,其原因是外资进入加剧了市场竞争,而且外资进入的技术溢出引起了相关地区和行业的技术进步。

第四,其他社会经济环境与企业退出。杨先明和李波(2018)发现,土地出让市场化能够显著降低企业退出风险,促进低效率企业退出,通过影响企业融资能力、企业创新与产业集聚,加速资源从低效率企业向高效率企业转移,进而优化资源配置,降低高效率企业退出风险。土地出让市场化对国有企业退出没有任何作用,但显著降低了非国有企业的退出风险。在政策不稳定的城市,土地出让市场化对该城市企业退出无明显影响,但能有效降低政策更稳定城市的企业退出概率。张天华等(2018)研究发现,高速公路修建降低了在位企业退出的概率。

2.1.5.3 企业动态更替与生产率

在完美市场经济下,企业进入和退出市场是竞争和“优胜劣汰”的结果。Pe'er 和 Vertinsky(2008)的研究指出,相比在位企业,平均而言,新进入企业的生产率更高。Baldwin 和 Gu(2006)对加拿大进行研究发现,企业动态更替贡献了制造业生产率增长的 15% ~25% 。Bartelsman 等(2004)比较了 24 个国家的生产率变动及其来源,发现企业动态更替对转型经济国家生产率增长的影响程度更大。Haskel 等(2003)发现,英国制造业企业的动态更替解释了 TFP 增长的 80% ~90% ;Hallwarddriemeier 和 Thompson(2009)基于摩洛哥的研究则认为这一作用并不明显。

对于中国企业,Brandt 等(2012)指出,企业动态更替对中国制造业 TFP 增长具有显著促进作用,企业净进入可以解释 TFP 增长的 2/3。杨天宇和张蕾(2009)发现,新进入企业的效率普遍较高,并且新进入的高效率企业会对在位企业的退出产生“替代效应”。毛其淋和盛斌(2013)得出存活企业生产率均高于进入企业和退出企业的结论。吴利学等(2016)发现,中国制造业企业进入退出对行业 TFP 的增长的贡献率仅占 10% ,其他 90% 则源于企业成长。Mao 和 Sheng(2017)认为,中国企业动态的进入退出效应,尤其是企业的退出效应,贡献了总 TFP 增长的约 43% 。综上分析,虽然存在争议,但是现有研究更倾向于新进入企业的生产率普遍较高、退出企业的生产率普遍较低、企业的动态更替对生产率增长有着重要贡献这一结论。

2.2 文献评论

通过对国内外资本错配研究现状的梳理，以及对企业产能、企业规模、企业出口、企业进入退出等企业行为的文献回顾，本书得出以下六点结论。

第一，当前有关资本错配与中国工业企业行为方面的研究较为匮乏。自 Hsieh 和 Klenow（2009）的经典论文发表以后，资源错配受到学术界的广泛关注，随着研究的不断深入，资源错配已经进一步细分为资本错配、劳动力错配，以及随之延伸的能源错配、创新错配等。相比来说，由于金融对经济越来越重要的影响力以及中国金融改革的滞后性，资本错配的重要性不言而喻。但是，综观现有研究文献，涉及资本错配的研究较少，仅有的少数文献主要专注于资本错配的形成原因，而对资本错配导致结果的研究，仍旧沿用 Hsieh 和 Klenow（2009）的思路，主要测算资本错配对加总全要素生产率的损失。资本资源是企业不可或缺的要素资源，资本在企业间的错配势必影响企业的行为。到目前为止，还未有文献专门考察资本错配对企业行为的作用机制问题。

第二，有关僵尸企业与正常企业产能利用率的对比研究尚显不足，并且鲜有学者从资本错配方面考察企业产能问题。中国式的产能过剩有其深刻的发展阶段和体制机制原因，具有明显的“中国特色”。已有研究从企业自身层面、宏观经济层面、政府干预层面、金融因素层面探讨了企业产能的影响因素问题。虽然学者已经逐渐关注金融因素对企业产能的影响，但是其主要集中于金融发展和货币政策方面。由于金融摩擦和政府干预等问题的存在，中国存在着严重的资本错配，中国产能过剩的一个重要形成原因在于产能投资的“潮涌现象”；那么，资本错配对中国企业产能利用率有着什么样的影响，并且在僵尸企业与正常企业间存在何种异质性，成为一个值得深入思考的问题。

第三，有关企业规模的研究众多，但对中国企业为什么“大而不强”的讨论较少，尤其忽略了从资本错配角度寻求解决企业的“大而不强”问题的答案。从企业规模的成因研究来看，较多文献从企业创新、公司治理等企业自身因素与政府经济政策、国家发展战略等外部环境展开。虽然也有少数文献从金融角度讨论企业规模变动，但是其多从融资约束角度进行分析。融资约束的确加剧了企业规模分化，但比融资约束更有现实意义的是，稀缺的资本资源在不同效率企业间的错配问题会对企业规模成长造成怎样的影响，并且与企业“大而不强”的现状有什么样的联系。

第四，现有研究忽略了资本错配对企业出口的影响，更忽略了资本错配对企业出口—生产率扭曲的作用机制。现存有关金融因素对企业出口影响的研究，在微观上发现，由于企业出口的沉没成本和固定成本，财务越健康或融资约束越小的企业越有可能进行出口；在宏观上发现，金融发展、汇率变动均会影响企业出口。但其均未涉及资本错配方面，资本错配有其自身的特殊性，并且资本错配在发达国家与发展中国家均存在，只是成因各异。中国的资本错配问题更接近资本配置的结构性问题，其对工业企业出口的影响，也契合金融供给侧结构性改革的主题。

第五，资本资源作为企业的基本投入要素，对企业生存有着重要作用，但国内外有关企业进入退出的研究文献鲜有从金融角度考虑企业进入退出问题，更没有学者研究资本错配对企业进入退出，以及企业进入退出与生产率扭曲的议题。根据微观经济学的基础理论，企业进入退出与市场类型和企业利润有关，而市场类型影响着资本要素配置，企业利润也取决于资本要素的成本，因此资本错配是影响企业进入退出的关键性因素，需要探索资本错配对企业进入退出的影响，以便能够解答为什么中国企业生存时间短、为何加总全要素生产率增长缓慢等问题。

第六，有关资本错配与企业行为的经济理论模型研究相对不足。与资本错配有关的理论经济模型仅涉及基于异质性企业的垄断竞争模型，其主要考察企业面临的资本扭曲和跨企业的资本错配问题；而本书尝试把资本错配引入多部门的理论经济模型进行理论研究。

基于对国内外最新研究文献的梳理和评论，本书重点研究中国工业行业的资本错配现状，以及资本错配对工业企业行为的影响及作用机制。本书的研究对当前中国实施的经济供给侧结构性改革和金融供给侧结构性改革均具有一定的启示，为中国经济高质量发展提供了建议与参考。

3 资本错配对中国工业企业行为影响的理论分析

本章从 Hsieh 和 Klenow(2009)的包含异质性企业的垄断竞争模型出发,首先,从理论上对资本错配及其测算原理进行推导;然后,构建包含多部门的数理模型,对资本错配与企业行为进行理论分析,主要包括资本错配与企业产能的理论分析、资本错配与企业规模的理论分析、资本错配与企业出口的理论分析、资本错配与企业进入退出的理论分析。

3.1 资本错配的理论分析

3.1.1 资本错配的含义

目前,关于资本错配(Capital Misallcation)尚未有明确定义,根据 Hsieh 和 Klenow(2009)对错配原理的解释说明,并综合现有权威文献,本书将资本错配总结为资本要素在企业间的错误配置,即资本边际收益产品高的企业,资本使用成本过高,导致其使用过少的资本;资本边际收益产品低的企业,资本使用成本过低,导致其使用过多的资本。简而言之,资本错配是指资本要素在企业间的配置与企业的资本生产率发生偏离。与资源错配的现有研究相同,本书研究的资本是指企业生产中所投入的资本要素资源,具体测算时,本书使用企业的固定资产净值年平均余额表示资本 K。

3.1.2 资本错配的理论模型

本书关于资本错配的理论分析框架建立在 Hsieh 和 Klenow(2009)的包

含异质性企业的垄断竞争模型上。

本书假设存在这样的一个经济体,经济体中仅有单一的最终产品 Y 被生产,并且最终产品生产市场是完全竞争市场。为了生产最终产品 Y,代表性企业以 S 行业生产出来的产品 Y_s ($s = 0,1,2,\cdots,S$)作为中间投入品,利用 C-D 生产函数,将中间品转化成单一的最终产品 Y。

$$Y = \prod_{s=1}^{S} Y_s^{\theta_s}, \sum_{s=1}^{S} \theta_s = 1 \tag{3-1}$$

考虑代表性企业的利润最大化问题,可以得到

$$\max_{Y_s} \pi = PY - \sum_{s=1}^{S} P_s Y_s \text{ , s. t } Y = \prod_{s=1}^{S} Y_s^{\theta_s}, \sum_{s=1}^{S} \theta_s = 1 \tag{3-2}$$

$$\text{即} \max_{Y_s} \pi = P\prod_{s=1}^{S} Y_s^{\theta_s} - \sum_{s=1}^{S} P_s Y_s \tag{3-3}$$

解得,$\dfrac{\partial \pi}{\partial Y_s} = \theta_s Y_s^{\theta-1} \prod_{i=1, i\neq s}^{S} Y_i^{\theta_i} - P_s = 0$,移项后,两边同时乘以 Y_s 得

$$P_s Y_s = \theta_s PY \tag{3-4}$$

在式(3-4)中,P_s 表示 S 行业的产出 Y_s 的价格,P 是最终产品 Y 的价格。如果将最终产品 Y 视为计数单位,则可把 P 设定为 1。S 行业包含 M_s 个中间产品生产企业,S 行业是垄断竞争市场。行业总产出 Y_s 是行业内 M_s 个企业产出 Y_{si} 的 CES 固定替代弹性函数的加总。

$$Y_s = \left(\sum_{i=1}^{M_s} Y_{si}^{\frac{\sigma-1}{\sigma}} \right)^{\frac{\sigma}{\sigma-1}} \tag{3-5}$$

其中,σ 是各中间产品之间的替代弹性。由此可以给出企业 i 产品的需求函数表达式

$$Y_{si} = Y_s (P_s/P_{si})^{\sigma} \tag{3-6}$$

其中,P_s 是 S 行业的加总价格,P_{si} 是 S 行业中企业 i 的产品价格,满足

$$P_s = \left(\sum_{i=1}^{M_s} P_{si}^{1-\sigma} \right)^{\frac{1}{1-\sigma}} \tag{3-7}$$

S 行业是由一系列垄断竞争的中间产品生产企业组成的,每个企业的全要素生产率有着明显的差异性,设定其生产函数为规模报酬不变的 C-D 函数

$$Y_{si} = A_{si} K_{si}^{\alpha_s} L_{si}^{1-\alpha_s} \tag{3-8}$$

其中,A_{si} 、K_{si} 、L_{si} 分别表示 S 行业内中间产品生产企业 i 的全要素生产

率（TFP）、资本、劳动力，α_s 是资本的产出弹性，$1-\alpha_s$ 是劳动的产出弹性。同一行业内不同企业的资本产出弹性和劳动产出弹性是相同的，但不同行业间的资本产出弹性和劳动产出弹性是存在差异性的。

如果资本资源和劳动资源是完全流动的，即不存在资源错配，则企业的生产目标为

$$\max_{K_{si},L_{si}} \pi_{si} = P_{si}Y_{si} - wL_{si} - RK_{si} \tag{3-9}$$

如果要素资源非完全流动的，即市场存在资源错配，那么，各企业将会面临差异化的生产扭曲。这些扭曲会改变企业投入要素的相对边际产品。一般地，产出扭曲（τ_{ysi}）是指能够同等比例改变资本和劳动边际产品的因素，相当于对企业产出征税。例如，企业规模限制政策、市场准入政策、地方市场保护主义等，都会提高企业产出扭曲。相反地，当企业获得优惠政策时，产出扭曲也会相应地降低。资本扭曲（τ_{ksi}）会提高资本相对劳动的边际产品，相当于对资本征收资本税等。比如，资金融通的可获得性（Kalemli - Ozcan et al.，2012）、信贷市场的所有制歧视（鄢萍，2012）、银行系统运营失灵（Ziebarth，2012）、金融部门的金融摩擦（Buera et al.，2011）等，均会改变企业资本的实际使用成本，造成资本在企业间配置的扭曲。从这个意义上说，资本扭曲可被描述为一个企业的资本边际收益产品相对市场出清时资本使用成本的偏离；对于企业本身来说，其面临资本扭曲可能是件坏事，但也可能是件好事。比如，倘若一个企业因受到信贷歧视，需要以高于市场出清时的资本成本从银行获得贷款，那么其很可能会降低资本的使用量，导致企业实际的资本边际生产率和资本扭曲偏高；相反地，倘若一个企业因受到政策支持，可以用低于市场出清时的成本获得使用资本，或者得到政府补贴，那么其就很可能提高资本的使用量，从而降低资本的实际边际生产率，导致企业资本扭曲偏低。

总之，考虑产出扭曲 τ_{ysi} 和资本扭曲 τ_{ksi} 后，中间产品生产企业的利润最大化问题为

$$\pi_{si} = (1-\tau_{ysi})P_{si}Y_{si} - wL_{si} - (1+\tau_{ksi})RK_{si} \tag{3-10}$$

根据上文设定，均衡时企业资本和劳动价格分别为 R 和 w，产出和资本扭曲因子分别为 τ_{ysi} 和 τ_{ksi}，在上述约束下，企业进行利润最大化决策，以确定资本和劳动的最优投入 K_{si} 和 L_{si}，以及产品价格 P_{si}。由利润最大化的一阶条件得

$$P_{si} = \left(\frac{\sigma}{\sigma - 1}\right)\left(\frac{w}{1 - \alpha_s}\right)^{1-\alpha_s}\left(\frac{R}{\alpha_s}\right)^{\alpha_s}\frac{(1 + \tau_{ksi})^{\alpha_s}}{A_{si}(1 - \tau_{ysi})} \tag{3-11}$$

这时,企业的最优资本劳动比、劳动、资本和产出分别为

$$\frac{K_{si}}{L_{si}} = \frac{\alpha_s}{1 - \alpha_s} \cdot \frac{w}{R} \cdot \frac{1}{1 + \tau_{ksi}} \tag{3-12}$$

$$K_{si} = \frac{A_{si}^{\sigma-1}(1 - \tau_{ysi})^{\sigma}}{(1 + \tau_{ksi})^{\alpha_s(\sigma-1)+1}}\left(\frac{\sigma - 1}{\sigma}\right)^{\sigma}\left(\frac{R}{\alpha_s}\right)^{\alpha_s(1-\sigma)-1}\left(\frac{w}{1 - \alpha_s}\right)^{(\alpha_s-1)(\sigma-1)} \tag{3-13}$$

$$L_{si} = \frac{A_{si}^{\sigma-1}(1 - \tau_{ysi})^{\sigma}}{(1 + \tau_{ksi})^{\alpha_s(\sigma-1)}}\left(\frac{\sigma - 1}{\sigma}\right)^{\sigma}\left(\frac{R}{\alpha_s}\right)^{\alpha_s(1-\sigma)}\left(\frac{w}{1 - \alpha_s}\right)^{\alpha_s(\sigma-1)-1} \tag{3-14}$$

$$Y_{si} = \left(\frac{\sigma - 1}{\sigma}\right)^{\sigma}\left(\frac{1 - \alpha_s}{w}\right)^{\sigma(1-\alpha_s)}\left(\frac{\alpha_s}{R}\right)^{\sigma\alpha_s}P_s^{\sigma}Y_s \cdot \frac{A_{si}^{\sigma}}{(1 + \tau_{ksi})^{\alpha_s\sigma}} \tag{3-15}$$

基于式(3－12)、式(3－13)、式(3－14)和式(3－15),企业 i 的资本边际收益产品 $MRPK_{si}$ 和劳动收益产品 $MRPL_{si}$ 可以有以下表达。

企业间的资源分配不仅取决于企业的全要素生产率水平,还取决于其所面临的产出扭曲和资本扭曲。在某种程度上,资源分配是由扭曲而不是是企业全要素生产率驱动的,这将导致企业间劳动力和资本的边际收益产品的差异。其中,劳动的边际收益产品与单位工人的收入成正比。

$$MRPL_{si} = (1 - \alpha_s)\frac{\sigma - 1}{\sigma}\frac{P_{si}Y_{si}}{L_{si}} = w\frac{1}{1 - \tau_{ysi}} \tag{3-16}$$

资本的边际收益产品与单位资本的产出成正比。

$$MRPK_{si} = \alpha_s\frac{\sigma - 1}{\sigma}\frac{P_{si}Y_{si}}{K_{si}} = R\frac{1 + \tau_{ksi}}{1 - \tau_{ysi}} \tag{3-17}$$

由式(3－16)与式(3－17)可得

$$1 + \tau_{ksi} = \frac{\alpha_s}{1 - \alpha_s}\frac{wL_{si}}{RK_{si}} \tag{3-18}$$

$$1 - \tau_{ysi} = \frac{\sigma}{\sigma - 1}\frac{wL_{si}}{(1 - \alpha_s)P_{si}Y_{si}} \tag{3-19}$$

上述分析表明,本书可以根据式(3－18)和式(3－19)分别估计出产出扭曲 τ_{ysi} 和资本相对于劳动的扭曲 τ_{ksi} 。

在上文的基础上,如果设定资本和劳动力的绝对扭曲水平分别为 τ_{ksi}^* 和

τ_{lsi}^{*}，那么企业的利润函数可以表示为

$$\pi_{si} = P_{si}Y_{si} - (1 + \tau_{lsi}^{*})wL_{si} - (1 + \tau_{ksi}^{*})RK_{si} \qquad (3-20)$$

针对式(3-20)，企业利润最大化的一阶条件与 $\{\tau_{ysi}, \tau_{ksi}\}$ 的相同，求解得出

$$1 + \tau_{lsi}^{*} = \frac{1}{1 - \tau_{ysi}} \qquad (3-21)$$

$$1 + \tau_{ksi}^{*} = \frac{1 + \tau_{ksi}}{1 - \tau_{ysi}} \qquad (3-22)$$

最终，得

$$1 + \tau_{lsi}^{*} = \frac{\sigma - 1}{\sigma}\frac{(1 - \alpha_s)P_{si}Y_{si}}{wL_{si}} \qquad (3-23)$$

$$1 + \tau_{ksi}^{*} = \frac{\alpha_s(\sigma - 1)}{\sigma}\frac{P_{si}Y_{si}}{RK_{si}} \qquad (3-24)$$

由于本书主要关注跨企业的资本错配问题，下文的分析仅对资本错配做出释义，而不再对劳动力错配作过多说明。式(3-24)表示的资本扭曲具有明显的经济学意义。如果不存在资本扭曲，即 $\tau_{ksi}^{*}=0$，那么，企业支付的资本报酬应该是企业所在行业由资本投入要素创造的产出份额。如果企业支付的资本报酬与企业所在行业的资本产出份额 α_s 相偏离，那么，可以推断，资本边际收益产品（*MRPK*）也与市场出清时的资本使用成本相偏离，即存在资本扭曲现象。

根据 Hsieh 和 Klenow(2009)的研究，由资本扭曲表示的行业资本错配（或者跨企业的资本错配）表示为

$$Var_{s\tau k} = Var[\ln(1 + \tau_{ksi}^{*})] \qquad (3-25)$$

式(3-25)是行业 S 中各企业资本扭曲的方差。

$$Mis_{s\tau k} = \frac{\sigma\alpha_s^2}{2}Var[\ln(1 + \tau_{ksi}^{*})] \qquad (3-26)$$

式(3-26)是行业 S 的资本错配。其经济意义在于，行业 S 的资本错配是行业 S 内全部企业资本扭曲的离散程度，并且可以将 $\sigma\alpha_s^2/2$ 理解为以行业资本产出弹性表示的权重概念。

本书的研究重点是资本错配指标。根据以上的理论分析，资本错配的具体测算需要借助生产率的估计方法。OP 和 LP 是估计生产率中应用的普遍方法，为处理潜在的内生性问题，OP 和 LP 方法依靠设置生产率的代理变

量来实现，但通常会引起多重共线性问题，使生产率得到有偏的估计。此外，OP 方法并不适用于数据为 0 投资资本或负投资资本的企业，这样会损失大量样本，使用损失后的样本进行回归分析，也不能保证实证结论的有效性。为解决 OP 和 LP 方法存在的内生性和共线性问题，Ackerberg 等（2015）基于生产率的 OP 和 LP 估计法，提出更为精确的 ACF 生产率估计方法。本书对资本错配的测算就是参考 ACF 方法的思路展开的，为确保测算所得的资本错配结果不受随机扰动因素（包括测量误差和随机生产率误差）的影响，本书在实际操作 ACF 方法时，对两类扰动因子作了分离处理，以便将所观察到的实际产出数据调整为剔除随机因素后的真实数据。根据 ACF 方法对生产率所做的指数形式设定模式，本书将理论分析式（3 －24）中的 $P_{si}Y_{si}$ 调整为 $P_{si}Y_{si}/e^{\xi_{si}+\zeta_{si}}$ 的形式，据此再结合上文理论分析式（3 －26），使用 Ackerberg 等（2015）的 ACF 方法，测算中国工业分行业资本错配现状以及时间变化趋势，测算结果如表 4 －1 和图 4 －1 所示。

3.2 资本错配与企业行为的理论分析

企业行为是指企业为实现经营目标，进行的有规则的企业活动，概念上包括企业生产行为、企业分配行为、企业交换行为和企业投资行为等。结合中国经济面临的现实问题，本书着重研究的企业行为具体包括企业产能、企业规模、企业出口、企业进入退出四个方面，主要属于生产行为和交换行为的范畴，未来着重从企业分配行为和投资行为的范畴展开研究。因此，下文的理论分析主要包括资本错配与企业产能、资本错配与企业规模、资本错配与企业出口、资本错配与企业进入退出四个部分。

3.2.1 资本错配与企业产能的理论分析

（1）资本错配与产能利用率

行业内企业间的资本错配主要表现为生产率高的企业使用了较少的资本，而生产率低的企业使用了较多的资本。这里，简单考虑 $Firm_A$ 和 $Firm_B$ 两个企业之间的资本配置问题（多个企业的情况与此类似）。假定 $Firm_A$ 和 $Firm_B$ 分别代表生产率较高的企业和生产率相对较低的企业，二者所拥有的

资本存量分别为 K_A 和 K_B，资本边际收益产品分别为 $MRPK_A$ 和 $MRPK_B$。如果不存在资本扭曲，资本的跨企业配置完全由企业的生产率所决定，企业的资本边际收益产品等于市场均衡状态下的资本使用成本（$MRPK_A = R$）；此时，拥有较高生产率的企业 $Firm_A$ 将获得资本。

然而，在实践中，受制于中国金融部门市场化改革的滞后以及制度性障碍的存在，同一行业内不同企业的资本使用成本可能存在很大差别。一方面，在以国有银行为主导的金融体制里，市场利率并没有被严格地统一执行。来自国有产权背后的政府隐性担保促使商业银行更倾向于为国有企业提供低于市场利率的信贷支持，即不同所有制企业面临的实际贷款利率存在差异（蒋灵多、陆毅，2018）。另一方面，金融风险甄别功能缺失所导致的金融低效会造成资本的流动性障碍和信贷配置的制度偏向。根据政治关联而非经济标准所进行的资本配置，让本应退出市场的低效率企业仍旧留存和活跃在市场中，从一定层面来讲，这意味着金融规模的扩大可能带来更大程度的扭曲（简泽等，2018）。

因而在现有资本总量保持不变的情况下，如果 $Firm_A$ 以高于市场出清时的资本使用成本来获得银行信贷支持，$Firm_B$ 以低于市场出清时的资本使用成本获得贷款，那么根据理性经济人的做法，$Firm_A$ 将会选择使用较少的资本，降低产出规模；$Firm_B$ 将会过多地使用资本，扩大产能。这意味着，在存在外生资本错配因素的情况下，$Firm_A$将具有较高的资本边际生产率与不利的资本扭曲；$Firm_B$具有偏低的资本边际生产率和有利的资本扭曲。显然，这会造成整个经济的净损失，并进一步导致同一行业内不同企业之间资本边际收益产品（$MRPK$）和生产率的分化与偏离。

那么，行业资本错配是如何作用于不同企业的产能利用率的呢？参考现有研究，中国工业产能过剩的成因可以归纳为“市场失灵论”和“体制扭曲论”两大类，本书从这两个方面论述资本错配对企业产能利用率的影响作用。

首先，从市场论角度来看，以林毅夫（2007，2010）“潮涌现象”理论为代表的市场失灵论认为，对于发展经济体而言，企业家对具有良好前景行业的判断会达成共识，导致企业投资大量涌入该行业，进而引发严重的产能过剩现象。按照上文的理论分析，在不存在资本错配的情况下，低效率企业会比高效率企业获得更少的资本投入、面临更低的市场需求，在不改变其生产率的前提下，其最终将被高效率企业所取代，被迫退出市场。但资本市场领域发展滞后的现实使“寻租”空间变大，进而产生资本边际产品大于成本价格的扭曲现象。一方面，加速投资和抑制技术进步阻碍产能利用率的改善，对中国工业部门的产能利用率造成消极影响（杨振兵、陈小涵，2018）；另一方面，其破坏企业生产率与产能的函数关系，造成先进生产力的不充分利用和落后产能的过度扩张[①]。余淼杰等（2018）研究发现，企业的产能利用率与生产率呈正相关关系，产能过剩现象更有可能发生于生产率较低、资本密集度较高的企业。在劳动力投入要素一定的情况下，同一行业内资本使用成本越低的企业越倾向于过度投资，因而产能利用率较低，产能过剩现象也更为严重（樊茂清，2017）。

其次，从“体制论”角度来看，在中国转轨经济体制下，各级政府对企业投资决策的不当干预和政企关系是中国工业产能过剩问题呈现长期化和广泛化特征，并且迟迟不能有效化解的主要原因之一。扭曲的政府和企业关系对政企合谋起到推波助澜的作用，促使企业与政府利用优势信息来规避对企业不利的产业政策，导致治理“潮涌现象”的产业政策呈低效性甚至无效性（侯方宇、杨瑞龙，2018）。例如，近年来，以光伏产业为代表的新能源产业产能过剩，就集中反映了政府补贴、土地价格扭曲以及金融支持等叠加构成的行业资本错配对产能过剩的影响。短期来看，行业资本错配的加剧，例如，针对特定行业的政府补贴和税收优惠会变相提高低效率企业在产品市场中的竞争力，扩大产品需求，促进产能利用率提升；但长期来看，会进一步加剧企业生产率与产能利用率的“错位”，降低企业发展质量，导致低效率企业难以蜕变成为高效率企业，资本的跨企业错配和全行业的效率损失更加严重，甚至造成微观层面的企业产能扭曲，即低效率的企业具有较高的产能利用率，而高效率的企业产能利用率较低。综合以上分析，本书得到以下研究假说。

假说1：资本错配对行业整体的产能利用率具有负向影响。

---

① 与现实情况较为相符，尽管不少国有企业的效率较低，但由于国有企业更容易得到政府的支持，因而其资本使用成本较低；而资本使用成本较低的企业会更加倾向于进行过度投资行为，从而形成较低的产能利用率。但是，效率较高的企业会过少地使用资本，或者选择缩小其生产规模，在整个市场需求不变的情况下，会增加低效率企业的产能利用率。

（2）资本错配与僵尸企业产能过剩的分析

僵尸企业作为中国式产能过剩问题的重要主体之一，突出表现在僵尸企业的企业竞争力低下、企业管理落后、历史包袱过重、债务负担过多（朱希伟等，2017）方面。根据已有研究，僵尸企业占比更多的行业，其产能过剩现象更为严重（Caballero et al. ,2008）。一方面，僵尸企业对正常企业的进入退出产生扭曲影响，打破了在需求疲软时，市场机制对过剩产能（尤其是落后产能）的淘汰行为，市场的积极反馈机制和“创造性破坏”机制很难发挥应有的作用，阻碍了潜在有效企业的市场进入和资源整合（Ahearne and Shinada，2005；申广军，2016）。另一方面，僵尸企业通过获得更多的政府补贴、更优惠的税收和更大的僵尸信贷，挤占社会中的大量要素资源，压制了正常企业的成长发展空间，导致市场激励机制的扭曲，造成企业间的过度恶性竞争行为，对产业结构升级产生不利影响，对就业增长形成严重威胁，进一步加剧了经济体的系统性风险（张栋等，2016；李旭超等，2018）。就中国现状而言，妥善处置僵尸企业已成为实施供给侧结构性改革、提高行业企业整体竞争力的重要抓手。

区别于资本错配对正常企业产能利用率的影响，僵尸企业依靠从外界“输血”得以存活，在资本产出率和回报率更低的情况下，却以更低的成本吸收了大量金融资源，致使行业内企业的生存环境进一步恶化（谭语嫣等，2017）。在资本总量一定的情况下，资本错配使行业中的僵尸企业“僵而不死”，会显著挤出正常企业投资。虽然源源不断的“外援”注资在一定程度上能够让僵尸企业“死而复生”，使行业僵尸化程度得以降低，但是在帮助其依靠低廉的资本使用成本优势扩大生产、提高产能利用率的同时，也扭曲了整个行业的激励机制，对正常企业和高效率企业产生负外部性，造成正常企业及高效率企业过少地使用资本进行先进生产力的投入和生产力闲置，致使产能利用率降低。最终，表现为整个行业的生产效率损失和产能过剩。综合以上分析，本书得到以下研究假说。

假说2：僵尸企业是资本错配影响产能过剩的一个重要渠道。政府补贴和税收优惠在降低行业僵尸化程度的同时，也使僵尸企业对正常企业的拖累和挤出效应越发明显，进一步恶化了产能过剩。

3.2.2 资本错配与企业规模的理论分析

本节从最终产品生产部门和中间产品生产部门的最优生产行为角度，通过考虑来自资本层面的扭曲因素，推导出决定企业规模的理论表达式，并由此分析资本错配对企业规模及分布的影响。

(1)最终产品部门

假定经济中最终产品部门的代表性生产者以中间产品部门生产的中间产品 $Y_{i,t}$ 为投入，采用固定替代弹性生产技术(或称 CES 生产函数)，生产出单一的最终产品 Y_t，并且最终产品市场是完全竞争的。其用数学模型表示成

$$Y_t = \left(\int_0^1 Y_{i,t}^{\frac{\rho-1}{\rho}} \mathrm{d}i\right)^{\frac{\rho}{\rho-1}} \tag{3-27}$$

其中，$\rho > 1$ 是不同中间产品生产企业的替代弹性，反映不同中间产品生产企业互相之间的替代难度。事实上，当替代弹性 $\rho \to 1$ 时，式(3-27)将近似于 C-D 生产函数形式，因此，CES 生产技术是更一般化的表达方式。

如果设定最终产品 Y_t 的价格指数为 P_t，中间产品 $Y_{i,t}$ 的价格为 $P_{i,t}$，那么在式(3-27)所示的生产技术约束下，最终产品部门的代表性生产企业面临的生产利润最大化问题的数据表达式为

$$\max_{\{Y_{i,t}\}_{[0,1]}} \pi_t = P_t Y_t - \int_0^1 P_{i,t} Y_{i,t} \mathrm{d}i \tag{3-28}$$

求解式(3-28)的最优化问题，可以得到最终产品生产部门对中间产品的需求函数数学表达式，以及二者相应的产品价格表达式。根据研究需要，如果选取最终产品作为计数单位，那么可设置 $P_t = 1$。

$$Y_{i,t}(z) = \left(\frac{P_{i,t}}{P_t}\right)^{-\rho} Y_t\ ,\ P_t = \left(\int_0^1 P_{i,t}^{1-\rho} \mathrm{d}i\right)^{\frac{1}{1-\rho}} \tag{3-29}$$

(2)中间产品部门

假定中间产品生产部门由垄断竞争的中间产品生产企业所构成，中间产品生产企业的异质性主要体现为差异化的生产率水平 $e^{z_{it}}$。中间产品生产企业以资本 $K_{i,t}$ 和劳动 $L_{i,t}$ 作为投入要素，本书利用 Cobb-Douglas 生产函数，生产出异质性的中间产品 $Y_{i,t}$。其用数学模型表示成

$$Y_{i,t} = (e^{z_{it}})^{\frac{1}{\rho-1}} K_{i,t}^{\alpha} L_{i,t}^{1-\alpha} \tag{3-30}$$

其中，α 和 $1-\alpha$ 分别是资本份额和劳动份额。由于本书重点考察来自资本层面的错配因素对企业决策行为的影响，借鉴简泽等（2018）的做法，本书假定异质性中间产品生产企业仅面临可能导致企业的资本边际产出价值偏离有效配置水平的资本错配因素 τ_K ①。根据这类因素所产生的企业资本边际产出价值上偏或下偏的后果，可通俗地将其划分为不利资本错配因素（$\tau_K>0$）和有利资本错配因素（$\tau_K<0$）两类因素。现以企业融资信贷为例来说明。在现实情形下，企业往往面临融资约束限制，此时，若企业无法从正常途径中获得生产运营所需的信贷资金，则需寻求其他途径并支付高利息以得到贷款，这无疑抬升了实际融资成本，使其向上偏离有效配置下的均衡成本，意味着企业面临不利于生产运营的资本错配因素；相反地，若企业可以借助某些特殊的信贷关系，获得低利息融资的机会，那么企业的实际融资成本将向下偏离有效配置下的均衡成本，即企业面临有利于生产运营的资本错配因素。本书假定用 w_t 表示工资成本，r_t 表示资本成本，那么，在上述设定以及中间产品需求函数式（3－29）的约束之下，中间产品生产企业面临的生产利润最大化问题为

$$\max_{K_{i,t},L_{i,t}} \pi_{i,t}=P_{i,t}Y_{i,t}-(1+\tau_K)r_tK_{i,t}-w_tL_{i,t} \tag{3-31}$$

求解式（3－31）最优化问题，可以得到中间产品生产企业对资本投入和劳动投入的需求函数，以及相对应的中间产品的均衡价格和均衡产出，即

$$K_{i,t}=\frac{e^{z_{i,t}}}{(1+\tau_K)^{(\rho-1)\alpha+1}}P_t^{\rho}Y_t\left(\frac{\alpha}{r_t}\right)^{(\rho-1)\alpha+1}\left(\frac{1-\alpha}{w_t}\right)^{(\rho-1)(1-\alpha)}\left(\frac{\rho-1}{\rho}\right)^{\rho} \tag{3-32}$$

$$L_{i,t}=\frac{e^{z_{i,t}}}{(1+\tau_K)^{(\rho-1)\alpha}}P_t^{\rho}Y_t\left(\frac{\alpha}{r_t}\right)^{(\rho-1)\alpha}\left(\frac{1-\alpha}{w_t}\right)^{\rho(1-\alpha)+\alpha}\left(\frac{\rho-1}{\rho}\right)^{\rho} \tag{3-33}$$

$$P_{i,t}=(e^{z_{i,t}})^{-\frac{1}{\rho-1}}(1+\tau_K)^{\alpha}\left(\frac{r_t}{\alpha}\right)^{\alpha}\left(\frac{w_t}{1-\alpha}\right)^{1-\alpha}\frac{\rho-1}{\rho} \tag{3-34}$$

---

① 事实上，简泽等（2018）使用 Banerjee 等（2003）和 Wurgler（2000）的研究思路，实证分析了企业生产要素的投入状况对要素生产率变动的敏感程度，并从中发现了中国企业的资本错配程度相比劳动错配程度要更严重等一系列典型事实。此外，考虑中国在金融部门的改革进程要远滞后于其在产品市场的改革进程（Huang，2010），因此，出于简明性和针对性考量，本书在构建经济数理模型分析企业行为决策时，没有设置相对情形下的产出错配因素或者绝对情形下的劳动错配因素，而将注意力集中在资本层面的错配因素上。

$$Y_{i,t} = \frac{(e^{z_{i,t}})^{\frac{\rho}{\rho-1}}}{(1+\tau_K)^{\rho\alpha}} P_t^{\rho} Y_t \left(\frac{\alpha}{r_t}\right)^{\rho\alpha} \left(\frac{1-\alpha}{w_t}\right)^{\rho(1-\alpha)} \left(\frac{\rho-1}{\rho}\right)^{\rho} \tag{3-35}$$

从上述结果可以看到,资本错配因素的存在会扭曲企业对生产要素的最优投入,进而影响企业的最优生产水平及其产品在市场上的价格表现。企业所面临的不利资本错配因素会迫使企业减少生产要素投入、降低产出水平,导致产品价格上升;相对应地,企业所面临的有利资本错配因素会促使企业增加生产要素投入、提高产出水平,引起产品价格下降。

进一步地,结合式(3－31)、式(3－34)及式(3－35),可以推导出以产值来衡量的企业规模以及相对应的利润水平表达式为

$$Scale_{i,t} = \frac{e^{z_{i,t}}}{(1+\tau_K)^{(\rho-1)\alpha}} P_t^{\rho} Y_t \left(\frac{\alpha}{r_t}\right)^{(\rho-1)\alpha} \left(\frac{1-\alpha}{w_t}\right)^{(\rho-1)(1-\alpha)} \left(\frac{\rho-1}{\rho}\right)^{\rho} \tag{3-36}$$

$$\pi_{i,t} = \frac{e^{z_{i,t}}}{(1+\tau_K)^{(\rho-1)\alpha}} P_t^{\rho} Y_t \left(\frac{\alpha}{r_t}\right)^{(\rho-1)\alpha} \left(\frac{1-\alpha}{w_t}\right)^{(\rho-1)(1-\alpha)} \left(\frac{\rho-1}{\rho}\right)^{\rho-1} \frac{1}{\rho} \tag{3-37}$$

从式(3－36)可以看到,企业规模受到企业生产率及其面临的资本错配因素等变量的影响。将式左右两端同时对企业生产率和资本错配因素等变量求偏导,可以得到: $\partial Scale_{i,t}/\partial z_{i,t} > 0$ 和 $\partial Scale_{i,t}/\partial \tau_K < 0$ 。这表明,在其他条件不变的情形下,企业规模是生产率的增函数,是资本错配因素的减函数。换句话说,倘若不存在资本错配现象,企业规模将主要由企业生产率决定,生产率高的企业将加大要素投入、提高产出水平,最终扩大企业规模。然而,在存在资本错配现象的情形下,企业规模的分布将偏离其在生产率决定框架下的分布。不利的资本错配因素会降低企业的要素配置和产出水平,最终收缩企业的实际规模;有利的资本错配因素会提升企业的要素配置和产出水平,最终促进企业规模的扩大。进一步地,从数理角度考察企业规模对企业生产率和资本错配因素的交叉偏导,也可以发现: $\partial^2 Scale_{i,t}/\partial z_{i,t}\partial \tau_K < 0$, 这意味着资本错配因素的存在还会抑制生产率对企业规模的提升作用。综合以上分析,本书得到以下研究假说。

假说3:在其他因素保持不变的条件下,企业规模是资本错配因素的减函数,即企业规模会随着不利资本错配因素的增多而收缩,会随着有利资本错配因素的增多而扩大。

假说4：在其他因素保持不变的条件下，资本错配因素的存在会扭曲企业规模随生产率的分布，即部分生产率水平较高的企业可能会因面临的不利资本错配因素过多而收缩企业规模，生产率水平较低的企业却因面临的有利资本错配因素较多而扩大企业规模。

3.2.3 资本错配与企业出口的理论分析

为考察资本错配对企业出口行为决策的影响，本节引入本国对外国生产品的需求和外国对本国生产品的需求两个概念，通过构建本国及外国在最终产品部门和中间产品部门的最优生产模型，推导出企业选择出口与否的表达式。考虑外国部门和本国部门的生产行为具有对称性，下文的模型笼统地将生产部门区分为最终产品部门和中间产品部门，而不再详细表述为本国最终产品部门、外国最终产品部门、本国中间产品部门和外国中间产品部门。

(1)最终产品部门

假定经济体的最终产品生产部门的代表性生产企业以本国生产的中间产品 $a_{i,t}$ 和外国生产的中间产品 $a_{i^*,t}$ 为投入，采用固定替代弹性生产技术(或称 CES 生产函数)，生产出单一的最终产品 Y_t，并且最终产品市场是完全竞争的。其用数学模型表示成

$$Y_t = \left(\int_0^1 a_{i,t}{}^{\frac{\rho-1}{\rho}} di + \int_0^1 a_{i^*,t}{}^{\frac{\rho-1}{\rho}} \mathrm{d}i^*\right)^{\frac{\rho}{\rho-1}} \tag{3-38}$$

其中，$\rho > 1$ 是不同中间产品之间的替代弹性。若设最终产品 Y_t 的价格指数为 P_t，中间产品 $a_{i,t}$ 和 $a_{i^*,t}$ 的价格分别为 $P_{ai,t}$ 和 $P_{ai^*,t}$，那么在式(3-38)表示的生产技术约束下，最终产品部门的代表性生产企业面临的生产利润最大化问题为

$$\max_{a_{i,t},a_{i^*,t}} \pi_t = P_t Y_t - \int_0^1 P_{ai,t} a_{i,t} \mathrm{d}i - \int_0^1 P_{ai^*,t} a_{i^*,t} \mathrm{d}i^* \tag{3-39}$$

求解式(3-39)的最优化问题，可得到最终产品部门对本国生产的中间产品的需求函数表达式、对外国生产的中间产品的需求函数表达式，以及相对应的价格指数表达式。如果选取最终产品作为计数单位，那么就有 $P_t = 1$，可得

$$a_{i,t}=\left(\frac{P_{ai,t}}{P_t}\right)^{-\rho}Y_t\ ,\ a_{i^*,t}=\left(\frac{P_{ai^*,t}}{P_t}\right)^{-\rho}Y_t\ ;\ P_t=\left(\int_0^1 P_{ai,t}^{1-\rho}\mathrm{d}i+\int_0^1 P_{ai^*,t}^{1-\rho}\mathrm{d}i^*\right)^{\frac{1}{1-\rho}}\tag{3-40}$$

(2)中间产品部门

假定经济体中的中间产品生产部门由垄断竞争的中间产品生产企业构成,中间产品生产企业有着不同的生产率水平 $e^{z_{it}}$。中间产品生产企业投入资本 $K_{i,t}$ 和劳动 $L_{i,t}$,使用 Cobb - Douglas 生产函数进行生产,生产出具有差异性的中间产品 $Y_{i,t}$,其中 $a_{i,t}$ 用于本国最终产品生产部门的生产, $b_{i,t}$ 出口到外国用于外国最终产品部门的生产。其用数学模型表示成

$$Y_{i,t}=(e^{z_{it}})^{\frac{1}{\rho-1}}K_{i,t}^{\alpha}L_{i,t}^{1-\alpha}\ ,\ Y_{i,t}=a_{i,t}+x_{it}b_{i,t}\tag{3-41}$$

其中, α 和 $1-\alpha$ 分别是资本份额和劳动份额; x_{it} 为是否出口的示性函数,取值为 1 表示出口,取值为 0 则表示不出口。另设企业出口中间产品会产生两类成本,一类是以最终产品计价的固定出口成本 f_x,另一类是出口的冰山成本(Iceberg Cost),即企业出口 $b_{i,t}$,实际却只有 $Db_{i,t}$ 到达外国用于最终产品的生产, $D\leqslant 1$。若用 Y_t^* 和 P_t^* 表示外国最终产品的产出和价格, $P_{bi,t}$ 表示出口部分中间产品的价格,那么根据对称性及需求函数关系式(3-40)可知,外国对本国中间产品的需求函数为

$$Db_{i,t}=P_t^{*\ \rho}Y_t^*P_{bi,t}^{-\rho}\tag{3-42}$$

本书借鉴简泽等(2018)的做法,假定异质性企业只面临 τ_K 的资本错配。基于本书的假设,中间产品生产企业面临的生产利润最大化问题为

$$\max_{K_{i,t},L_{i,t}}\pi_{i,t}=(P_{ai,t}a_{i,t}+x_{it}P_{bi,t}Db_{i,t})-(1+\tau_K)r_tK_{i,t}-w_tL_{i,t}-x_{it}f_x\tag{3-43}$$

求解式(3-43)最优化问题,可以得到中间产品生产企业对资本投入和劳动投入的需求函数,以及相对应的中间产品的均衡价格和均衡产出,继而中间产品生产企业的最大利润水平等表达式为

$$K_{i,t}=\frac{e^{z_{it}}}{(1+\tau_K)^{(\rho-1)\alpha+1}}(P_t^{\rho}Y_t+x_{it}D^{\rho-1}P_t^{*\ \rho}Y_t^*)\left(\frac{\alpha}{r_t}\right)^{(\rho-1)\alpha+1}\left(\frac{1-\alpha}{w_t}\right)^{(\rho-1)(1-\alpha)}\left(\frac{\rho-1}{\rho}\right)^{\rho}\tag{3-44}$$

$$L_{i,t}=\frac{e^{z_{it}}}{(1+\tau_K)^{(\rho-1)\alpha}}(P_t^{\rho}Y_t+x_{it}D^{\rho-1}P_t^{*\ \rho}Y_t^{*})\left(\frac{\alpha}{r_t}\right)^{(\rho-1)\alpha}\left(\frac{1-\alpha}{w_t}\right)^{\rho(1-\alpha)+\alpha}\left(\frac{\rho-1}{\rho}\right)^{\rho} \tag{3-45}$$

$$P_{ai,t}=(e^{z_{it}})^{-\frac{1}{\rho-1}}(1+\tau_K)^{\alpha}\left(\frac{r_t}{\alpha}\right)^{\alpha}\left(\frac{w_t}{1-\alpha}\right)^{1-\alpha}\frac{\rho-1}{\rho},\ P_{bi,t}=\frac{1}{D}P_{ai,t} \tag{3-46}$$

$$Y_{i,t}=\frac{(e^{z_{it}})^{\frac{\rho}{\rho-1}}}{(1+\tau_K)^{\rho\alpha}}(P_t^{\rho}Y_t+x_{it}D^{\rho-1}P_t^{*\ \rho}Y_t^{*})\left(\frac{\alpha}{r_t}\right)^{\rho\alpha}\left(\frac{1-\alpha}{w_t}\right)^{\rho(1-\alpha)}\left(\frac{\rho-1}{\rho}\right)^{\rho} \tag{3-47}$$

$$\pi_{i,t}=\frac{e^{z_{it}}(P_t^{\rho}Y_t+x_{it}D^{\rho-1}P_t^{*\ \rho}Y_t^{*})}{(1+\tau_K)^{(\rho-1)\alpha}}\left(\frac{\alpha}{r_t}\right)^{(\rho-1)\alpha}\left(\frac{1-\alpha}{w_t}\right)^{(\rho-1)(1-\alpha)}\left(\frac{\rho-1}{\rho}\right)^{\rho-1}\frac{1}{\rho}-x_{it}f_x \tag{3-48}$$

式(3－48)可以将企业选择出口或者不出口这两种情形下的利润之差表示出来。如果选择出口时的利润高于选择不出口时的利润,企业的最优选择为出口;反之,如果选择出口时的利润不高于选择不出口时的利润,企业的最优选择为不出口。

$$\pi_{i,t}\big|_{x_{it}=1}-\pi_{i,t}\big|_{x_{it}=0}=\frac{e^{z_{it}}D^{\rho-1}P_t^{*\ \rho}Y_t^{*}}{(1+\tau_K)^{(\rho-1)\alpha}}\left(\frac{\alpha}{r_t}\right)^{(\rho-1)\alpha}\left(\frac{1-\alpha}{w_t}\right)^{(\rho-1)(1-\alpha)}\left(\frac{\rho-1}{\rho}\right)^{\rho-1}\frac{1}{\rho}-f_x \tag{3-49}$$

$$x_{it}=\begin{cases}1 \text{ if } \pi(z,\tau;\vartheta)>f_x\\ 0 \text{ if } \pi(z,\tau;\vartheta)\leqslant f_x\end{cases} \tag{3-50}$$

$$\pi(z,\tau;\vartheta)=\frac{e^{z_{it}}D^{\rho-1}P_t^{*\ \rho}Y_t^{*}}{(1+\tau_K)^{(\rho-1)\alpha}}\left(\frac{\alpha}{r_t}\right)^{(\rho-1)\alpha}\left(\frac{1-\alpha}{w_t}\right)^{(\rho-1)(1-\alpha)}\left(\frac{\rho-1}{\rho}\right)^{\rho-1}\frac{1}{\rho} \tag{3-51}$$

从式(3－51)可以看出,给定企业所面临的资本错配因素,$\pi(z,\tau;\vartheta)$是参数z_{it}的增函数,因此存在企业出口的临界生产率水平$z_x(\tau)$,当企业的生产率高于临界生产率水平时,企业会选择出口行为;反之,当企业的生产率水平低于该临界值时,则企业选择不出口。

$$z_x(\tau) = \inf\{z_{it}: \pi(z,\tau;\vartheta) > f_x\} \tag{3-52}$$

进一步地，给定企业的生产率参数 z_{it}，$\pi(z,\tau;\vartheta)$ 还是资本错配因素 τ_K 的减函数。因此，本书发现，一方面，资本错配因素 τ_K 的存在会改变企业出口可能性 $Prob[x_{it}=1]$，即如果企业所面临的不利资本错配因素（$\tau_K>0$）越多，$\pi(z,\tau;\vartheta)$ 值就越小，其出口可能性就越低；如果企业所面临的有利资本错配因素（$\tau_K<0$）越多，$\pi(z,\tau;\vartheta)$ 值就会越大，其出口可能性就越高。另一方面，根据企业选择出口与否的临界方程式 $\pi(z,\tau;\vartheta)=f_x$，以及隐函数求导法则可知

$$\frac{\partial z_x(\tau)}{\partial \tau_{Ksi}} = -\frac{\partial \pi(z,\tau;\vartheta)/\partial \tau_K}{\partial \pi(z,\tau;\vartheta)/\partial z} > 0 \tag{3-53}$$

这表明，决定企业出口与否的临界生产率 $e^{z_x(\tau)}$ 是资本错配因素 τ_K 的增函数，它会随着不利资本错配因素（$\tau_K>0$）的增多而提高，也会随着有利资本错配因素（$\tau_K<0$）的增多而降低。换句话说，资本错配因素 $\max_{exit_t(z)} V_t(z) = \{0, V_t^0(z)\}$ 的存在还会扭曲出口企业的生产率分布，即当面临的不利资本错配因素（$\tau_K>0$）较多时，企业需要拥有较高水平的生产率，才能从出口中获利，这就使一部分生产率水平高而本该出口的企业不得不放弃出口。当面临的有利资本错配因素（$\tau_K<0$）较多时，企业即使拥有较低水平的生产率，也会进行出口行为，这就导致一部分生产率水平较低而本不应该进行出口的企业也进入出口市场。综合以上分析，本书得到以下研究假说。

假说5：在其他因素保持不变的条件下，企业选择出口的可能性是资本错配因素的减函数，即企业选择出口的可能性会随着不利资本错配因素的增多而下降，随着有利资本错配因素的增多而提高。

假说6：在其他因素保持不变的条件下，资本错配因素的存在会扭曲出口企业的生产率分布，即当不利资本错配因素较多时，部分生产率水平较高的企业，可能会放弃出口；当有利资本错配因素较多时，即使企业拥有较低的生产率水平，也可能选择出口。

3.2.4 资本错配与企业进入退出的理论分析

为了分析资本错配对企业进入退出的作用机理，基于 Luttmer（2007）、Jaef（2018）以及 Hsieh 和 Klenow（2009）的研究，本书构建了纳入资本错配因

素的家庭部门、最终产品生产部门、中间产品生产部门的多部门经济理论模型，考察资本错配对企业进入退出行为的影响。企业对进入或退出的决策有赖于其对未来价值的预期，属于动态行为决策范畴，涉及由价值系统所决定的财务贴现问题，因而此处需引入家庭部门来分析问题。

（1）家庭部门

假定经济中家庭部门的代表性家庭具有无限视野，采用偏好形式 $\sum_{t=0}^{+\infty}\beta^t\ln(C_t)$ ，其中 C_t 是代表性家庭对最终产品的消费水平，$\beta\leqslant 1$ 是家庭的时间偏好系数。另外，假设代表性家庭的初始财富水平为 M_0 ，初始资本为 K_0 ，并且在任意时期 t ，都能够无弹性地提供劳动和资本，其收入来源由四个部分组成：①通过提供劳动 L_t ，获得工资收入 w_tL_t ，其中 w_t 是工资率；②通过出借资本 K_t ，获得利得收入 r_tK_t ，其中 r_t 是利息率；③通过拥有企业（或成为企业的股东），获得利润收入 Π_t ；④获得政府因平衡预算需要而提供的一次性净转移支付 T_t 。基于上述设定，代表性家庭面临的最优化问题可表达为在满足跨期预算约束的条件下，通过决定消费水平和资本水平序列 $\{C_t,K_{t+1}\}_{t=0}^{+\infty}$ ，实现一生效用的最大化。其用数学模型表达如下

$$\max_{\{C_t,K_{t+1}\}_{t=0}^{+\infty}}\sum_{t=0}^{+\infty}\beta^t\ln(C_t) \tag{3-54}$$

$$\text{s.t.}\quad C_t+K_{t+1}=w_tL_t+(1+r_t-\delta_t)K_t+\Pi_t+T_t,\quad\forall t=0,1,\cdots,+\infty \tag{3-55}$$

其中，δ_t 是折旧率，并且依据无套利原理，市场的无风险利率 $R_t=r_t-\delta_t$。利用拉格朗日乘数法求解上述最优化问题，令 λ_t 是预算约束式（3－55）所对应的拉格朗日乘数，构建如式（3－56）所示的拉格朗日函数，求出相应的一阶条件并整理，即可求得反映家庭消费跨期关系的欧拉方程：

$$\max_{\{C_t,K_{t+1}\}_{t=0}^{+\infty}} l_1 = \sum_{t=0}^{+\infty}\beta^t\ln(C_t)+\sum_{t=0}^{+\infty}\beta^t\lambda_t[w_tL_t+(1+R_t)K_t+\Pi_t+T_t-C_t-K_{t+1}] \tag{3-56}$$

$$\frac{C_{t+1}}{C_t}=\beta(1+R_{t+1}) \tag{3-57}$$

从式（3－57）中可得到由系统内生决定的财务贴现因子 $1/(1+R_t)$ 。当

经济达到稳态(Steady State)时,消费水平不再发生变化,市场的利率水平将由家庭的时间偏好情况所确定,即 $1/(1+R_t)=\beta$ 。

(2)最终产品部门

假定经济中最终产品部门的代表性生产者以中间产品部门生产的中间产品 $Y_t(z)$ 为投入,采用固定替代弹性生产技术(或称 CES 生产函数),生产出单一的最终产品 Y_t ,并且最终产品市场是完全竞争的。其用数学模型表示成

$$Y_t=\left[\int Y_t(z)^{\frac{\rho-1}{\rho}}\mathrm{d}M_t(z)\right]^{\frac{\rho}{\rho-1}} \tag{3-58}$$

其中, $\rho>1$ 是不同中间产品之间的替代弹性, $M_t(z)$ 用于衡量生产率小于或等于 z 的存活下来的中间产品生产企业的累计分布情况。若设最终产品 Y_t 的价格指数为 P_t ,中间产品 $Y_t(z)$ 的价格为 $P_t(z)$,那么在式(3-58)所示的生产技术约束下,最终产品部门的代表性生产企业面临的生产利润最大化为

$$\max_{\{Y_t(z)\}_{M_t(z)}}\pi_t=P_tY_t-\int P_t(z)Y_t(z)\mathrm{d}M_t(z) \tag{3-59}$$

求解式(3-59)所述最优化问题,可得出最终产品部门对中间产品的需求函数数学表达式,以及二者相应的价格函数数学表达式。如果选取最终产品作为计数单位,那么就有 $P_t=1$ 。

$$Y_t(z)=\left[\frac{P_t(z)}{P_t}\right]^{-\rho}Y_t\text{ , }P_t=\left[\int P_t(z)^{1-\rho}\mathrm{d}M_t(z)\right]^{\frac{1}{1-\rho}} \tag{3-60}$$

(3)中间产品部门

第一,生产技术和利润最大化问题。

假定经济中的中间产品部门是由垄断竞争的异质性中间产品生产企业组成的,这些企业的异质性主要体现在生产率 e^z (或者说对数生产率参数 z)的差异上。它们以资本 $K_t(z)$ 和劳动 $L_t(z)$ 作为投入要素,使用 Cobb-Douglas 生产技术进行生产,生产出具有差异性的中间产品 $Y_t(z)$ 。其用数学模型表示成

$$Y_t(z)=(e^z)^{\frac{1}{\rho-1}}K_t(z)^{\alpha}L_t(z)^{1-\alpha} \tag{3-61}$$

其中, α 和 $1-\alpha$ 分别是资本份额和劳动份额。借鉴简泽等(2018)的做法,本书假定异质性企业仅面临资本错配因素 τ_K ,那么在上述设定以及中间

产品需求函数数学表达式(3 -60)的约束之下,中间产品生产企业面临的生产利润最大化问题为

$$\max_{K_t(z),L_t(z)} \pi_t(z) = P_t(z)Y_t(z) - (1+\tau_K)r_tK_t(z) - w_tL_t(z) \quad (3-62)$$

求解式(3 -62)最优化问题,可以得到中间产品生产企业对资本投入和劳动投入的需求函数,以及相对应的中间产品的均衡价格和均衡产出,继而中间产品生产企业的最大利润水平等表达式为

$$K_t(z) = \frac{e^z}{(1+\tau_K)^{(\rho-1)\alpha+1}}P_t^\rho Y_t\left(\frac{\alpha}{r_t}\right)^{(\rho-1)\alpha+1}\left(\frac{1-\alpha}{w_t}\right)^{(\rho-1)(1-\alpha)}\left(\frac{\rho-1}{\rho}\right)^\rho \quad (3-63)$$

$$L_t(z) = \frac{e^z}{(1+\tau_K)^{(\rho-1)\alpha}}P_t^\rho Y_t\left(\frac{\alpha}{r_t}\right)^{(\rho-1)\alpha}\left(\frac{1-\alpha}{w_t}\right)^{\rho(1-\alpha)+\alpha}\left(\frac{\rho-1}{\rho}\right)^\rho \quad (3-64)$$

$$P_t(z) = (e^z)^{-\frac{1}{\rho-1}}(1+\tau_K)^\alpha\left(\frac{r_t}{\alpha}\right)^\alpha\left(\frac{w_t}{1-\alpha}\right)^{1-\alpha}\frac{\rho-1}{\rho} \quad (3-65)$$

$$Y_t(z) = \frac{(e^z)^{\frac{\rho}{\rho-1}}}{(1+\tau_K)^{\rho\alpha}}P_t^\rho Y_t\left(\frac{\alpha}{r_t}\right)^{\rho\alpha}\left(\frac{1-\alpha}{w_t}\right)^{\rho(1-\alpha)}\left(\frac{\rho-1}{\rho}\right)^\rho \quad (3-66)$$

$$\pi_t(z) = \frac{e^z}{(1+\tau_K)^{(\rho-1)\alpha}}P_t^\rho Y_t\left(\frac{\alpha}{r_t}\right)^{(\rho-1)\alpha}\left(\frac{1-\alpha}{w_t}\right)^{(\rho-1)(1-\alpha)}\left(\frac{\rho-1}{\rho}\right)^{\rho-1}\frac{1}{\rho} \quad (3-67)$$

第二,企业进入与退出动态。

(a)企业生产率的分布与演变

关于中间产品生产企业的异质性生产率的分布及演变规律,参照 Stokey (2008)的研究,本书假定 e^z 服从以 σ^2 为波动项,以 μ 为漂移项的几何布朗运动,并利用离散时间下的随机游走进行逼近处理。具体来说,如果对数生产率 z 每次变动的幅度为参数 h ,并且变动的方向可能是以 θ 的概率向上提升生产率水平,也可能是以 $1-\theta$ 的概率向下拉低生产率水平,那么依据随机游走的原理可以得到

$$\mu\Delta_t = (2\theta-1)h, \ \sigma^2\Delta_t = 4\theta(1-\theta)h^2 \quad (3-68)$$

(b)企业退出决策

假定中间产品生产企业会由于内生决策和外生冲击两种因素而选择退出市场。所谓内生决策,是指企业根据自身的生产率状况以及所面临的扭

曲因素等,决定是继续留在市场上从事生产经营活动还是直接退出市场。如果企业的价值函数 $V_t(z)>0$,则其会选择继续留在市场上,反之如果企业的价值函数 $V_t(z)\leq 0$,则会选择退出市场。所谓外生冲击,是指企业由于遭受致命性的外在冲击而不得不选择退出市场。并且在这种情形下,即使企业的价值函数仍然为正值,企业也会被迫退出市场。假设企业在每期均遭受此类外生冲击的概率为 η 。此外,假定在任意时期 t ,企业都要支付以最终产品计算的固定运营成本 f_c ,以确保企业生产的正常进行。那么,基于上述设定,企业的价值函数可以表示成如下形式的贝尔曼方程(Bellman Equation):

$$\max_{exit_t(z)} V_t(z) = \{0, V_t^0(z)\} \tag{3-69}$$

$$\begin{aligned} V_t^0(z) &= \pi_t(z) - f_c + (1-\eta)E_t[V_{t+1}(z')|z] \\ &= \pi_t(z) - f_c + \frac{1-\eta}{1+R_t}[\theta V_{t+1}(z+h) + (1-\theta)V_{t+1}(z-h)] \end{aligned} \tag{3-70}$$

$$exit_t(z) = \begin{cases} 0 \text{ if } V_t(z) > 0 \\ 1 \text{ if } V_t(z) \leq 0 \end{cases} \tag{3-71}$$

其中, $V_t^0(z)$ 是企业终生价值基于时期 t 的已知信息集的期望贴现值; $exit_t(z)$ 是企业退出市场与否的示性决策函数,如果取值为0,则表示企业会在市场上继续存活;如果取值为1,则代表企业已退出市场。结合上述表达式和利润水平表达式(3-67)可以发现,给定企业所面临的错配因素,价值函数 $V_t(z)$ 是对数生产率参数 z 的增函数,并且由于企业在取得每期生产率之前都需要支付一定数量的运营成本,企业的实际价值可能大于、等于或小于0。这表明,始终可以找到这样一个对数生产率的临界水平 $\underline{z}_t(\tau)$ [见式(3-72)],当企业的对数生产率水平高于该临界值时,企业会选择留在市场上继续从事生产经营活动;反之,当企业的对数生产率水平不高于临界的生产率水平时,企业会选择直接退出市场。

$$\underline{z}_t(\tau) = \inf\{z: V_t(z) > 0\} \tag{3-72}$$

同时,从式(3-67)和式(3-70)中可以看出,首先,在生产率参数 z 一定的情况下,企业的价值函数 $V_t(z)$ 是资本错配因素 τ_K 的减函数,即 $V_t(z)$ 会随着其所面临的不利资本错配因素($\tau_K>0$)的增多而降低,会随着其所面临的有利资本错配因素（ $\tau_K < 0$ ）的增多而提高。换句话说，资本错配因素 τ_K 的存在会改变企业退出市场的可能性 $Prob[exit_t(z) = 1] = Prob[V_t(z) \leqslant 0]$ 。如果企业所面临的不利资本错配因素（ $\tau_K > 0$ ）越多，那么企业退出市场的可能性 $Prob[exit_t(z) = 1]$ 就会越大；如果企业所面临的有利资本错配因素（ $\tau_K < 0$ ）越多，那么企业退出市场的可能性 $Prob[exit_t(z) = 1]$ 就会越小。其次，考虑企业是继续留在市场上还是退出市场的内生决策临界方程式为 $V_t(z) = 0$ ，本书利用隐函数求导法则可知

$$\frac{\partial \underline{z}_t(\tau)}{\partial \tau_K} = -\frac{\partial V_t(z)/\partial \tau_K}{\partial V_t(z)/\partial z} > 0 \tag{3-73}$$

那么，决定企业是继续留在市场上从事生产经营活动还是直接退出市场，其所要求的内生临界对数生产率水平 $\underline{z}_t(\tau)$ 或者内生临界生产率水平 $e^{\underline{z}_t(\tau)}$ 是资本错配因素 τ_K 的增函数，它会随着不利资本错配因素（ $\tau_K > 0$ ）的增多而提高，也会随着有利资本错配因素（ $\tau_K < 0$ ）的增多而降低。换句话说，资本错配因素 τ_K 的存在还会改变退出市场的企业生产率分布。如果不利资本错配因素（ $\tau_K > 0$ ）较多，那么企业需要拥有较高水平的生产率，才有可能继续留在市场上从事生产经营活动，这就使一部分生产率水平高而本该继续留在市场上的企业不得不退出市场。如果有利资本错配因素（ $\tau_K < 0$ ）较多，那么即使企业拥有较低水平的生产率，也有可能不需要退出市场，这就使一部分生产率水平低而本该被淘汰出市场的企业侥幸存活在市场上。据此，本书得到以下命题。

假说7：在其他变量保持不变的条件下，企业内生决定其退出市场的可能性是资本错配因素的增函数，即企业退出市场的可能性会随着不利资本错配因素的增多而提高，会随着有利资本错配因素的增多而降低。简而言之，资本错配对企业退出的影响是不利资本错配因素和有利资本错配因素合力的结果。

假说8：在其他变量保持不变的条件下，资本错配因素的存在会扭曲企业的退出分布，即当不利资本错配因素较多时，只有拥有较高生产率水平的企业才可能继续留在市场上；而当有利资本错配因素较多时，即使企业拥有较低的生产率水平，也可能不需要退出市场。

（c）企业进入决策

假定在任意时期 t 都有许多潜在的企业等待进入中间产品市场，它们事

先并不知晓自身生产率的确切状况，但是了解生产率的先验分布 $G(z)$ 。潜在进入者在进入市场之前需要支付以最终产品计数的沉没成本 f_e，并由此获得从生产率分布 $G(z)$ 中抽取到的生产率 e^{z_e}，进而决定自己是留在市场上进行生产活动还是立即退出市场。另设新进入的企业从进入市场到开展生产活动中间有一期时滞，并且在这期间也可能因为遭受外生冲击而退出市场。自由进入市场的条件（Free Entry Condition）意味着，新进入市场的企业对未来期望价值的贴现值在均衡时应该等于进入市场时所需支付的沉没成本。这是因为，如果未来期望价值的贴现值大于沉没成本，则会有更多的企业进入市场，提高其对资本和劳动的需求，导致企业使用劳动和资本的工资和利息成本上升，进而降低企业利润水平和对未来价值的期望；反之，如果未来期望价值的贴现值小于沉没成本，则不会有企业愿意进入市场，企业的利润水平和未来期望价值会逐渐升高。换言之，潜在企业进入市场的可能性与其对未来价值的期望紧密相关：企业的未来期望价值越高，其进入市场的可能性就越高；反之，企业的未来期望价值越低，其进入市场的可能性就越低。

$$f_e = \frac{1-\eta}{1+R_t}\int V_{t+1}(z)\,\mathrm{d}G(z) \qquad (3-74)$$

结合式(3-74)以及利润表达式(3-67)和企业价值表达式(3-69)可知，在其他因素保持不变和不考虑劳动错配因素的条件下，企业的未来期望价值会随着 $\int e^z(1+\tau_K)^{-(\rho-1)\alpha}\mathrm{d}G(z)$ 的上升而提高，随着 $\int e^z(1+\tau_K)^{-(\rho-1)\alpha}\mathrm{d}G(z)$ 的下降而下降。换句话说，$\int e^z(1+\tau_K)^{-(\rho-1)\alpha}\mathrm{d}G(z)$ 越高，潜在进入企业选择进入的可能性就越大；$\int e^z(1+\tau_K)^{-(\rho-1)\alpha}\mathrm{d}G(z)$ 越低，潜在进入企业选择进入的可能性就越小。因此，当企业未来可能面临的资本错配因素一定时，本书也可以找到一个潜在进入者所需满足的临界对数生产率 $\bar{z}(\tau)$ [见式(3-75)]，当它抽取到的生产率水平低于该临界值时，则企业不会进入市场；反之，当它抽取到的生产率水平不低于该临界值时，则企业会进入市场。

$$\bar{z}(\tau) = \inf\{z^e : \frac{1-\eta}{1+R_t}V_{t+1}(z_e) \geq f_e\} \qquad (3-75)$$

由此，在位企业的分布变动规则可以表示成

$$M_{t+1}(z') =$$
$$(1-\eta)\{\theta M_t(z'-h)+(1-\theta)M_t(z'+h)+M_{et}\{G(z')-G[\bar{z}(\tau)]\}\} \tag{3-76}$$

其中,第一项是在时期 t 对数生产率小于或等于 $z'-h$ 的在位企业,存续到时期 $t+1$,并且对数生产率上升至小于或等于 z';第二项是在时期 t 对数生产率介于 z' 和 $z'+h$ 的在位企业,存续到时期 $t+1$,但对数生产率下降至小于或等于 z';第三项是在时期 t 对数生产率高于进入临界水平的新企业。

进一步地,考虑 $\int e^z(1+\tau_K)^{-(\rho-1)\alpha}dG(z)$ 是资本错配因素 τ_K 的减函数和对数生产率参数 z 的增函数,本书发现,一方面,资本错配因素 τ_K 的存在会改变潜在企业进入市场的可能性。如果企业未来可能面临的不利资本错配因素($\tau_K>0$)越多,它选择不进入市场的可能性就会越大;如果企业未来可能面临的有利资本错配因素($\tau_K<0$)越多,它选择进入市场的可能性就会越大。另一方面,资本错配因素 τ_K 的存在会扭曲新进入市场的企业生产率分布。如果不利资本错配因素($\tau_K>0$)较多,那么企业需要抽取到较高水平的生产率,才可能选择进入市场,这就使一部分生产率水平高而本该进入市场的企业不得不放弃进入市场。如果有利资本错配因素($\tau_K<0$)较多,那么即使企业拥有较低水平的生产率,也会因为可观的未来期望收益而选择进入市场,这就使一部分生产率水平低而本不该进入市场的企业进入市场。综上,本书得到以下命题。

假说9:在其他变量保持不变的条件下,潜在企业进入市场的可能性是资本错配因素的减函数,即潜在企业进入市场的可能性会随着不利资本错配因素的增多而降低,会随着有利资本错配因素的增多而增多。简而言之,与企业退出类似,资本错配对企业进入的影响也是不利资本错配和有利资本错配双重合力的结果。

假说10:在其他变量保持不变的条件下,资本错配因素的存在会扭曲潜在企业的进入分布,即当不利资本错配因素较多时,部分生产率水平较高的潜在进入企业,可能会放弃进入市场的决定;当有利资本错配因素较多时,即使潜在企业拥有较低的生产率水平,也可能进入市场。

4 资本错配与中国工业企业产能的实证分析

产能过剩是供给侧结构性改革面临的首要难题，处理好产能过剩对于有效推进供给侧结构性改革、实现中国经济增长质量起着关键作用。那么，为什么中国产能过剩问题如此"棘手"？仅中央政府出台的化解产能过剩的各项政策性文件就多达几十部，为什么中国仍旧存在着严重的产能过剩呢？另外，政策压力下的行政去产能往往在短期达到目标；但长期来看，产能过剩仍旧存在于特定行业。如何更好地解决产能过剩问题呢？或者说如何防止产能过剩死灰复燃呢？本章尝试从中国金融改革滞后引发资本错配的角度，探讨其对企业产能利用率的影响，以解答上述问题。研究发现：①资本错配降低了中国工业企业的产能利用率。②本书通过对正常企业与僵尸企业的分组研究发现，资本错配降低了正常企业的产能利用率，但是却提高了僵尸企业的产能利用率。③机制研究得出，资本错配通过政府补贴机制影响着僵尸企业的产能利用率；不存在企业税负的机制，并且在对企业各种形式的税负进行回归后，结果依然成立。资本资源有着稀缺性，资本配置给僵尸企业多一点，就意味着给正常企业少一点，本该被市场淘汰的僵尸企业，由于各种外部因素，通过资本"输血"得以存活，严重影响正常企业的生产经营行为；虽然资本错配提高了僵尸企业的产能利用率，但是却严重降低了正常企业的产能利用率，使正常企业整体呈现低产能利用率现状，即资本错配助推了产能过剩。

4.1 问题提出

当前,中国经济改革主要围绕供给侧结构性改革展开。自2015年11月召开的中央财经领导小组会议文件首次提出“供给侧结构性改革”的概念以后,有效化解中国经济的过剩产能就成为供给侧结构性改革实施的首要任务。产能过剩问题对中国经济发展的重要影响不言而喻,从2015年至今的历年中央经济会议文件中可以发现。2015年12月的中央经济会议指出,要“积极稳妥化解产能过剩”“防止新的产能过剩”。2016年的会议则认为“要继续推动钢铁、煤炭行业化解过剩产能”“防止已经化解的过剩产能死灰复燃”。2017年将“把处置僵尸企业作为重要抓手,推动化解过剩产能”作为指导方针。2018年的重点放在“推动更多产能过剩行业加快出清”上。历年中央经济会议对产能过剩处置思路的不断变化,深刻体现出解决产能过剩问题的棘手程度。其实,自20世纪末开始,产能过剩对中国经济的负面影响就已逐步体现。事实上,产能过剩已经成为近十几年来影响中国工业经济发展的“痼疾”[①],成功解决产能过剩问题是中国经济实现高质量发展的关键(黄秀路等,2018)。

根据中国工业产能过剩的现有研究,产能过剩形成的原因主要有以林毅夫(2007,2010)的投资“潮涌现象”为代表的市场失灵论,以及由政府干预不当导致的体制扭曲论(耿强等,2011;江飞涛等,2012;刘航、孙早,2014;余东华、吕逸楠,2015)。是否存在产能过剩以产能利用率是否低于特定临界值为判断标准,产能利用率是指实际产出占最大潜在生产能力的比例。由此可见,企业的产能过剩无外乎就是企业实际产出过低和企业最大生产能力过高。进一步地,除宏观经济不景气造成需求低迷等因素外,企业产能过剩实际上就是企业过度投资导致的产能扩张,使其最大生产能力远大于企业实际产出。本质上,企业的产能过剩问题,即企业为什么会进行过度投资

① 中央及地方政府发布了一系列化解产能过剩的文件,这里仅列出中央政府的若干文件。例如,《国务院关于加快推进产能过剩行业结构调整的通知》《国务院批转发展改革委等部门关于抑制部分行业产能过剩和重复建设引导产业健康发展若干意见的通知》《国务院关于化解产能严重过剩矛盾的指导意见》《国务院关于煤炭行业化解过剩产能实现脱困发展的意见》《关于推进供给侧结构性改革防范化解煤电产能过剩风险的意见》《关于做好2018年重点领域化解过剩产能工作的通知》。

行为,是何种因素驱使企业进行过度投资行为的呢?已有文献对产能过剩的应对对策包括避免投资流入过剩行业、充分发挥市场在资源配置中的作用、解决地方财政压力、放松外资管制、消除僵尸企业等(林毅夫等,2010;林柯、陆震,2017;杨光、孙浦阳,2017;席鹏辉等,2017;Shen and Chen,2017)。本书有理由怀疑,中国金融部门改革滞后、金融市场的不完全是引起产能过剩问题的深层根源。

金融市场不完全发展的直接后果是资本错配(简泽等,2018)。自 Hsieh 和 Klenow(2009)的研究以后,资本错配对一个国家经济发展的重要性受到越来越多的重视。但是,现有研究主要关注资本错配对加总全要素生产率损失的问题,鲜有文献探讨资源错配对微观企业的影响。随着中国经济的发展,金融部门改革滞后的问题越发凸显,资本错配已然成为资源错配的主要来源(龚关、胡关亮,2013;Dai and Cheng,2018),研究资本错配对企业产能过剩的影响等深层企业问题,对增强企业竞争力、实现中国经济高质量发展有着重要的理论和现实意义。

4.2 数据处理与研究设计

4.2.1 数据来源与数据处理

本书所使用的数据主要是 1998—2013 年中国工业企业数据库中的工业企业微观数据,以及《中国统计年鉴》中的地区层面宏观数据。参考现有研究(聂辉华等,2012),本书对中国工业企业数据库中存在如下情况的数据作剔除处理:①工业销售产值、职工人数、固定资产净值、工业中间投入合计、资产总计、实收资本、企业所属地指标存在缺失的;②职工人数小于 10 人、工业销售额低于 500 万元的;③工业增加值、资产合计、固定资产合计、固定资产净值年平均余额、工业总产值、工资总额、中间品投入总额、实收资本等项目小于或等于 0 的;④累计折旧、本年折旧小于 0 的;⑤总资产小于固定资产净值、总资产小于流动资产、累计折旧小于当期折旧的;⑥行业代码以 12 开头的,因为此行业属于木材及竹材采运业,2002 年以后被调整到国民经济行业分类中 A 门类的;⑦企业所属地为台湾、香港、澳门和西藏的。

另外，本书还对原始数据作了如下处理：①分别根据2002年和2011年公布的《国民经济行业分类》(GB/T4754—2002)和(GB/T4754—2011)，把1998—2002年的企业行业代码变更为《国民经济行业分类》(GB/T4754—2002)，把2013年企业数据中的行业小类代码变更为《国民经济行业分类》(GB/T4754—2011)。②使用分行业的工业品出厂价格指数对工业总产值进行平减、各省居民消费价格指数(CPI)对工资总额进行平减、中间投入品价格对中间品投入进行平减、固定资产投资价格指数对资本存量进行平减。其中，中间投入品价格的计算，参考了杨汝岱(2015)的方法，在工业生产者出厂价格指数的基础上，结合投入—产出表(IO表)，构建分行业的中间品投入平减指数。③中国工业企业数据库中2004年缺少工业增加值和出口交货值等本书研究的关键指标，本书通过公式工业增加值=主营收入+其他收入+增值税-中间投入得到工业增加值，2004年出口交货值的获取则是对中国海关贸易数据库中的企业信息进行匹配得到的[①]。

4.2.2 模型构建与变量说明

(1)模型构建

本书主要考察资本错配对企业产能利用率的影响，根据研究目标将回归模型设定为

$$\ln cu_{tfji} = \beta_0 + \beta_1 misk_{tfj} + \beta_2 firctrl_{tfji} + \beta_3 regctrl_{tf} + \beta_4 year_t + \beta_5 reg_f + \beta_6 ind_j + \varepsilon_{tfji} \tag{4-1}$$

式(4-1)中，t、f、j、i分别指t年、f省、行业j和企业i。$\ln cu$为本书的被解释变量，表示企业的产能利用率。$misk$为核心解释变量，表示行业内企业间的资本错配。$firctrl$和$regctrl$分别是企业层面和省份层面的控制变量。$year$、reg、ind则分别是年份、省份和行业的虚拟变量，以控制年份、省份和行业的差异性。

(2)变量说明

①被解释变量：企业产能利用率($\ln cu$)。借鉴Morrison(1985)、Nelson

① 值得一提的是，本书通过企业名称即可把海关数据库中的企业完美合并至中国工业企业数据库中，无须其他匹配条件。

(1989)的研究,本书利用成本函数法测算企业的产能利用率。目前,使用成本函数法研究中国工业产能利用率的文献众多(韩国高等,2011;马红旗等,2018)。该方法从微观企业成本函数的角度推导企业的潜在产能,并在此基础上利用企业实际产能与潜在产能的比值表示微观企业的产能利用率。

假设企业生产函数为

$$Y = f(K,L,M,T) \tag{4-2}$$

式(4-2)中,Y为总产出,K、L和M分别表示资本、劳动力和中间品投入要素;T为时间,表示生产函数中无形的技术进步因素。

在短期内,企业使用的资本投入要素被认为是固定不变的;在企业产出Y给定的情况下,企业生产受到固定资本存量K的约束,通过可变成本投入的最小化,进而实现企业利润的最大化。参考 Lau(1976)、Nelson(1989)等的系列研究,企业可变成本函数数学表示如下

$$VC = g(Y,K,P_L,P_M,T) \tag{4-3}$$

其中,P_L和P_M指企业使用劳动力要素的价格和中间投入品的价格。式(4-3)的可变成本函数说明,在劳动力价格、中间投入品价格、技术水平一定的情况下,企业可以生产特定产出所需要的最小可变成本。

参考 Nelson(1989),本书把短期可变成本函数设定成超越对数形式,来对式(4-3)进行近似表达:

$$\begin{aligned}\ln VC = {} & \beta_0 + \beta_Y \ln Y + \beta_K \ln K + \beta_L \ln P_L + \beta_M \ln P_M + \beta_T \ln T + \frac{1}{2}\beta_{YY}(\ln Y)^2 + \\ & \frac{1}{2}\beta_{KK}(\ln K)^2 + \frac{1}{2}\beta_{LL}(\ln P_L)^2 + \frac{1}{2}\beta_{MM}(\ln P_M)^2 + \frac{1}{2}\beta_{TT}(\ln T)^2 + \\ & \beta_{YK}\ln Y \ln P_K + \beta_{YL}\ln Y \ln P_L + \beta_{YM}\ln Y \ln P_M + \beta_{YT}\ln Y \ln T + \beta_{KL}\ln K \ln L + \\ & \beta_{KM}\ln K \ln M + \beta_{KT}\ln K \ln T + \beta_{LM}\ln L \ln M + \beta_{LT}\ln L \ln T + \beta_{MT}\ln M \ln T + \varepsilon\end{aligned} \tag{4-4}$$

在式(4-4)超越对数成本函数中,可变投入价格的系数需要满足线性齐次的参数假设限制(Zardkoohi et al.,1986),具体如下:

$$\begin{gathered}\beta_L + \beta_M = 1, \beta_{LL} + \beta_{LM} = 0, \\ \beta_{MM} + \beta_{LM} = 0, \beta_{YL} + \beta_{YM} = 0, \beta_{LT} + \beta_{MT} = 0, \\ \beta_{KL} + \beta_{KM} = 0\end{gathered} \tag{4-5}$$

当企业产出、资本、技术给定时，劳动力成本占企业可变成本的份额、中间投入品成本占企业可变成本的份额均可利用可变成本函数 $\ln VC$ 对 $\ln P_L$ 和 $\ln P_M$ 微分求得

$$\frac{\partial \ln VC}{\partial \ln P_L} = \frac{P_L}{VC}\frac{\partial VC}{\partial P_L} = \frac{P_L \times L}{VC} =$$
$$\beta_L + \beta_{LL}\ln\beta_L + \beta_{YL}\ln Y + \beta_{KL}\ln K + \beta_{LM}\ln M + \beta_{LT}\ln T \tag{4-6}$$
$$\frac{\partial \ln VC}{\partial \ln P_M} = \frac{P_M}{VC}\frac{\partial VC}{\partial P_M} = \frac{P_M \times L}{VC} =$$
$$\beta_M + \beta_{MM}\ln\beta_M + \beta_{YM}\ln Y + \beta_{KM}\ln K + \beta_{LM}\ln L + \beta_{MT}\ln T \tag{4-7}$$

具体的求解，可以使用似不相关回归方法（SUR），估计超越对数可变成本函数的参数值。

有关企业产能利用率的推导公式，设定企业的固定成本方程为

$$TFC = r \times K \tag{4-8}$$

式（4－8）中的 TFC 指企业固定成本，r 则是资本租赁价格，K 表示企业资本存量。把固定成本与可变成本相加，即表示企业短期总成本函数。

$$SRTC = VC + r \times K \tag{4-9}$$

把式（4－9）左右两边同时除以企业的总产出 Y，即可获得企业短期的平均成本函数式

$$SRATC = VC/Y + r \times K/Y \tag{4-10}$$

企业在生产决策过程中，以利润最大化为经营目标，或者实现生产约束下的成本最小化目标，因此企业最优产出 Y_*，即使企业短期平均总成本达到最小化的产出，公式表达为

$$\frac{\partial SRATC}{\partial Y_*} = \frac{1}{{Y_*}^2} \times \left(\frac{\partial VC}{\partial Y_*} \times Y_* - VC\right) - \frac{r \times K}{{Y_*}^2} = 0 \tag{4-11}$$

由于 $\frac{\partial VC}{\partial Y_*} = \frac{\partial \ln VC}{\partial \ln Y_*} \times \frac{VC}{Y_*}$，结合超越对数成本函数（4－4）和方程（4－11）可推出

$$1 + \frac{r \times K}{VC} = \beta_Y + \beta_{YY}\ln Y_* + \beta_{YK}\ln K + \beta_{YL}\ln P_L + \beta_{YM}\ln P_M + \beta_{YT}\ln T \tag{4-12}$$

方程（4－12）很难直接求解出 Y_* 的显性解，因此普遍的作用是通过迭代方法间接求解 Y_*，随后根据 Y 和 Y_* 计算出微观企业的产能利用率。

$$CU = \frac{Y}{Y_*} \times 100\% \tag{4-13}$$

②核心解释变量:行业内企业间的资本错配($misk$)。有关资本错配的度量,本书主要依据 Hsieh 和 Klenow(2009)发展起来的一个包含异质性企业的垄断竞争模型,具体理论分析请参考本书 3.1 的内容。本书根据理论分析得式(3-24)和式(3-26),使用 Ackerberg 等(2015)的 ACF 方法,测算中国工业分行业的资本错配现状,结果如表 4-1 所示。可以看出,从国民经济分类的一位数行业来看,采矿业的资本错配程度最高,取 6 个两位数行业资本错配的平均值为 0.3126;电力、燃气及水的生产和供应业资本错配程度居中,平均值为 0.2442;制造业的资本错配程度最低,平均值为 0.2026[①]。对 39 个两位数行业的资本错配排序后,本书发现最高的是工艺品及其他制造业(2.7548),是第二名石油和天然气开采业(0.4490)的 6 倍多;最低的是烟草制品业(0.0002)。由于在中国工业企业数据库中工艺品及其他制造业的样本企业数量仅有 54 家,样本量过少导致结果存在偏差;而烟草制品业由于存在垄断经营,其资本错配程度很低。除此以外,本书测算的中国工业分行业的资本错配基本符合这样的现实:市场竞争程度高的行业,其资本错配较低;而市场竞争程度低的行业,其资本错配较高;本书的测算结果符合现实状况。具体地,本书剔除资本错配程度最低的烟草制品业和最高的工艺品及其他制造业以后,资本错配程度最高的前五个行业,从低到高分别为黑色金属矿采选业(08,0.2966),有色金属矿采选业(09,0.3087),石油加工、炼焦及核燃料加工业(25,0.3324),其他采矿业(11,0.3529),石油和天然气开采业(07,0.4490)。资本错配程度最低的前五个行业,从低到高分别为:家具制造业(21,0.0176),纺织服装、鞋、帽制造业(18,0.0226),文教体育用品制造业(24,0.0251),农副食品加工业(13,0.0399),造纸及纸制品业(22,0.0573),食品制造业(14,0.0577)。

① 采矿业包括:煤炭开采和洗选业(06)、石油和天然气开采业(07)、黑色金属矿采选业(08)、有色金属矿采选业(09)、非金属矿采选业(10)、其他采矿业(11);电力、燃气及水的生产和供应业包括:电力、热力的生产和供应业(44)、燃气生产和供应业(45)、水的生产和供应业(46);其余为制造业。

表4－1 中国工业分行业的资本错配现状

行业代码	行业名称	资本错配	行业代码	行业名称	资本错配
06	煤炭开采和洗选业	0.2391	27	医药制造业	0.1529
07	石油和天然气开采业	0.4490	28	化学纤维制造业	0.1635
08	黑色金属矿采选业	0.2966	29	橡胶制品业	0.1379
09	有色金属矿采选业	0.3087	30	塑料制品业	0.1241
10	非金属矿采选业	0.2291	31	非金属矿物制品业	0.1450
11	其他采矿业	0.3529	32	黑色金属冶炼及压延加工业	0.0879
13	农副食品加工业	0.0399	33	有色金属冶炼及压延加工业	0.1901
14	食品制造业	0.0577	34	金属制品业	0.0726
15	饮料制造业	0.1776	35	通用设备制造业	0.1235
16	烟草制品业	0.0002	36	专用设备制造业	0.1256
17	纺织业	0.1078	37	交通运输设备制造业	0.1571
18	纺织服装、鞋、帽制造业	0.0226	39	电气机械及器材制造业	0.0788
19	皮革、毛皮、羽毛(绒)及其制品业	0.0631	40	通信设备、计算机及其他电子设备制造业	0.0980
20	木材加工及木、竹、藤、棕、草制品业	0.0998	41	仪器仪表及文化、办公用机械制造业	0.1080
21	家具制造业	0.0176	42	工艺品及其他制造业	2.7548
22	造纸及纸制品业	0.0573	43	废弃资源和废旧材料回收加工业	0.2946
23	印刷业和记录媒介的复制	0.0607	44	电力、热力的生产和供应业	0.2955
24	文教体育用品制造业	0.0251	45	燃气生产和供应业	0.2674
25	石油加工、炼焦及核燃料加工业	0.3324	46	水的生产和供应业	0.1697
26	化学原料及化学制品制造业	0.2035			

注：为了节省篇幅，下文均用行业代码。

为了更加直观地了解中国工业分行业的资本错配程度，本书把各行业资本错配的时间演变以图形的形式展示出来。可以发现，各行业资本错配存在显著差异性，并且多数行业的资本错配随着时间的推移逐年降低，如图4－1所示。图4－1中行业编码代表的行业名称请参考表4－1。

③控制变量。本书选择的企业层面控制变量主要有：企业规模（*lnsize*），企业工业总产值并取自然对数；所有制性质（*soe*），国家资本与实收资本之比；

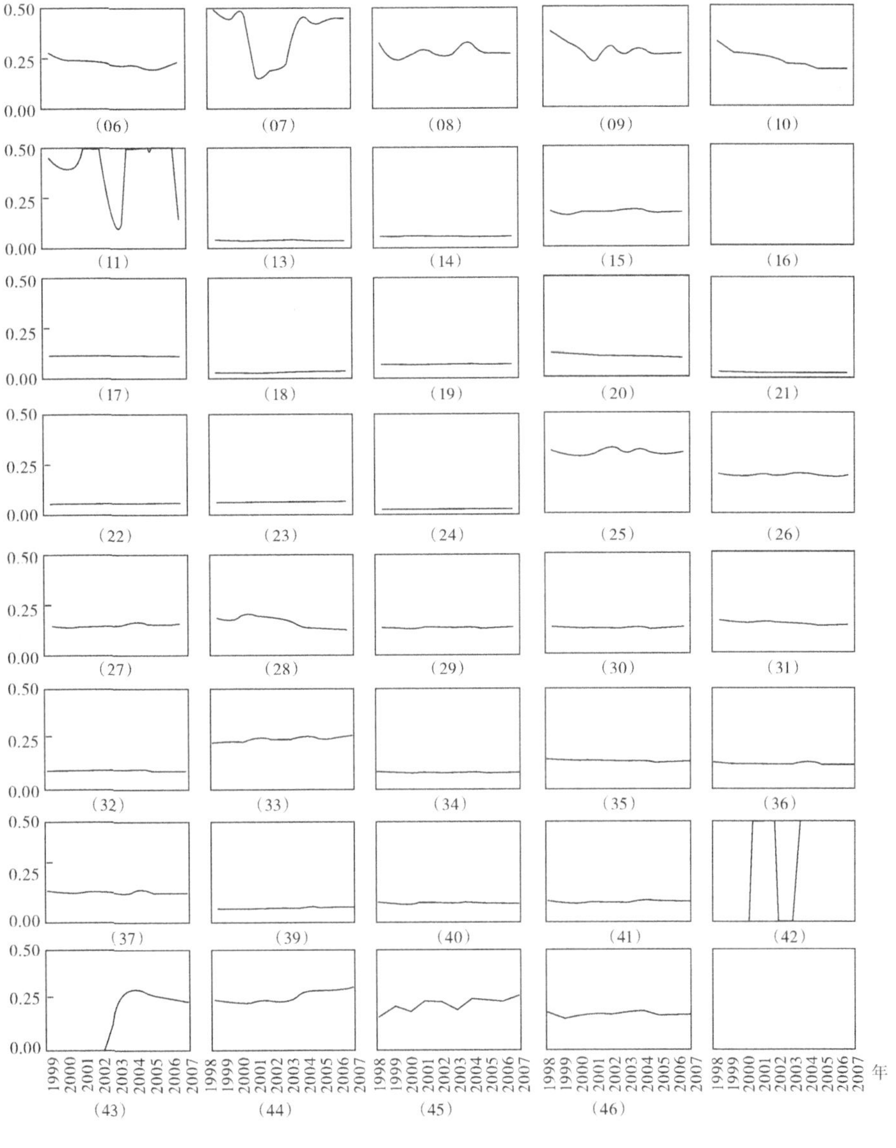

图 4-1　中国工业分行业资本错配的时间变化趋势

杠杆率（*leverage*），以总负债与总资产的比值代表；资本密集度（*capinten*），固定资产合计/总资产；存货密集度（*invinten*），存货/总资产；企业资产收益率（*roa*），利润总额/总资产；企业年龄（ln*age*），企业建立时间并取对数。

省份层面的控制变量有：工业化程度（*industry*），以各省第二产业占GDP的比重衡量；经济发展程度（ln*pgdp*），各省份人均GDP并取自然对数；

金融发展（*fin*），各省份年末贷款余额占 GDP 的比值；政府行为（*gov*），各省份财政支出占 GDP 的比重；地区开放程度（*open*），为各省份的进出口总额占 GDP 的比重；外商直接投资（*fdi*），各省份外资直接投资额除以地区 GDP；交通便利度（*traffic*），使用地区公路和铁路里程与地区面积的比值代表。表 4－2 展示了本章研究中涉及的企业层面变量的描述性统计信息；图 4－2则直观展示了中国工业分行业产能利用率的时间变化趋势。

表 4－2　企业层面变量的描述性统计

变量	样本量	平均值	标准差	最小值	最大值
ln*cu*	1871612	-0. 3369	0. 9650	-4. 6862	3. 7346
cudist	1871612	0. 6910	0. 4621	0. 0000	1. 0000
hcultfp	1871612	0. 4382	0. 4962	0. 0000	1. 0000
lcuhtfp	1871612	0. 2528	0. 4346	0. 0000	1. 0000
misk	1871169	0. 1134	0. 0683	0. 0000	4. 3726
ln*size*	1871612	10. 1167	1. 1196	8. 5564	12. 9902
soe	1871612	0. 0924	0. 2756	0. 0000	1. 0000
leverage	1871612	0. 5750	0. 2688	0. 0461	1. 1054
capinten	1871612	0. 3651	0. 2155	0. 0311	0. 8388
invinten	1871612	0. 1803	0. 1570	0. 0000	0. 6128
roa	1871612	0. 0784	0. 1360	-0. 1045	0. 5860
ln*age*	1871561	2. 0011	0. 8745	0. 0000	3. 8286

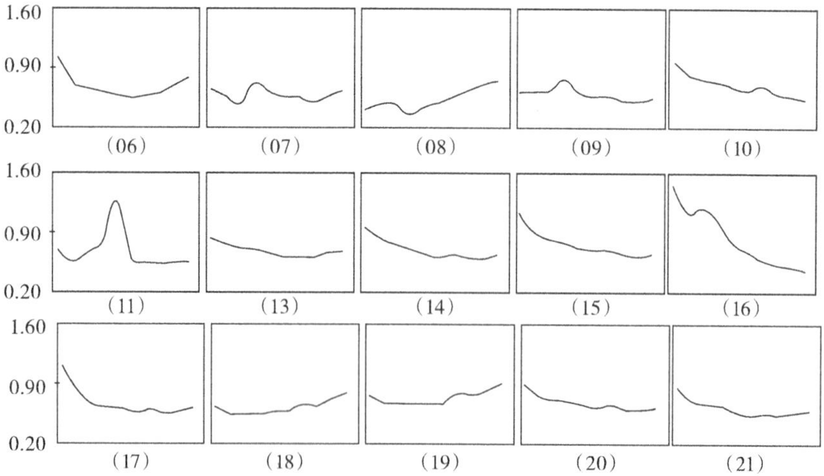

图 4－2　中国工业分行业产能利用率的时间变化趋势

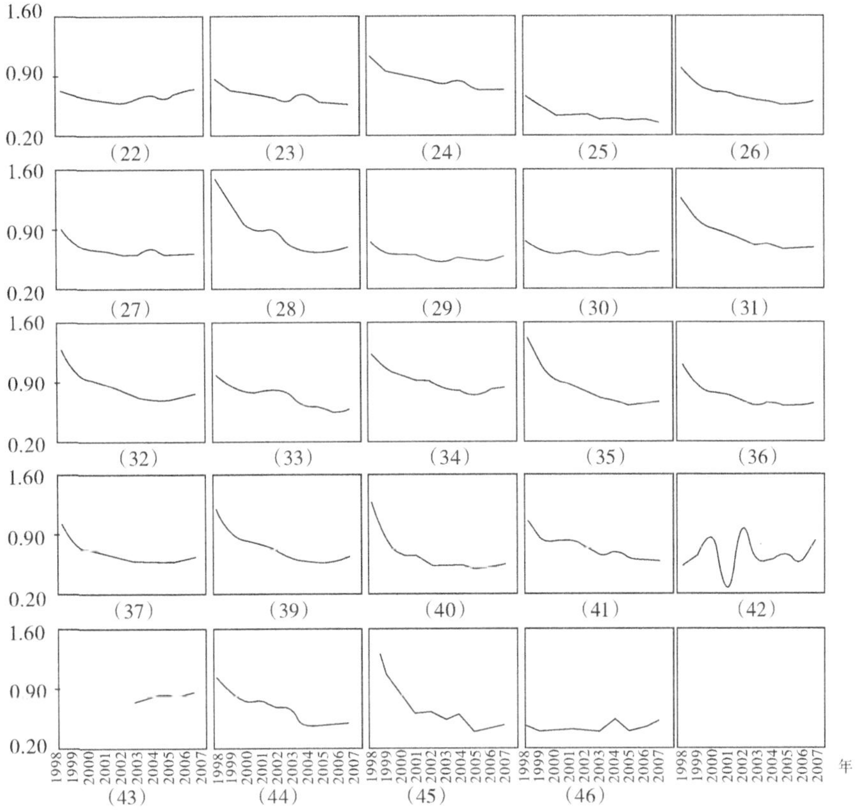

图 4－2　中国工业分行业产能利用率的时间变化趋势(续)

注:有关行业编码代表的行业名称请参考表 4－1,下文相同。

4.3 资本错配与企业产能的实证研究

4.3.1 基准模型

表 4－3 给出了全样本的估计结果,列(1)是资本错配对企业产能利用率的单独回归结果。基于列(1),列(2)～列(4),顺次引入企业层面控制变量、地区层面控制变量以及全部的控制变量分别进行回归分析。可以看出,行业资本错配的回归系数均在 1% 水平上显著为负,说明行业资本错配对企业产能利用率有显著的负向影响。以列(4)为例,行业资本错配每增加

10%,企业产能利用率会下降2.036%。行业资本错配的加剧意味着行业内企业间资本扭曲离散度的增大,即不同企业的资本边际收益产品与市场出清的资本使用成本的偏离度更大。具体表现为资本边际收益产品低的企业,其资本使用成本更低;资本边际收益产品高的企业,其资本使用成本更高。说明低成本资本资源更多地流入低效率企业,为低效率企业的产能扩张提供资本支持,造成企业重复建设落后产能的投资"潮涌现象",使产能过剩问题进一步恶化。

表4-3 资本错配与产能利用率

变量	(1)	(2)	(3)	(4)
misk	-0.6580*** (-22.5700)	-0.2289*** (-10.5300)	-0.6574*** (-22.4800)	-0.2036*** (-9.3400)
frictrl	no	yes	no	yes
regctrl	no	no	yes	yes
N	1871169	1871118	1871169	1871118
R^2	0.1202	0.4757	0.1205	0.4761

注:①***、**、*分别表示统计值在1%、5%、10%的显著性水平下显著,括号内为*t*统计量。②本书所有的计量回归均控制了时间、行业和地区固定效应。下文相同,不再赘述。

4.3.2 稳健性检验

根据基准模型,本书得出,行业的资本错配降低了企业的产能利用率,虽然计量模型较为严谨地加入一系列的控制变量,并控制时间、地区和行业固定效应,但是本书依然担心结论的偶然性。为进一步检验结论的可靠性,本书从改变数据样本时间跨度、剔除数据样本特殊行业、变换核心变量的度量方法等方面考察计量结果的稳健性。首先,表4-4的列(1)是使用2000—2006年中国工业企业数据对企业产能利用率进行的回归结果①。其次,根据本书对中国工业分行业资本错配的测算结果,考虑工业中的3个一位代码行业里,采矿业的资本错配普遍高于制造业的资本错配;制造业中的工艺品及其他制造业由于企业数量较少(样本期内仅有54家企业),导致其资本错配程度过大(2.7548),与制造业其他行业相差过大;另外,制造业中

① 事实上,剔除任意年份的数据,核心解释变量的系数值及显著性均未发生明显改变。

的烟草业由于处于完全垄断经营的地位，行业的资本错配程度过小，仅有0.0002。电力、燃气及水的生产和供应业行业的公共事业属性较强。因此，列(2)是剔除采矿业，电力、燃气及水的生产和供应业，以及烟草制品业和工艺品及其他制造业以后的实证结果。最后，行业资本错配实质上是异质性企业的资本生产率存在差异性，资本错配越大表明企业间资本生产率的差异越大。与资本生产率相对的是资本利息率，也就是资本使用成本，不同企业之间有着不同的资本使用成本，那么就可以认为企业间存在着资本错配；企业间资本使用成本的差异越大，则说明资本错配越严重。从这个角度出发，结合 Hsieh 和 Klenow(2009)的研究并参考 Song 等(2011)、邵挺(2010)的研究，本书使用行业内各企业的利息支出占企业扣除应付账款后负债总计的以标准差衡量的离散程度，作为 Hsieh 和 Klenow(2009)框架测算资本错配的替代变量，进行稳健性检验回归，见列(3)。通过表 4-4 可以发现，在经过一系列的稳健性检验后，回归结果仍显示，行业的资本错配显著降低了企业的产能利用率，表明上文的回归结论是可信的。

表 4-4　稳健性检验

变量	(1)	(2)	(3)
misk	-0.1121*** (-4.2400)	-0.0520* (-1.7400)	
miskrep			-2.0954*** (-31.3300)
ctrl	yes	yes	yes
N	1326832	1490372	1871110
R^2	0.4694	0.4887	0.4763

注：***、**、*分别表示统计值在1%、5%、10%的显著性水平下显著，括号内为 *t* 统计量。

4.3.3 内生性讨论

以上实证结果表明，行业的资本错配显著抑制了行业内微观企业产能利用率的提升。对于研究结论，本书担忧的是，实证模型设定的被解释变量和核心解释变量之间是否存在反向因素关系，也就是企业产能利用率是否影响作为核心解释变量的行业资本错配。当企业产能利用率下降，甚至企业出现产能过剩时，非市场因素会对企业进行干预，使市场中企业的资本配置与企业生产率发生偏离，进而影响行业的资本错配；而当企业产能利用率上升时，尤其是企业产能不足时，投资的“潮涌现象”也会使企业的资本使用成本偏离市场平均成本，从而使行业的资本错配加剧。那么，行业资本错配的加剧则成为行业内企业产能利用率变动的结果，属于由反向因果导致的内生性问题。

为了尽可能地避免内生性问题对研究结论的影响，在具体回归中，本书使用中观行业层面的资本错配作为核心解释变量，使用微观企业层面的产能利用率作为被解释变量。从宏观影响微观的角度，宏观层面的资本错配对微观企业的产能利用率有着显而易见的影响，而微观企业的产能利用率对宏观资本错配的影响则不是那么明显，这种做法能在一定程度上解决内生性问题。但是即便这样，本书仍然不能忽略可能存在的反向因果关系。

为了更深入地讨论内生性问题对本书研究结论的影响。首先，本书参考以往研究的做法（Acemoglu et al.，2003；席鹏辉，2017），选取行业资本错配的滞后一期作为行业资本错配的工具变量。由于中国工业企业数据库，各年份企业进入退出相对频繁，不同年份之间的微观企业大不相同，导致各行业在不同年份间的行业特征有较大变动，行业滞后一期的资本错配在一定程度上可以看作企业当期资本错配的“历史变量”。如果某一行业的企业更替速度较慢，那么，假如存在反向因果关系，企业当期的产能利用率对所在行业资本错配的影响也更多地表现在当期，对行业上一期资本错配的影响也会较弱。其次，参考 Kim 等（2016）、王小龙和余龙（2018）的研究文献，本书使用同一行业内的其他企业资本扭曲计算所得的行业资本错配作为核心解释变量的工具变量。因为由其他企业构成的行业资本错配基本上与本企业无关。选定合适的工具变量以后，本书利用两阶段最小二乘法对可能存在的内生性问题进行处理，并使用工具变量的识别不足检验（Kleibergen - Paap rk LM Statistic）和弱工具变量识别检验（Cragg - Donald Wald F Statistic），各项检验结果均在 1% 的水平上拒绝“识别不足”和“弱工具变量识别”的原假设，而核心解释变量符号并未发生改变，进一步证明本书的结论是可靠的。表 4 - 5 中，列（1）和列（3）是 2SLS 一阶段的计量结果，列（2）和列（4）是 2SLS 二阶段的计量结果。

表 4-5 内生性检验

变量	(1)	(2)	(3)	(4)
l. misk	0.6033*** (71.7500)	-0.1961*** (-5.3700)		
miskoth			0.9075*** (67.7500)	-0.0617*** (-2.7300)
ctrl	yes	yes	yes	yes
识别不足检验		3629.89 (0.0000)		5421.77 (0.0000)
弱工具变量检验		5147.43 (0.0000)		4590.60 (0.0000)
N	1759063	1759063	1868418	1868418
R^2	0.9098	0.4717	0.9852	0.4746

注：第一阶段括号中是 *t* 统计量，第二阶段括号中是 *z* 统计量。***、**、* 分别表示统计值在 1%、5%、10% 的显著性水平下显著。识别不足检验(Underidentification Test)的原假设是，认为存在识别不足问题或者工具变量与内生解释变量无关，如果在 10% 以下显著性水平拒绝原假设，可说明选取的工具变量与内生解释变量存在相关关系，但不能确定是否存在弱工具变量的问题。弱工具变量检验(Weak Identification Test)的原假设是，工具变量与内生解释变量有较强的相关关系；如果拒绝原假设，就可认为选取的工具变量与内生解释变量有较高的相关性。在本书的具体实践中，识别不足检验利用 Kleibergen - Paap rk LM Statistic 统计量进行检验，弱工具变量检验则使用 Cragg - Donald Wald F statistic 统计量进行检验。

4.3.4 异质性回归结果

中国工业产能利用率在东中西部地区间、不同企业所有制之间都有着较大的差异性（董敏杰等，2015；黄秀路等，2018）。那么，资本错配对不同地区、不同所有制企业产能利用率的作用是否存在差异性呢？为此，本书通过地区异质性和所有制异质性分析，探讨资本错配对企业产能利用率的异质性影响。

(1) 地区异质性分析

表 4-6 中，列(1) ~ 列(3)分别是资本错配对企业产能利用率影响的东部、中部和西部的回归结果。可以看到，行业的资本错配显著提高了东部地区企业的产能利用率，而对中部、西部地区企业的产能利用率表现出显著负向影响。相比中西部地区，东部地区的市场化程度较高，产品和要素市场的

发育也更加健全和完善，在这种市场竞争的体系下，资本错配对企业产能利用率的提升作用，一方面，可能是因为虽然低生产率企业通过各种非市场措施得到了更低的资本使用成本，但是资本规模却在缩小；另一方面，在市场的力量下，得到低资本使用成本的企业会借助低息资本来盘活企业生产，从而整体上表现出资本错配提高了企业产能利用率。而中部、西部地区受制于市场机制不健全以及要素流动障碍等因素，整体上资本错配对产能利用率的负向影响更为明显。

表 4－6　资本错配与产能利用率：地区异质性

变量	(1)	(2)	(3)
misk	0.1085*** (3.5000)	−0.3532*** (−7.4500)	−0.3469*** (−7.5700)
ctrl	yes	yes	yes
N	1278281	348735	244102
R^2	0.4692	0.4999	0.4906

注：＊＊＊、＊＊、＊分别表示统计值在1%、5%、10%的显著性水平下显著，括号内为 t 统计量。

(2)所有制的异质性

基于企业所有制的分组回归结果如表 4－7 所示，列(1)～列(3)分别是国有企业、民营企业和外资及港澳台企业的实证结果。可以看出，资本错配对不同所有制企业产能利用率的影响存在明显差异性；资本错配对国有企业和民营企业的产能利用率存在负向影响，而对外资及港澳台企业的产能利用率存在正向影响。中国经济对国有企业的长期偏向性政策，令国有所有制企业在政府补贴、融资成本和融资优先等方面均享有政策倾斜（钱学锋等，2016），行业资本错配的加剧事实上使国有企业获得更多、更低使用成本的资本资源。这样的话，一方面，国有企业比非国有企业拥有更多融资优惠政策，可以应对企业存在产能过剩时的经营恶化，造成企业缺乏提高产能利用率动力的后果；另一方面，国有企业盲目的产能扩张行为，会进一步地降低国有企业的产能利用率。与国有企业不同的是，行业资本错配的加剧会让大部分民营企业以高于市场出清时的资本使用成本得到资本，抑制高效率企业的投资，降低企业竞争力，不利于民营企业的转型升级，并且为低效率企业的进入留下空间，造成民营企业存在普遍的落后产能建设，导致其产能利用率下降或者在低位徘徊。但是,相比国有和民营企业,外资及港澳台企业一方面受益于大量针对性的优惠政策,得到大量低使用成本的资本;另一方面由于外资及港澳台企业规范的现代公司治理制度,行业的资本错配在一定程度上会降低其资本使用成本,增加其成本优势,提升企业竞争力,致使产能利用率提升。

表 4-7 资本错配与产能利用率:企业所有制异质性

变量	(1)	(2)	(3)
misk	-0.3703*** (-9.0700)	-0.3273*** (-12.1900)	0.1536* (1.6500)
ctrl	yes	yes	yes
N	176950	1426625	276501
R^2	0.4672	0.4873	0.4862

注:***、**、*分别表示统计值在1%、5%、10%的显著性水平下显著,括号内为 *t* 统计量。

(3)企业生产率的异质性

为了得到资本错配对不同效率企业产能利用率影响的差异,本书根据企业的全要素生产率,以行业平均值为标准,确定高于行业平均 TFP 的企业归为高 TFP 企业,低于行业平均 TFP 的企业归为低 TFP 企业,并在此基础上进行分组回归,表 4-8 中列(1)是高 TFP 的回归结果,列(2)是低 TFP 的回归结果。显然,行业的资本错配对高 TFP 企业产能利用率的影响为负,对低 TFP 企业的影响为正。上述研究表明,行业的资本错配降低了高 TFP 企业的产能利用率,却提高了低 TFP 企业的产能利用率,产生产能扭曲现象;并且对比回归系数,资本错配对高 TFP 企业产能利用率的抑制作用,明显大于其对低 TFP 企业的提升作用。由此可见,行业资本错配的加剧,使企业的生产率与产能利用率发生一定程度上的"错位"。生产率高的企业不仅使用着高成本的资本,还存在资本投入不足;而生产率低的企业不仅使用着低成本的资本,还存在资本投入过度。这意味着,由于使用了低成本的资本要素,低效率企业的产品变相提升了其市场竞争力,促进了产能利用率的提升;而高效率企业由于资本成本过高,企业的产品竞争力下降。长期来看,这些现象,一方面扼杀了低效率企业实现变革、提升企业自身竞争力的机会;另一方面减弱了高效率企业实施产能扩张的进度,打击了高效率企业的进取精神，不利于经济增长质量的提升。

表 4-8 资本错配与产能利用率：企业生产率异质性

变量	(1)	(2)
misk	-1.1941*** (-9.2200)	0.2915** (2.5300)
ctrl	yes	yes
N	628520	1242598
R^2	0.3363	0.4280

注：***、**、*分别表示统计值在1%、5%、10%的显著性水平下显著，括号内为 *t* 统计量。

4.4 进一步研究：资本错配与僵尸企业产能的实证研究

僵尸企业的存在是引发和恶化产能过剩问题的主要原因之一(Caballero et al.,2008；申广军,2016；黄群慧,2016)。一方面，僵尸企业代表着市场机制对过剩产能或落后产能化解淘汰作用的失效，导致正常企业在经营过程中，面临更加不利的市场环境，正常企业的盈利能力受到僵尸企业挤压；另一方面，僵尸企业拥有的大量过剩落后产能，本应在宏观经济下行时自行退出市场，然而受外部力量的支撑作用，僵尸企业不仅能够保持落后产能、加剧产能过剩，还因为外部力量的存在，引发深层次要素资源非公平配置问题，进一步令产能问题复杂化。

4.4.1 僵尸企业的调节效应分析

本部分主要研究资本错配对企业产能利用率影响的僵尸企业调节效应。调节变量主要有五个，企业所在省份的僵尸化程度（*zompro*）、企业所在省份所在行业的僵尸化程度（*zomindself*）、企业所在省份其他行业的僵尸化程度（*zomindother*）、企业所在省份所在地级市的僵尸化程度（*zomcityself*）、企业所在省份其他地级市的僵尸化程度（*zomcityother*）。僵尸化程度是指僵尸企业资产占企业总资产的比重。对僵尸企业的识别，本书根据过度借贷法，参考申广军(2016)、李旭超等(2018)的研究，认为某企业如果满足以下三个条件，即把该企业识别为僵尸企业：条件一，资本负债率超过50%；条件二，资产负债率较上年有所升高；条件三，其中实际利润为负，实际中使用息税前利润－营业外收入－补贴收入来表示。如果企业资产负债率较高，并且还款潜力很弱，却还能获得源源不断的外部资金支持，这样的企业就被认定为僵尸企业。调节变量的描述性统计如表4－9所示。

表4－9　调节变量的描述性统计

变量	样本量	平均值	标准差	最小值	最大值
zompro	1761843	0.0745	0.0318	0.0091	0.3237
zomindself	1742333	0.0813	0.0727	0.0001	1.0000
zomindother	1742333	0.0743	0.0319	0.0059	0.3348
zomcityself	1759151	0.0770	0.0595	0.0003	1.0000
zomcityother	1567662	0.0741	0.0318	0.0060	0.6060

为了进一步识别资本错配影响产能利用率的渠道，本书在上文构建计量模型的基础上引入资本错配与各僵尸化程度的交互项作为新的解释变量。计量结果如表4－10所示，列(1)～列(5)分别是本省份、本省份本行业、本省份其他行业、本省份本地级市、本省份其他地级市僵尸企业的回归结果。可以发现，与上文相同，行业资本错配显著降低了企业的产能利用率。僵尸企业的一次项回归系数显著为负，与资本错配交互项的系数均显著为正，将企业产能利用率分别对各僵尸企业变量求一阶偏导（$\frac{\partial \ln cu}{\partial zombie}$），并根据表4－2，把行业资本错配（*misk*）的均值0.1134代入得出，本省份、本省份本行业、本省份其他行业、本省份本地级市、本省份其他地级市的僵尸企业占比对企业产能利用率的影响系数分别为：－0.3539、－0.0578、－0.3463、－0.1228、－0.2356，说明行业僵尸企业占比对企业产能利用率有着负向影响，与经济学直觉相一致，僵尸企业不仅自身拥有大量的落后产能，而且通过对正常企业和成长性企业的“拖累效应”，进一步拉低了企业产能利用率的增长。行业资本错配与僵尸企业占比的交互项系数显著为正，说明资本错配对企业产能利用率的作用和僵尸企业对企业产能利用率的作用存在相互促进的关系。实际上可以理解为，作用于僵尸企业的资本错配显著地提高了企业的产能利用率，意味着通过接受低使用成本的资本资源，僵尸企业可以提高其产能利用率，延续在市场上的生存期限。

需要说明的是，通过表4－10中的列(3)和列(5)的回归系数，其他行业僵尸企业占比与其他地级市僵尸企业占比均对本行业与本地级市企业有着1%显著性水平下的影响，表明僵尸企业具有的“跨行业”和“跨地区”的影响效应。对比回归系数，同一地级市僵尸企业的负向影响大于同一行业，僵尸企业“跨行业”的负向影响大于“跨地区”，而“跨行业”和“跨地区”的负向作用均比本行业和本地区的负向作用要大。

表4－10　资本错配与产能利用率：基于僵尸程度的调节效应

变量	(1)	(2)	(3)	(4)	(5)
misk × *zompro*	4.3864*** (16.7300)				
misk × *zomindself*		0.4368*** (4.0900)			
misk × *zomindother*			5.2989*** (19.3600)		
misk × *zomcityself*				1.2841*** (9.8000)	
misk × *zomcityother*					3.9961*** (13.7100)
misk	-0.5275*** (-16.2400)	-0.1694*** (-6.18)	-0.5912*** (-17.0100)	-0.2655*** (-10.1500)	-0.4644*** (-13.1700)
zompro	-0.8513*** (-20.0200)				
zomindself		-0.1073*** (-5.85)			
zomindother			-0.9472*** (-22.0000)		
zomcityself				-0.2684*** (-13.8200)	
zomcityother					-0.6888*** (-15.2100)
ctrl	yes	yes	yes	yes	yes
N	1761395	1742264	1742264	1758712	1567285
R^2	0.4732	0.4714	0.4715	0.4731	0.4791

注：***、**、*分别表示统计值在1%、5%、10%的显著性水平下显著，括号内为*t*统计量。

4.4.2 资本错配对正常企业与僵尸企业产能影响的差异性分析

前文的实证结果验证了僵尸企业在资本错配与企业产能利用率中存在调节效应。下面本书具体讨论资本错配对正常企业和僵尸企业的产能利用率影响是具有一致性的，还是存在差异性的？本书把样本划分为正常企业与僵尸企业，分组进行回归分析。表 4－11 中列(1)和列(2)分别是正常企业与僵尸企业的回归结果。可以发现，行业的资本错配显著地降低了正常企业的产能利用率，行业的资本错配程度每增加 10%，正常企业的产能利用率便下降 2.37%；但是行业资本错配却显著提高了僵尸企业的产能利用率，资本错配每增加 10%，僵尸企业的产能利用率便提高 1.815%。这说明相比而言，行业的低成本资本过多地配置给了僵尸企业，导致正常企业的资本使用成本偏高或资本配置不足；行业资本错配使僵尸企业的生产得以延续，但却使正常企业的生产受到一定的阻碍。对比系数发现，资本错配对僵尸企业产能利用率的提升作用，仅相当于对正常企业产能利用率下降影响的 76.58%，造成事实上的产能利用率下降，行业的资本错配扭曲了正常企业与僵尸企业产能利用率的增长，不利于行业整体发展。

表 4－11 资本错配与产能利用率：正常企业与僵尸企业的对比

变量	(1)	(2)
misk	−0.2370*** (−10.5400)	0.1815** (2.2000)
ctrl	yes	yes
N	1754143	116975
R^2	0.4758	0.4766

注：***、**、*分别表示统计值在 1%、5%、10% 的显著性水平下显著，括号内为 t 统计量。

4.4.3 资本错配对僵尸企业产能影响的分地区差异

表 4－12 的列(1)～列(3)分别是资本错配对僵尸企业产能利用率的东、中、西部地区的调节变量的回归结果。结果显示，行业的资本错配降低了东部地区僵尸企业的产能利用率，提高了中部地区僵尸企业的产能利用率，而对西部地区僵尸企业的产能利用率无显著影响。在市场化较高的东

部沿海地区，资本错配的恶化未能有效提升僵尸企业的产能利用率，说明低使用成本的资本，在统计意义上没有流入僵尸企业；而中部地区的资本错配表现出对僵尸企业较大的支持力度，资本错配每增加10%，中部地区僵尸企业的产能利用率便提高4.19%。

表4-12　资本错配对僵尸企业产能扭曲的分地区差异

变量	(1)	(2)	(3)
misk × *east*	-0.2524 *** (-3.5600)		
misk × *cent*		0.4190 *** (5.0700)	
misk × *west*			-0.0798 (-0.9100)
misk	0.3121 *** (3.3900)	0.1004 (1.1800)	0.2046 ** (2.4300)
east	0.0499 (0.9900)		
cent		-0.0216 (-0.8200)	
west			-0.0146 (-0.5400)
ctrl	yes	yes	yes
N	116975	116975	116975
R^2	0.4767	0.4768	0.4766

注：＊＊＊、＊＊、＊分别表示统计值在1%、5%、10%的显著性水平下显著，括号内为t统计量。

4.4.4　资本错配对僵尸企业产能影响的企业所有制差异

表4-13为资本错配对僵尸企业产能利用率在不同所有制之间的具体表现情况，列(1)、列(2)、列(3)分别是行业资本错配与国有企业、民营企业和外资及港澳台企业交互项的回归结果。可以看到，三者的交互项系数分别是0.1694、-0.1951、0.5837，并分别在5%、1%、1%的水平下显著，表明行业资本错配提高了僵尸企业中的国有企业和外资及港澳台企业的产能利

用率，降低了僵尸企业中民营企业的产能利用率。从已有研究来看，从所有制视角对僵尸企业进行的研究，均重点提出深化国有企业改革在妥善处理僵尸企业问题中所起到的决定性作用（黄少卿、陈彦，2017；蒋灵多、陆毅，2018），却忽视了外资及港澳台企业中存在的僵尸企业问题。本书研究发现，外资及港澳台企业中的僵尸企业也存在资本的政策偏向，并且低于市场出清资本使用成本的资本对外资僵尸企业的“输血”效果比国有企业更大，外资僵尸企业的处置方式同样应该受到政策层面的关注。

表 4-13　资本错配对僵尸企业的产能扭曲的分所有制差异

变量	(1)	(2)	(3)
misk × soe	0.1694** (2.0300)		
misk × poe		-0.1951*** (-2.7000)	
misk × foe			0.5837*** (5.0000)
misk	0.1059 (1.1800)	0.2645*** (2.9500)	0.1841** (2.2300)
soe	0.2221*** (17.0600)		
poe		-0.3036*** (-30.9200)	
foe			0.2793*** (20.7300)
ctrl	yes	yes	yes
N	116975	116975	116975
R^2	0.4767	0.4896	0.4822

注：***、**、*分别表示统计值在1%、5%、10%的显著性水平下显著，括号内为 t 统计量。

4.4.5 资本错配对僵尸企业产能的中介效应

僵尸企业通过政府补贴、税收优惠等“输血”形式得以生存（申广军，2016）。那么，资本错配是否会通过政府补贴与税收优惠渠道作用于僵尸企业的产能利用率呢？参考王小龙和余龙（2018）的研究，本书使用补贴收入占总资产的比重表示政府补贴变量，使用企业所得税与企业利润总额的比值度量企业税负。

（1）资本错配对僵尸企业产能的政府补贴中介效应

表4－14的回归结果是对政府补贴的中介效应进行的检验，列（1）是行业资本错配对政府补贴的回归结果，列（2）是资本错配与政府补贴对产能利用率的回归结果。可以发现，行业的资本错配显著提高了僵尸企业的政府补贴占总资产的比重，资本错配每增加10%，政府补贴便相应提高0.0230%，相比僵尸企业平均政府补贴（0.7949%）提高了2.8933%，进而使僵尸企业产能利用率提高了0.1506%。行业的资本错配通过僵尸企业的政府补贴渠道提高了企业的产能利用率，并且政府补贴具有完全的中介效应。

表4－14　资本错配与僵尸企业产能：政府补贴的中介效应

变量	(1)	(2)
misk	0.0023 ** (2.0800)	－0.0369 (－0.4600)
subsidy		6.5475 *** (29.7300)
ctrl	yes	yes
N	116975	116975
R^2	0.1100	0.5067

注：＊＊＊、＊＊、＊分别表示统计值在1%、5%、10%的显著性水平下显著，括号内为 *t* 统计量。

（2）资本错配对僵尸企业产能的企业税负中介效应

表4－15检验了资本错配是否通过企业税负渠道，影响僵尸企业的产能利用率。其中列（1）是行业资本错配对僵尸企业所得税占利润总额的回归结果，由结果可知，行业的资本错配提高了僵尸企业的所得税，但无统计上的显著性，说明行业的资本错配对僵尸企业的企业税负没有显著影响；这意味着，行业资本错配对僵尸企业产能利用率的影响不存在企业税负的渠道。为了检验结果的稳健性，本书参考申广军（2016）、刘啟仁和黄建忠（2018）的研究，使用企业应交增值税/企业工业增加值代表企业增值税税率，企业主营业务税金及附加/企业主营业务收入表示企业主营业务税率，用管理费税负与企业管理费用之比度量企业管理税金，并使用企业应交税与主营业务

收入的比值、企业应交税占企业工业增加值的比重作为企业综合税负的两种衡量方式；其中企业应交税由企业应交所得税、企业应交增值税、企业管理费税负、企业主营业务税金及附加四个部分构成。表4-15中的列(2)~列(6)分别是增值税税率、主营业务税率、管理税金、综合税负占主营业务收入、综合税负占工业增加值的计量回归结果，可以发现，无论何种企业税负、何种企业综合税负的度量方式，行业的资本错配对企业各项税负和综合税负的影响都不显著，未通过中介效应检验的第一步，说明行业的资本错配对僵尸企业产能利用率的影响不存在企业税负的中介效应。

表4-15 资本错配与僵尸企业产能：企业税负的中介效应

变量	(1)	(2)	(3)	(4)	(5)	(6)
	所得税	增值税税率	主营业务税率	管理税金	综合税负/主营业务收入	综合税负/工业增加值
misk	0.0076 (0.9100)	-0.2270 (-0.2800)	0.0032 (1.3300)	-0.0117 (-1.0900)	-0.1806 (-1.1100)	-0.0354 (-0.0300)
ctrl	yes	yes	yes	yes	yes	yes
N	115437	116975	116943	116383	116943	116975
R^2	0.1217	0.0019	0.3751	0.0237	0.0008	0.0021

注：***、**、*分别表示统计值在1%、5%、10%的显著性水平下显著，括号内为t统计量。

4.5 本章小结

本章利用中国工业企业数据库的微观企业数据，在利用成本函数法测算企业产能利用率的基础上，实证考察了行业的资本错配对企业产能利用率的影响。本章得出以下四点结论：

第一，行业的资本错配对企业的产能利用率有显著负向影响，行业的资本错配每增加10%，行业内企业的平均产能利用率便下降2.036%。行业的资本错配提高了东部企业的产能利用率，但对中西部企业产能利用率有着负向影响。行业的资本错配对国有企业和民营企业的产能利用率存在负向影响，而对外资及港澳台企业的产能利用率具有正向影响。行业资本错配降低了高生产率企业的产能利用率，却提高了低生产率企业的产能利用率。

第二，僵尸企业的存在是引发和恶化产能过剩问题的主要原因之一。

基于基准回归模型，本书引入僵尸化程度变量，研究发现僵尸企业占比越高，企业产能利用率越低。二者的交互项结论说明，行业资本错配作用于僵尸企业的部分，提高了企业的产能利用率。僵尸企业不仅在本行业和本地级市对企业的产能利用率有负向影响，而且还存在其他行业和其他地级市的负向“跨行业”和“跨地区”的影响效应。

第三，本书对正常企业与僵尸企业的分组回归发现，行业的资本错配降低了正常企业的产能利用率，行业的资本错配程度每增加 10%，正常企业的产能利用率便下降 2.370%；但是却提高了僵尸企业的产能利用率，资本错配每提高 10%，僵尸企业的产能利用率便上升 1.815%。分地区研究发现，行业的资本错配降低了东部僵尸企业的产能利用率，提高了中部僵尸企业的产能利用率，对西部地区无显著影响。所有制异质性分析得出，行业资本错配提高了僵尸企业中国有企业和外资及港澳台企业的产能利用率，降低了民营企业的产能利用率。

第四，中介效应表明，行业的资本错配通过僵尸企业的政府补贴渠道提高了企业的产能利用率，并且政府补贴具有完全的中介效应。有关企业税负的中介效应研究发现，行业的资本错配对僵尸企业的企业税负没有显著影响。随后，本书使用企业增值税税率、主营业务税率、管理税金，并使用企业应交税与主营业务收入的比值、企业应交税占企业工业增加值的比重作为企业综合税负的两种衡量方式，进行计量回归发现，无论何种企业税负、何种企业综合税负度量方式，行业的资本错配对企业各项税负和综合税负的影响都不显著，未通过中介效应检验的第一步，说明行业的资本错配对僵尸企业产能利用率的影响不存在企业税负的中介效应。

5 资本错配与中国工业企业规模的实证分析

鼓励企业"做大做强做优"就是在推动企业扩张的同时,提高企业生产率。随着中国经济总量的提升,中国企业规模普遍偏小的弊端凸显。更重要的是,企业规模偏离了企业生产率决定的最优规模,形成高生产率的小企业和低生产率的大企业均过多的典型事实。那么,高生产率的小企业受到何种约束而无法顺利成长?低生产率的大企业又受到什么因素的影响而存在不合理的规模膨胀呢?本书从资本错配的角度来解答上述疑问。研究发现,行业的资本错配扩大了企业规模,而且资本错配对国有企业规模的提升作用更加明显,对民营企业规模的提升作用最弱。进一步地,本书把大企业低生产率与小企业高生产率均视作企业规模扭曲,考察行业资本错配对企业规模扭曲的影响;发现资本错配显著提高了大企业低生产率扭曲和小企业高生产率扭曲的发生概率。资本错配扩大了低效率的国有企业和外资企业的规模,助推了这两种所有制中低效率企业的扩张和做大。虽然民营企业中的部分低效率企业受行业资本错配的影响成长为大企业,但是资本错配提高了民营企业中高效率小企业扭曲的发生概率,这表明行业的资本错配事实上抑制了民营企业的成长,使民营企业规模偏小。机制研究表明,僵尸企业的存在使资本更多地错配给了行业内规模较大但效率较低的企业,并且僵尸企业也在一定程度上放大了资本错配对高效率小企业成长的抑制作用,使行业内效率高的企业规模偏小。

5.1 问题提出

改革开放四十多年来,中国经济取得了伟大成就。但是,随着中国经济总量的不断扩大,投入要素资源越发稀缺,依靠资源投入的增长方式受到限制,经济下行压力增大,需要深层次地挖掘经济发展的潜力,转变经济增长方式。自 2015 年 11 月“供给侧结构性改革”在中央财经领导小组会议被提出以后,深化供给侧结构性改革主线,努力推行经济的高质量发展成为目前中国经济改革的重中之重。2018 年 12 月召开的中央经济会议,提出把“推动制造业高质量发展”作为未来经济工作的重点任务。而实现中国经济高质量发展的基础是坚决提升微观企业竞争力,增强企业发展质量,进一步鼓励企业“做大做强做优”。

企业成长受多种内部因素的影响,例如,企业可利用的要素资源数量、资源配置情况、企业创新水平、企业治理程度等,对企业成长均有着重要影响(Mahendra et al.,2015;Gabaix et al.,2014;Bento and Restuccia,2017;Grillitsch et al.,2019;Medrano - Adan et al.,2018)。除此以外,外部因素对企业成长也有重要作用,而在转型期的中国表现得更为突出。资源配置受政府影响,使不同企业间获得的要素资源数量和面对的要素资源价格存巨大差异。虽然 2013 年召开的党的十八届三中全会指出“使市场在资源配置中起决定性作用”,但是在 2018 年 11 月举办的民营企业家座谈会上,民营企业家的发言暴露了中国仍然存在严重的资源配置问题,尤其融资困境带来的资本错配,制约着企业成长。为此,2018 年 12 月召开的中央经济会议重点指出,“提高直接融资比重,解决好民营企业和小微企业融资难融资贵问题”,“创造公平竞争的制度环境,鼓励中小企业加快成长”。企业间的资源错配实际上已成为中国企业成长的直接障碍,造成加总全要素生产率的损失,不利于经济发展质量的提升(Hesieh and Klenow,2009;李旭超等,2017)。

近年来,关于资源错配的研究众多,随着学术界对资源错配问题探索的不断细化和深入,在 Hsieh 和 Klenow(2009)构建的异质性企业的垄断竞争模型,主要关注劳动力要素资源和资本要素资源的综合资源错配对加总 TFP 损失影响的基础上,一些学者把资源错配具体分解为资本错配、劳动力错配,以及随之延伸的能源错配、创新错配等,并展开了大量的研究,取得了一系列丰硕的成果,推动着资源错配研究的前进(Midrigan and Xu,2010;Song et al.,2011;Ranasinghe,2017a;Caggese et al.,2018;Li et al.,2017;Wei and Li,2017)。在中国市场化经济转型过程中,相比产品和劳动力市场的改革进程,资本市场在市场化改革中表现出严重的滞后性,由此引发的资本错配问题严重制约着中国经济的发展(简泽等,2018),资本错配带来的生产率损失显著高于劳动力错配的影响(Dai and Cheng,2018;龚关、胡关亮,2013;姚毓春等,2014)。相比劳动力资源,资本资源对中国企业成长的约束更大,解决资本错配,提升资本配置效率是中国经济改革所面临的重大问题。

根据现有文献,本书从企业"做大做强"的视角,研究企业间的资本错配对企业成长的影响,并深入探究资本错配影响企业规模成长背后的作用机制。首先,基于 Hsieh 和 Klenow(2009)的资源错配经典理论模型,本书构建资本错配变量,利用中国工业企业数据库研究行业内的资本错配对微观企业规模的影响,并讨论作用机制;其次,在企业规模与生产率呈正相关关系的基础上,讨论行业的资本错配对企业规模扭曲的影响,并把企业规模扭曲进一步分解为大企业低生产率扭曲和小企业高生产率扭曲,分别进行实证研究;最后,探讨行业资本错配对企业规模扭曲的作用机制,以及僵尸企业在二者间的调节作用。本书的研究为进一步认识资本错配对经济发展质量影响的微观企业渠道提供了经验支撑。

5.2 研究设计与数据处理

5.2.1 数据来源与数据处理

见本书 4.2.1 的数据来源与数据处理,此处不再赘述。

5.2.2 模型构建与变量说明

(1)资本错配对企业规模的影响

为考察资本错配对企业规模的影响,本书根据研究目标将回归模型设定为

$$\ln size_{tfji} = \beta_0 + \beta_1 misk_{tfj} + \beta_2 firctrl_{tfji} + \beta_3 regctrl_{tf} + \beta_4 year_t + \beta_5 reg_f + \beta_6 ind_j + \varepsilon_{tfji} \quad (5-1)$$

式(5－1)中，t、f、j、i 分别指 t 年、f 省、行业 j 和企业 i。$\ln size$ 为本书的被解释变量，表示企业规模变量；$misk$ 为核心解释变量，表示行业的资本错配。$firctrl$ 和 $regctrl$ 分别是企业层面和省份层面的控制变量。$year$、reg、ind 则分别是年份、省份和行业的虚拟变量，以控制年份、省份和行业的差异性。

(2)资本错配对企业规模扭曲的影响

为考察资本错配对企业规模扭曲的影响，本书将回归模型设定为

$$hsizeltfp_{tfji} = \beta_0 + \beta_1 misk_{tfj} + \beta_2 firctrl_{tfji} + \beta_3 regctrl_{tf} + \beta_4 year_t + \beta_5 reg_f + \beta_6 ind_j + \varepsilon_{tfji} \quad (5-2)$$

式(5－2)中，t、f、j、i 分别指 t 年、f 省、行业 j 和企业 i。$hsizeltfp$($lsizehtfp$)为本书的被解释变量，表示大企业低生产率扭曲(小企业高生产率扭曲)；$misk$ 为核心解释变量，表示行业的资本错配；其余控制变量与式(5－1)相同。需要说明的是，在具体的回归分析中，若被解释变量是企业规模扭曲($hsizeltfp$，$lsizehtfp$)，其取值为 0 或 1 的二元离散变量，为准确估计资本错配对规模扭曲发生概率的影响，本书选择 Probit 模型进行估计。

(3)变量说明

①被解释变量：企业规模($\ln size$)和企业规模扭曲($hsizeltfp$，$lsizehtfp$)。第一，使用企业的工业总产值并求自然对数来表示企业规模变量。第二，企业规模扭曲变量的衡量。根据现有研究，无论是理论模型还是实证研究，都得出企业规模与生产率有着显著的正相关关系，大企业的生产率显著高于小企业的生产率(Hsieh and Klenow，2009；Tovar et al.，2011；Hsieh and Klenow，2014；Moral－Benito，2018；Medrano－Adán et al.，2018；李旭超等，2017)。本书以分年、分省份、分行业为组别，把工业总产值高于组内平均的企业称为大企业($highsize$)，把工业总产值低于平均规模的称为小企业($lowsize$)；把高于组内平均全要素生产率的企业称为高生产率企业($hightfp$)，把低于平均全要素生产率的企业称为低生产率企业($lowtfp$)。为此，规模扭曲($hsizeltfp$，$lsizehtfp$)表达为

$$hsizeltfp = highsize \times lowtfp \quad (5-3)$$

$$lsizehtfp = lowsize \times hightfp \tag{5-4}$$

其中,式(5－3)是指大规模企业低生产率的规模扭曲,式(5－4)则是指小规模企业高生产率的规模扭曲。

②核心解释变量:行业的资本错配(*misk*)。有关资本错配的度量,本书主要依据 Hsieh 和 Klenow(2009)发展起来的一个包含异质性企业的垄断竞争模型,详细内容见上文中有关资本错配的理论分析。对资本错配的具体求解,本书借鉴 Ackerberg 等(2015)的 ACF 方法进行参数估计,基于 OP 和 LP 方法发展的 ACF 方法可以更好地解决内生性和共线性问题,而且不会带来样本量的损失。对于产品替代弹性 σ 以及资本价格 R 的校准,本书均借鉴 Hsieh 和 Klenow(2009)的研究,令 $\sigma = 3$,$R = 0.10$。

③控制变量。本章选择的企业控制变量主要有:企业规模(ln*size*),企业工业总产值并取自然对数;所有制性质(*soe*),国家资本与实收资本之比;杠杆率(*leverage*),以总负债与总资产的比值代表;资本密集度(*capinten*),固定资产合计/总资产;存货密集度(*invinten*),存货/总资产;企业资产收益率(*roa*),利润总额/总资产;企业年龄(ln*age*),企业建立时间并取对数。

省份控制变量有:工业化程度(*industry*),以各省份第二产业占GDP的比重衡量;经济发展程度(ln*pgdp*),各省份人均GDP并取自然对数;金融发展(*fin*),各省份年末贷款余额占GDP的比值;政府行为(*gov*),使用各省份财政支出占GDP的比重表示;地区开放程度(*open*),各省份的进出口总额占GDP的比重;外商直接投资(*fdi*),各省份外资直接投资额/地区GDP;交通便利度(*traffic*),使用地区公路和铁路里程与地区面积的比值代表。

④中介变量。本章将政府补贴和企业税负作为企业层面政府干预市场配置资源的两个主要方面,研究行业的资本错配对企业出口行为的中介效应。政府补贴(*subsidy*)使用补贴收入占企业总资产的比值表示;企业税负(*tax*)以企业所得税占利润总额的比重表示。

表5－1给出了本书企业层面有关变量的描述性统计信息。表5－2则给出了代表性年份的分行业企业规模的特征信息。

表5-1　主要变量的描述性统计

变量	样本量	平均值	标准差	最小值	最大值
ln*size*	1871612	10.1167	1.1196	8.5564	12.9902
hsizeltfp	1871612	0.0724	0.2591	0.0000	1.0000
lsizehtfp	1871612	0.1532	0.3602	0.0000	1.0000
misk	1871169	0.1134	0.0683	0.0000	4.3726
subsidy	1871612	0.0017	0.0066	0.0000	0.0359
tax	1833290	0.1398	0.1597	0.0000	0.5385
soe	1871612	0.0924	0.2756	0.0000	1.0000
leverage	1871612	0.5750	0.2688	0.0461	1.1054
capinten	1871612	0.3651	0.2155	0.0311	0.8388
invinten	1871612	0.1803	0.1570	0.0000	0.6128
roa	1871612	0.0784	0.1360	-0.1045	0.5860
ln*age*	1871561	2.0011	0.8745	0.0000	3.8286

表5-2　样本期内代表性年份的分行业平均企业规模　　单位：万元

行业代码	1998年	2007年	2013年	行业代码	1998年	2007年	2013年
06	5104	12892	43359	26	4685	11943	33297
07	262491	412725	1010000	27	5335	11560	33923
08	2980	7573	32020	28	12940	27211	40877
09	3303	10882	32127	29	4367	9680	17651
10	2354	4672	14843	30	2899	5426	18428
11	3031	4684	112082	31	2814	6588	73447
13	4128	9896	28592	32	10841	47707	73987
14	4024	9752	26019	33	7657	28048	17970
15	6477	12032	30762	34	3245	6554	20002
16	37133	272994	781042	35	3394	7053	21755
17	4413	6870	18528	36	4020	8219	50390
18	3349	5303	14025	37	7334	19707	32703
19	4241	7058	16472	39	7166	19742	64173
20	2829	4688	14864	40	7925	23156	20109
21	2575	6065	14636	41	2834	6046	13828
22	3051	7814	20851	44	10103	47870	95166
23	2718	4338	13262	45	3964	17061	36733

续表

行业代码	1998年	2007年	2013年	行业代码	1998年	2007年	2013年
24	3532	5231	17329	46	3441	5014	11935
25	21564	71848	210099				

资料来源：根据中国工业企业数据库计算整理。

5.3 资本错配与企业规模的实证研究

5.3.1 基准模型

表5-3给出了全样本的估计结果，各列均控制了时间固定效应、地区固定效应和行业固定效应，采用逐步回归策略以验证结果的稳健性。列(1)的回归结果仅包含行业的资本错配和企业规模，列(2)、列(3)、列(4)分别加入企业控制变量和地区控制变量。可以发现，行业的资本错配显著扩大了行业内的企业规模。以列(4)为例，行业的资本错配每增加10%，中国工业企业的平均规模便扩大3.617%，即企业的平均总产值提高3.617%。行业资本错配的加剧，意味着资本边际收益产品较低的企业，其资本使用成本进一步降低，而且这些企业的资本边际收益产品远低于市场出清时的资本使用成本；资本边际收益产品较高的企业，资本使用成本会进一步增高，对于这部分企业来说，其资本边际收益产品高于市场出清时的资本使用成本。资本使用成本低的企业会倾向于扩大企业规模，而资本使用成本高的企业则会收缩企业规模。对整个行业来说，平均规模的扩大与缩小，是行业内高低资本边际收益产品的两类企业合力作用的结果。根据本书的回归结果，资本错配加剧的企业规模扩大效应大于企业规模缩小效应。

表5-3 资本错配与企业规模

变量	(1)	(2)	(3)	(4)
misk	0.2950*** (9.5100)	0.3130*** (10.3700)	0.3366*** (10.8100)	0.3617*** (11.9200)
firctrl	no	yes	no	yes
regctrl	no	no	yes	yes

续表

变量	(1)	(2)	(3)	(4)
N	1871169	1871118	1871169	1871118
R^2	0.0706	0.1131	0.0720	0.1146

注：***、**、*分别表示统计值在1%、5%、10%的显著性水平下显著，括号内为t统计量。

5.3.2 稳健性检验

为了验证回归结论的稳健性，本书分别采用改变数据样本时间跨度、剔除数据样本特殊行业、变换核心变量的度量方法进行稳健性检验。首先，列(1)仅使用2000—2006年的数据，对行业的资本错配与企业规模进行回归分析。其次，根据本书对中国工业分行业资本错配的测算结果，考虑工业中的3个一位数代码行业里，采矿业的资本错配普遍高于制造业的资本错配。制造业中的工艺品及其他制造业由于企业数量较少(样本期内仅有54家企业)，导致其资本错配程度过大(2.7548)，与制造业其他行业相差过大；另外，制造业中的烟草业由于处于完全垄断经营地位，行业的资本错配程度过小，仅有0.0002。电力、燃气及水的生产和供应业具有较强的公共事业性质。因此，本书把采矿业，电力、燃气及水的生产和供应业，烟草制品业，工艺品及其他制造业剔除以后再进行回归分析，结果见列(2)。最后，行业资本错配实质上是异质性企业的资本生产率存在着差异性，资本错配越大表明企业间资本生产率的差异性越大。与资本生产率相对的是资本利息率，也就是资本使用成本。如果不同企业之间的资本使用成本存在差异性，就可以认为存在跨企业的资本错配，不同企业间资本使用成本差异越大，说明资本错配程度越高。从这个角度出发，结合Hsieh和Klenow(2009)的研究并参考Song等(2011)、邵挺(2010)的研究，本书使用行业内各企业的利息支出占企业扣除应付账款后的负债总计的以标准差衡量的离散程度，作为Hsieh和Klenow(2009)框架测算资本错配的替代变量，进行稳健性检验回归，如列(3)所示。表5-4显示，行业的资本错配对行业内企业规模的正向影响仍然显著，表明本书回归结论是可信的。

表 5－4 稳健性检验

变量	(1)	(2)	(3)
misk	0.3343*** (8.6800)	0.2770*** (5.9000)	
miskrep			1.4977*** (16.3900)
ctrl	yes	yes	yes
N	1326832	1741280	1871110
R^2	0.1041	0.1080	0.1146

注：＊＊＊、＊＊、＊分别表示统计值在1%、5%、10%的显著性水平下显著，括号内为 t 统计量。

5.3.3 内生性讨论

以上实证结果表明，行业的资本错配显著提升了行业内微观企业的规模。对于研究结论本书担忧的是，实证模型设定的被解释变量和核心解释变量之间是否存在反向因素关系，也就是企业规模的变化是否为导致行业资本错配变量的原因。一方面，随着企业规模的扩大，企业对市场的控制力增强；另一方面，随着企业规模的扩大，企业与政府等非市场性因素的关系会变得更加密切。这些都会使企业间的资本配置偏离市场配置，继而影响行业内跨企业的资本配置情况。那么，行业资本错配的上升则成为行业内企业规模扩大的结果，属于反向因果问题。

为了尽可能地避免反向因果引发的内生性问题对研究结论的影响，在具体回归中，本书使用中观行业层面的资本错配作为核心解释变量，微观企业层面的企业规模作为被解释变量。根据宏观影响微观的解读，宏观层面的资本错配对微观企业的企业规模有着显而易见的影响，而微观企业的企业规模对宏观资本错配的影响则不那么直接，这种做法能在一定程度上解决内生性问题。但是即便这样，本书仍然不能忽略有可能存在的反向因果问题。

为了更深入地讨论内生性问题对本书研究结论的影响，首先，本书参考以往研究的做法（席鹏辉，2017），选取行业资本错配的滞后一期作为行业资本错配的工具变量。这是因为：其一，在中国工业企业数据库中，各年份的企业进入退出比较频繁，行业滞后一期的资本错配在一定程度上可以看成企业当期资本错配的“历史变量”；其二，如果某行业中企业进入退出相对缓慢，那么企业本期的企业规模对所在行业资本错配的影响也更多地表现在本期，而对行业上一期资本错配的影响较弱。其次，参考 Kim 等(2016)、王小龙和余龙(2018)的研究文献，本书使用同一行业内的其他企业的资本扭曲程度计算得到行业资本错配作为工具变量；选定合适的工具变量以后，利用两阶段最小二乘法对可能存在的内生性问题进行处理，并使用工具变量的识别不足检验和弱工具变量识别检验，各项检验结果均在 1% 的水平上拒绝“识别不足”和“弱工具变量识别”的原假设，而核心解释变量符号并未发生改变，进一步证明本书的结论是可靠的。表 5－5 中列(1)和列(3)是 2SLS 一阶段的回归结果，列(2)和列(4)则是 2SLS 二阶段的回归结果。

表 5－5　内生性检验

变量	(1)	(2)	(3)	(4)
	第一阶段	第二阶段	第一阶段	第二阶段
l. misk	0.6033*** (71.7600)	0.5886*** (11.4300)		
miskother			0.9075*** (67.7600)	0.4180*** (12.5500)
ctrl	yes	yes	yes	yes
识别不足检验		3630.67 (0.0000)		5423.68 (0.0000)
弱工具变量检验		5148.96 (0.0000)		4591.59 (0.0000)
样本量	1760900	1760900	1870460	1870460
R^2		0.1146		0.1129

注：第一阶段括号中是 *t* 统计量，第二阶段括号中是 *z* 统计量。＊＊＊、＊＊、＊分别表示统计值在 1%、5%、10% 的显著性水平下显著，括号内为 *t* 统计量。

5.3.4　异质性回归结果

不同于发达国家成熟的市场经济体制，中国市场经济发育较晚，市场经济体制不成熟，总体呈现市场交换与政府干预的“双轨制”混合特征，而且在东中西部之间存在较大差异（刘斌、张列柯，2018）。在这种经济环境下，行业的资本错配对企业规模的影响可能会因企业所在地区和所有制的差异而有所不同。因此，本节将从地区和所有制角度分别进行异质性分析。

(1)地区异质性

表5-6是资本错配对东中西部地区企业规模的影响，列(1)~列(3)分别是东中西部地区的回归结果。可以看到，行业的资本错配均显著促进了东部地区和西部地区企业平均规模的扩大，而对中部地区企业规模的影响不显著，行业的资本错配对企业规模的影响存在着一定的地区异质性。与西部地区相比，东部地区市场化程度较高，产品市场和要素市场发育也相对完善，依靠市场机制配置资本的企业对非市场因素的感知更加敏感。东部资本错配程度(0.1073)明显低于中部(0.1251)和西部(0.1281)的资本错配程度，在市场力量与政府力量的双重作用下，东部的资本错配对企业的影响会被放大，受到资本扭曲正向影响的国有企业的规模变得更大，而受到资本扭曲负向影响的民营企业的规模变得更小。事实上，回归结果也证实了资本错配显著提高了东部国有企业的规模，抑制了东部民营企业的规模①。

表5-6 资本错配与企业规模：地区异质性

变量	(1)	(2)	(3)
misk	0.2716*** (5.8400)	0.0742 (1.1900)	0.1991*** (3.5300)
ctrl	yes	yes	yes
N	1278281	348735	244102
R^2	0.1094	0.1408	0.1258

注：***、**、*分别表示统计值在1%、5%、10%的显著性水平下显著，括号内为t统计量。

(2)所有制异质性

表5-7是行业资本错配对不同所有制企业规模影响的实证结果，列(1)~列(3)分别是国有企业、民营企业和外资及港澳台企业的实证结果。可以发现，行业资本错配使国有企业、民营企业和外资及港澳台企业的企业规模显著扩大。比较而言，行业资本错配对国有企业规模的提升作用更加明显，对民营企业的提升作用最弱；在数值上，行业的资本错配每提高10%，国有企业的企业规模便提高3.995%、民营企业提高1.243%、外资及港澳台

① 由于篇幅局限，东中西部不同区域内国有企业、民营企业和外资及港澳台企业的回归结果没有列出。

企业提高 2.738%。实际上，在中国经济市场化转型的过程中，国有企业因受到政府更为直接的干预，企业的成长和发展战略更多地取决于政府的决策和定位，行业资本错配的恶化对企业规模的影响最大，也符合现实情况。行业资本错配使民营企业的资本使用成本相对更高，这会逼迫经营差或规模小的民营企业要么退出市场，要么被兼并收购，在一定程度上促进了整个民营企业规模的提升。对于外资及港澳台企业来说，由于各地区对外资及港澳台企业的优惠政策支持存在差别，在资本错配加剧时，其资本使用成本会降低，促进其进行更多的投资，扩大了企业规模。

表 5-7　资本错配与企业规模：企业所有制异质性

变量	(1)	(2)	(3)
misk	0.3995*** (6.8800)	0.1243*** (3.5000)	0.2738** (2.0600)
ctrl	yes	yes	yes
N	176950	1426625	276501
R^2	0.1816	0.1267	0.1582

注：***、**、*分别表示统计值在 1%、5%、10% 的显著性水平下显著，括号内为 *t* 统计量。

5.3.5　基于政府补贴和税收负担的中介效应分析

补贴和税收是政府影响企业的最直接和最重要的两种因素，政府对企业的补贴和税收不仅反映政府对宏观经济的认知，还暗含政府与企业间的微妙关系。那么，行业的资本错配会不会利用政府补贴和企业税负的渠道影响中国工业企业规模呢？

首先，从政府补贴的中介效应分析资本错配对微观企业规模的作用。一方面，政府补贴有利于企业成本的降低，提高企业产出，因此政府补贴在一定程度上减少了融资约束对企业的不利影响（简泽，2011）。另一方面，现有研究发现，中国地方政府不仅利用补贴对生产率较高的企业和创新力度较高的企业进行扶持，而且补贴还表现出“保护弱者”的特征——也就是在同等条件下，补贴更倾向于向内资企业、亏损企业、非出口企业以及生产效率较低的企业倾斜，这些竞争力相对较低的企业更有可能获取更高程度的政府补贴（邵敏、包群，2011），这种行为在一定程度上破坏了市场竞争的“优胜劣汰”机制。

其次，企业税负是影响企业生产决策的重要因素。一方面，从企业生产的角度来看，征税会增加企业的生产成本，使企业的最优生产点发生偏离，理性的企业会倾向于缩减企业规模。另一方面，税收是政府的重要收入来源，政府取得收入以后，在进行消费时，不管是转移支付行为还是投入公共服务等，只要政府的资本使用恰当或按照既定规章进行投入，企业税负均会通过优化企业外部环境、改善地区公共设施，降低企业外部成本，间接提升企业效率，进而有利于企业规模扩张。因此，税收在一定程度上会提升企业生产率，但是太高的税收又会增加企业的负担。

表5－8的列(1)和列(2)是行业的资本错配对企业规模影响的政府补贴中介效应。列(1)中资本错配对政府补贴的回归系数在1%水平上显著为正，表明行业资本错配有利于企业补贴的提高；在列(2)中，政府补贴对企业规模影响的系数同样显著为正，说明企业间的资本错配会通过政府补贴的正向中介效应促进企业规模的提升。从数值角度分析，资本错配每增加10%，企业规模便直接扩大3.522%，同时会通过提高0.019%的政府补贴，进而令企业规模间接增加0.050%（0.019×5.0274＝0.10%）。值得说明的是，中介效应仅占总效应的2.700%，说明资本错配对企业规模的影响更多地表现为直接效应的影响，而通过政府补贴扩大企业规模的作用较为有限。资本错配本身对不同规模企业的成长具有非均衡性，行业的资本错配加剧了资本回报率在企业间的非均等化发展，总体上显著地在促进企业规模扩张的同时，也会让企业规模分布变得更加不均匀。

表5－8的列(3)和列(4)报告了以企业税负为中介变量的回归结果。其中，行业的资本错配对企业税负的估计系数显著为负，说明行业的资本错配程度越高，行业内企业的平均税率越低。非市场因素带来的资本支持，使行业内企业得到的支持力度往往伴随着政府税务部门的税收减免。同时，根据中介效应检验步骤，本书发现列(4)中资本错配和企业税负的回归系数均显著，表明行业的资本错配对企业规模不仅有直接影响，而且通过企业税负产生了部分中介效应。但由于资本错配的加剧降低了行业内企业的整体税负，让企业税负对企业规模整体上呈现负向中介效应，即资本错配通过企业税负的中介效应削弱了对企业规模的正向影响。

表 5－8　资本错配与企业规模：政府补贴与企业税负的中介效应

变量	(1)	(2)	(3)	(4)
misk	0.0019*** (9.3300)	0.3522*** (11.6300)	－0.0754*** (－18.0400)	0.4024*** (13.0900)
subsidy		5.0274*** (41.5200)		
tax				0.1308*** (26.2600)
ctrl	yes	yes	yes	yes
N	1871118	1871118	1832812	1832812
R^2	0.0307	0.1154	0.0682	0.1151

注：＊＊＊、＊＊、＊分别表示统计值在1%、5%、10%的显著性水平下显著，括号内为 *t* 统计量。

5.4 进一步研究：资本错配与企业规模扭曲的实证研究

上文的一系列实证结论表明，资本错配对中国工业企业规模有着促进作用。那么，从企业规模的角度，是否应该鼓励行业的资本错配呢？从中国工业企业普遍存在“大而不强”的角度，并结合发达国家的企业规模由企业生产率决定的经验证据，本书了解到，中国工业各行业的企业规模均偏离了由生产率决定的最优分布（李旭超等，2017）。接下来，本书考察行业资本错配对企业规模的影响以及企业规模与生产率关系的问题。

5.4.1　初步回归结果

表 5－9 报告了行业资本错配对企业规模扭曲影响的回归结果，列(1)是企业规模扭曲的整体回归结果；随后，本书把企业规模扭曲具体划分为大企业低生产率的扭曲和小企业高生产率的扭曲，分别对应列(2)和列(3)。整体上，行业资本错配的加剧显著提高了企业规模扭曲的发生概率。分组研究发现，行业的资本错配对大企业低生产率扭曲和小企业高生产率扭曲的发生概率均有促进作用。从列(2)和列(3)的估计系数来看，行业的资本错配每提高10%，大企业低生产率扭曲的概率便提高7.927%，而小企业高

生产率扭曲的概率仅会上升0.454%。结合上文的计量结果可知，行业的资本错配虽然提高了企业规模，但是更多地提升了低生产率企业的企业规模，使企业规模与企业生产率的偏离增大。本书启示，金融改革滞后是造成中国工业企业“大而不强”的一个因素。

表5-9 资本错配与企业规模扭曲：初步检验

变量	(1)	(2)	(3)
misk	0.6293*** (16.3500)	0.7927*** (16.4700)	0.0454** (2.1600)
ctrl	yes	yes	yes
N	1871118	1871118	1871118

注：***、**、*分别表示统计值在1%、5%、10%的显著性水平下显著，括号内为t统计量。

5.4.2 异质性回归结果

(1)地区异质性分析

表5-10报告了行业的资本错配对不同地区的企业规模扭曲的估计结果。列(1)~列(3)分别是东部、中部和西部地区大企业低生产率扭曲的回归结果，列(4)~列(6)是东部、中部和西部地区小企业高生产率扭曲的回归结果。可以看到，行业的资本错配显著提高了东部、中部和西部地区大企业低生产率扭曲的发生概率；对比回归系数发现，资本错配对各地区大企业低生产率扭曲的影响几乎无差异，资本错配每提高10%，大企业低生产率扭曲概率便提高约7%。这意味着，对于东部、中部和西部地区，行业资本错配导致低效率小企业扩张成低效率的大企业，或者致使高效率的大企业退化为低效率大企业。列(4)~列(6)显示，资本错配对小企业高生产率的规模扭曲有着明显的地区差异性，主要提高了中部地区小企业高生产率的扭曲，降低了西部地区小企业高生产率的扭曲；说明中西部地区的资本错配对企业规模的影响最为严重，不仅把低成本的资本错配给了低效率的大企业，还阻碍了小企业的成长，甚至导致西部高效率小企业的生产率下降。总之，资本错配是影响中国工业企业“大而不强”的重要原因，在中西部地区更为严重。

表 5-10 资本错配与企业规模扭曲：地区异质性

变量	大企业低生产率			小企业高生产率		
	(1)	(2)	(3)	(4)	(5)	(6)
misk	0.7513 *** (9.8900)	0.6302 *** (6.3100)	0.8662 *** (10.5400)	-0.0105 (-0.1800)	0.2213 *** (2.6000)	-0.2350 *** (-3.0500)
ctrl	yes	yes	yes	yes	yes	yes
N	244102	1278281	348728	244102	348728	244102

注：***、**、*分别表示统计值在1%、5%、10%的显著性水平下显著，括号内为t统计量。

(2)所有制异质性分析

根据表5-11的估计，本书结果发现，行业的资本错配实质上扩大了低效率国有企业和低效率外资及港澳台企业的企业规模，助推了这种所有制性质低效率企业的扩张。虽然民营企业中的部分低效率企业也受行业资本错配的影响成长为大企业，但是资本错配提高了民营企业中高效率小企业的扭曲概率，说明资本错配实质上对民营企业的成长存在抑制作用，导致民营企业的规模普遍偏小。理论上，企业规模的分布取决于生产率的分布特征（Luttmer，2007），但行业的资本错配破坏了两者间的正相关关系，让资本资源更偏向于国有企业和外资及港澳台企业，令一部分企业不合理地在扩大自身企业规模的同时，让许多具有高生产率的民营小企业因资本使用成本过高而规模不足。企业规模分布与生产率的错位，尤其在不同所有制企业间表现出的异质性结论，从企业产能过剩角度分析，一方面，表明生产率较高的民营企业，存在企业规模不足问题，引起先进生产能力的闲置和浪费；另一方面，说明生产率较低的国有企业，存在企业规模偏大问题，意味着落后产能存在过度开发、重复建设与不合理扩张行为。另外，企业规模与自身生产率关系的错位，也会削弱众多以企业规模为基础的产业政策的实施效果，甚至还会产生政策的副作用，比如，淘汰一些高生产率的民营企业，使部分具有先进产能的民营企业反被“误杀”。

表 5 – 11 资本错配与企业规模扭曲:企业所有制异质性

变量	大企业低生产率			小企业高生产率		
	(1)	(2)	(3)	(4)	(5)	(6)
	国有企业	民营企业	外资及港澳台企业	国有企业	民营企业	外资及港澳台企业
misk	0.9182 *** (10.5700)	0.4583 *** (7.2300)	1.5566 *** (7.5200)	–0.4440 *** (–5.1700)	0.2592 *** (5.4700)	–0.9690 *** (–5.1400)
ctrl	yes	yes	yes	yes	yes	yes
N	276486	176950	1426625	276501	1426625	276501

注:* * *、* *、* 分别表示统计值在 1%、5%、10% 的显著性水平下显著,括号内为 *t* 统计量。

5.4.3 基于政府补贴和企业税负的中介效应分析

表 5 – 12 为政府补贴和企业税负作为中介变量的计量结果。根据列(1),行业的资本错配对政府补贴的回归系数显著为正,说明资本错配提高了政府补贴;在列(2)和列(3)中,政府补贴对大企业低生产率扭曲的回归系数显著为正,而对小企业高生产率的回归系数显著为负,说明政府补贴提高了大企业低生产率的扭曲概率,降低了小企业高生产率的扭曲概率。政府补贴对前者的危害显而易见,对后者来说更多的是隐性危害,政府补贴降低小企业高生产率扭曲的本质在于,政府补贴使高效率的小企业要么低效率化,要么成长为低效率的大企业,从逻辑上前者更易发生,不利于高效率小企业的成长;而高效率小企业多为创新能力强的民营企业,在一定程度上也扭曲了创新实现经济高质量发展的目标。总之,资本错配通过政策补贴的渠道变量,令企业的实际规模偏离了自身生产率决定的最优规模,行业中部分企业因被“补贴”,使生产成本外部化,造成非市场因素的不合理扩张,扭曲了大企业的规模与生产率关系,压制了小企业的成长。

表 5 – 12 中的列(4)、列(5)和列(6)是企业税负的中介效应实证结论。列(4)表示行业的资本错配显著减少了企业的平均税负。列(5)和列(6)说明,企业税负减少了大企业低生产率扭曲的发生概率,同时提高了小企业高生产率扭曲的发生概率。列(5)说明,对于大企业来说,企业税负可以起到一定的筛选作用,倒逼低效率的大企业进行改革。列(6)说明,对于小企业来说,企业税负则成为高效率小企业成长的“拦路虎”,抑制了高效率小企业

的成长。整体的中介效应为,资本错配通过降低企业税负,一方面提高了大企业低生产率扭曲,另一方面降低了小企业高生产率扭曲。企业税负是影响企业生产经营的重要因素,正常税负的缴纳不仅可以为企业的发展创造良好外部环境和公共服务投入,同时会促使企业的扩张变得有序,实现经济的均衡发展(骆永民、翟晓霞,2018);但是在资本错配的作用下,企业税负则成为低效率大企业成长的助推剂。

表 5-12 资本错配与企业规模扭曲:政府补贴和企业税负的中介效应

变量	(1)	(2)	(3)	(4)	(5)	(6)
	政府补贴	大企业低生产率	小企业高生产率	企业税负	大企业低生产率	小企业高生产率
misk	0.0019*** (9.3300)	0.7840*** (16.3300)	0.0475** (2.2100)	-0.0754*** (-18.0400)	0.8109*** (16.5800)	0.0396** (2.0000)
subsidy		3.9096*** (20.3000)	-1.3399*** (-7.4500)			
tax					-0.0601** (-2.0100)	0.0772*** (10.1900)
ctrl	yes	yes	yes	yes	yes	yes
N	1871118	1871118	1871118	1832812	1832812	1832812

注:***、**、*分别表示统计值在1%、5%、10%的显著性水平下显著,括号内为 *t* 统计量。

5.4.4 僵尸企业的调节效应分析

企业规模的扩大意味着企业需要投入更多的要素资源,而"死而不腐"的僵尸企业严重依赖外部资源的支撑存活在市场中,挤占了市场中其他"健康"企业的生存资源(谭语嫣等,2017)。目前,有效处置僵尸企业已成为中国经济亟待解决的问题。2018 年 12 月中央经济会议指出,"要坚定不移地建设制造强国。要稳步推进企业优胜劣汰,加快处置'僵尸企业',制定退出实施办法"。由于中国金融市场发展滞后,资本资源的稀缺性更加明显,使通过"输血"存活的"僵尸企业"对"健康企业"的挤出作用更大。本部分主要研究资本错配对企业规模影响的僵尸企业的调节效应。调节变量包括企业所在省份的僵尸化程度(*zompro*)、企业所在省份所在行业的僵尸化程度(*zomindself*)、企业所在省份其他行业的僵尸化程度(*zomindother*)、企业所在省份所在地级市的僵尸化程度（*zomcityself*）、企业所在省份其他地级市的僵尸化程度（*zomcityother*）。这里的僵尸化程度使用僵尸企业资产占总资产的比重表示。对僵尸企业的识别，本书主要根据过度借贷法，参考申广军(2016)、李旭超等(2018)的研究。具体请参考4.4节，各调节变量的描述性统计请参考表4－8。

(1)大企业低生产率扭曲的僵尸企业调节效应

表5－13为资本错配与僵尸化程度交互项对大企业低生产率扭曲的实证结果。可以发现，除资本错配与本行业僵尸化程度的交互项系数在10%水平上显著以外，其余交互项系数均在1%水平上显著为正，说明僵尸化程度会进一步强化资本错配对大企业低生产率规模扭曲的发生概率，也就是僵尸企业占比的增加导致低使用成本资本更多地错配给了行业内规模较大但效率较低的企业。对比各回归系数，行业的资本错配与本省份其他行业僵尸化程度交互项的系数最大，即在本行业资本错配一定的情况下，本省份其他行业僵尸企业占比越高，本行业大企业出现低效率扭曲的概率越高。可以认为，本省份内，其他行业越“不健康”，那么本行业的资本要素越会配置给低效率的大企业，从而提高大企业低效率的扭曲概率。僵尸企业的这种“传染效应”在行业间存在，同时存在于同一省份内的各地级市间。

表5－13　资本错配与大企业低效率扭曲：僵尸企业的调节效应

变量	(1)	(2)	(3)	(4)	(5)
misk×*zompro*	3.6536*** (6.3400)				
misk×*zomindself*		0.1754* (1.8800)			
misk×*zomindother*			3.8863*** (6.1300)		
misk×*zomcityself*				1.1620*** (3.3400)	
misk×*zomcityother*					2.3116*** (3.9200)
misk	0.4722*** (6.5100)	0.9265*** (14.4200)	0.5997*** (7.2700)	0.6876*** (11.0400)	0.5729*** (7.6000)

续表

变量	(1)	(2)	(3)	(4)	(5)
zompro	-0.3596 *** (-3.4100)				
zomindself		0.0038 (0.1000)			
zomindother			-0.4150 *** (-3.8100)		
zomcityself				-0.0404 (-1.4800)	
zomcityother					-0.0834 (-0.8500)
ctrl	yes	yes	yes	yes	yes
N	1761395	1742255	1742255	1758712	1567285

注：＊＊＊、＊＊、＊分别表示统计值在1%、5%、10%的显著性水平下显著，括号内为 *t* 统计量。

(2)小企业高生产率的僵尸企业调节效应

表5-14是资本错配与僵尸化程度交互项对小企业高生产率扭曲的调节效应的实证结果。可以看出，除本行业僵尸企业与资本错配的交互项以外，其余交互项系数均在1%水平上显著为正。说明僵尸企业占比强化了资本错配对小企业高生产率扭曲发生概率的提升作用，即僵尸企业在一定程度上放大了资本错配对高效率小企业成长的抑制作用，约束了高效率小企业的成长。与上文的结论类似，僵尸企业的影响不仅存在于木行业内和本地级市内，而且产生跨行业和跨地区的影响。

表5-14　资本错配与小企业高效率扭曲：僵尸企业的调节效应

变量	(1)	(2)	(3)	(4)	(5)
misk × *zompro*	2.7504 *** (5.6900)				
misk × *zomindself*		0.0147 (0.0800)			
misk × *zomindother*			2.4467 *** (4.6300)		

续表

变量	(1)	(2)	(3)	(4)	(5)
misk×*zomcityself*				1.4307*** (4.9700)	
misk×*zomcityother*					4.1340*** (8.2700)
misk	-0.2401*** (-4.0000)	0.0255 (0.4800)	-0.1636** (-2.4000)	-0.1396*** (-2.7500)	-0.3463*** (-5.3900)
zompro	-0.1430 (-1.6400)				
zomindself		0.1287*** (3.8000)			
zomindother			-0.1934** (-2.1500)		
zomcityself				0.1175*** (5.1200)	
zomcityother					-0.4429*** (-5.3500)
ctrl	yes	yes	yes	yes	yes
N	1761395	1742264	1742264	1758712	1567285

注:***、**、*分别表示统计值在1%、5%、10%的显著性水平下显著,括号内为*t*统计量。

5.5 本章小结

利用中国工业企业数据库的微观企业数据,本章实证研究了行业的资本错配对企业规模的影响,并得出以下三点结论:

第一,行业的资本错配显著提高了行业内的企业规模。行业的资本错配每提高10%,中国工业企业的平均规模便扩大3.617%,即企业的平均总产值提高3.617%。地区异质性研究发现,行业的资本错配均显著促进了东部和西部地区企业平均规模的扩大,而对中部地区企业规模的影响不显著。所有制异质性研究发现,行业资本错配的加剧显著提高了国有企业、民营企业和外资及港澳台企业规模。相对而言,行业资本错配对国有企业规模的提升作用更加明显，对民营企业的提升作用最弱。

第二，进一步地，本部分把大企业低生产率与小企业高生产率均视作企业规模扭曲，考察行业资本错配对企业规模扭曲的影响。整体上，行业资本错配显著提高了企业规模扭曲的发生概率。具体地，行业的资本错配均提高了大企业低生产率和小企业高生产率扭曲的发生概率；其中，行业的资本错配每提高 10%，大企业低生产率扭曲的概率便提高 7.927%，小企业高生产率扭曲的概率上升 0.454%。地区异质性表明，行业资本错配对东、中、西部地区大企业低生产率扭曲的发生概率均有正向作用，而对小企业高生产率扭曲的影响存在明显的差异性。所有制异质性得出，资本错配助推了低效率的国有企业和外资及港澳台企业的规模扩张，实质上压抑了民营企业的扩张行为，使民营企业规模偏小。

第三，僵尸企业的调节效应结果表明，僵尸企业占比强化了资本错配对企业规模扭曲发生概率的促进作用。一方面，在僵尸企业占比越高的行业，资本错配对该行业内大企业低生产率的规模扭曲的影响越大，即僵尸化程度的加剧让资本更多地错配给了行业内规模较大但效率较低的企业；另一方面，僵尸企业在一定程度上放大了资本错配对高效率小企业成长的抑制作用，使行业内高效率的企业规模偏小。

6 资本错配与中国工业企业出口的实证分析

企业出口不仅有助于提高企业竞争力,也对中国构建开放型经济体至关重要。根据 Melitz(2003)的经典贸易理论,生产率高的企业选择出口行为,生产率低的企业选择在国内进行产品销售,并且该理论在众多国家通过了数据验证。但是,基于中国的经验研究却表明,中国出口企业的生产率偏低,这就是出口—生产率偏离扭曲("出口—生产率悖论")问题。长远来看,出口扭曲会降低中国出口企业的竞争力,成为制约中国建设开放型经济新体制的隐性障碍。本章从资本错配的角度,对上述问题进行研究。结果发现:行业的资本错配与行业中企业出口行为存在正相关关系。进一步研究发现,行业的资本错配加剧了中国工业企业的出口—生产率扭曲。并且,资本错配通过提高企业的政府补贴,进而提高了企业的出口扭曲程度,存在政府补贴的部分中介效应。行业的资本错配通过降低企业的平均税负,进而提高了企业的出口扭曲,存在企业税负的部分中介效应。

6.1 问题提出

改革开放四十多年以来,中国推行的对外开放政策和经济市场化改革促使经济快速增长,其中企业出口成为拉动经济增长的主要动力。但是,随着美国政府推行的一系列贸易保护主义政策,中美经贸摩擦自 2018 年以来持续升级,中国的出口贸易面临着巨大挑战。但是,中国政府坚持对外开放的决心没有改变,习近平主席在很多场合都宣示中国对外开放的决心。2018 年 12 月的中央经济会议也指出,要继续扩大进出口贸易,推动出口市场多元化。出口是中国对外开放的重要内容,也是企业国际化的重要手段

(Zhao and Zou,2002);出口企业则是建设开放型经济新体制的微观基础。本质上,提高微观企业的出口能力、增强出口企业的生产率,与宏观经济中降低市场运行成本提高市场运作效率、提升企业国际竞争力,构建"开放型世界经济"的经济目标是一致的。

过去,中国企业在出口导向型发展战略引导下,凭借低要素成本创造了出口扩大的经济奇迹。但是,随着中国经济由高速增长转向高质量发展,以供给侧结构性改革,达到增强企业竞争力,提高供给质量的情况下,中国出口企业的低端化问题越发凸显(汪建新等,2015)。提升出口产品质量是推动经济质量变革,打造贸易强国和质量强国的重点(苏丹妮等,2018)。而生产率则是出口企业竞争力以及出口产品质量提高的决定因素,对企业出口和占领国际市场同样具有关键性作用(Melitz,2003;李春顶,2010)。应该说,中国出口企业生产率现实与Melitz(2003)异质性企业贸易理论中有关出口企业生产率关系相偏离的事实,长远来看,降低了中国出口企业的竞争力,成为制约中国建设开放型经济新体制的隐性障碍。

在中国推行的对外开放政策和经济市场化转型的过程中,与产品市场、劳动力市场以及外资外贸政策的改革相比,中国金融部门的改革严重滞后(Huang,2010),金融部门已成为中国经济系统中最薄弱的环节之一(Allen et al. ,2005)。随着金融活动在国民经济中的广泛存在,金融部门对经济发展日益显著的推动作用已成为共识(张成思、刘贯春,2016),这意味着金融部门市场化进程的滞后很可能对中国企业的出口行为,以及出口生产率产生重要影响。进入出口市场的企业需要承担诸如产品规格再调整、国外市场开发、分销渠道等固定成本,承担更高的运输成本和更久的运输时间带来的风险;而且为了能够在国际市场生存,企业也需要面临不断创新的风险。受到金融约束的企业无力承担这些投资,削弱了其进入出口市场的能力。金融约束是信息不对称、金融市场不发达、政策制度不利、银行贷款受监管或企业税收结构受限制的结果(Whited,1992)。虽然,许多发展中经济体试图通过出口促进政策,弥补由于金融部门发展不完善带来的企业出口约束,比如,巴西、阿根廷、印度和土耳其等新兴经济体均对出口贸易进行过一系列改革,但是,贸易政策始终无法代替出口企业面临的融资约束等问题(Nagaraj,2014)。

近年来,越来越多的学者把金融因素引入企业出口的研究并得到了丰硕的成果。这些研究大致分为三类:第一类是企业金融因素对企业出口的影响。Greenaway 等(2007)开创性地把企业金融因素与企业出口联系起来,通过英国制造业企业的数据分析了企业融资状态与企业出口决策的联系。随后,Bellone 等(2010)、Nagaraj(2014)、Mirabelle(2015)、Wagner(2015)、Minetti 和 Zhu(2015)、Qi 等(2018)分别使用法国、印度、比利时、德国、意大利和中国的企业数据进行了相关研究。第二类是国内金融因素对企业出口的影响。Abor 等(2014)研究了银行融资对中小企业出口的影响,Iacovone 等(2019)指出,银行危机对更依赖外部融资的出口企业影响更大。经济体的金融发展提高了企业出口(Manova,2013;Fauceglia,2015)。第三类是汇率、外资等国际金融因素对企业出口的影响(许家云等,2015;Xing,2018;Manova et al. ,2015)。不过,现有的研究还没有系统地考察微观层面资本跨企业的错配问题对企业出口的影响,更未有研究尝试从资本错配角度解释为什么中国出口企业的生产率与 Melitz(2003)的理论结论不一致。资本错配问题是 Hsieh 和 Klenow(2009)通过建立异质性企业的垄断竞争模型,探讨资源错配对加总全要素生产率损失研究的延伸,资本错配的相关研究是国际要素错配研究的前沿,探索其对中国企业出口的影响有十分重要的现实意义。

6.2 研究设计与数据处理

6.2.1　数据来源与数据处理

见本书 4. 2. 1 的数据来源与数据处理,此处不再赘述。

6.2.2　模型构建与变量说明

(1)资本错配对企业出口行为的影响

首先,考察资本错配对企业出口决策和出口强度的影响,根据研究目标将回归模型设定为

$$isexport_{tfji} = \beta_0 + \beta_1 misk_{tfj} + \beta_2 firctrl_{tfji} + \beta_3 regctrl_{tf} + \beta_4 year_t + \beta_5 reg_f + \beta_6 ind_j + \varepsilon_{tfji} \quad (6-1)$$

式（6－1）中，t、f、j、i 分别指 t 年、f 省、行业 j 和企业 i。$isexport$ 和 $export$ 为被解释变量，分别表示企业的出口决策和出口强度。$misk$ 为核心解释变量，表示行业的资本错配。$firctrl$ 和 $regctrl$ 分别是企业层面和省份层面的控制变量。$year$、reg、ind 则分别是年份、省份和行业的虚拟变量，以控制年份、省份和行业的差异性。在具体的回归分析中，如果被解释变量是企业是否有出口行为，其取值为 1 或 0 的虚拟变量，为相对准确的估计资本错配对企业出口决策发生概率影响的系数值，本书选择 Probit 模型进行回归分析。

（2）资本错配对企业出口扭曲的影响

在考察完资本错配对企业出口决策和出口强度的影响以后，接下来重点分析资本错配对企业出口扭曲的影响，回归模型设定为

$$exportdist_{tfji} = \beta_0 + \beta_1 misk_{tfj} + \beta_2 ctrl_{tf} + \beta_3 year_t + \beta_4 reg_f + \beta_5 ind_j + \varepsilon_{tfji} \quad (6-2)$$

$exportdist$ 为被解释变量，表示企业的出口扭曲程度；$misk$ 为核心解释变量，表示行业的资本错配；控制变量包括企业层面的控制变量和省份层面的控制变量，与上文相同。

（3）变量说明

①被解释变量：企业出口决策变量（$isexport$）、企业出口强度变量（$export$）、企业出口扭曲程度变量（$exportdist$）。第一，企业出口决策变量和企业出口强度变量的衡量。企业出口决策表示企业是否有出口行为，如果存在出口行为则 $isexport$ 为 1，反之为 0；企业出口强度变量，使用企业的出口交货值/企业工业总产值来度量。第二，企业出口扭曲程度变量的度量。根据 Melitz（2003）构建的经典企业贸易模型理论，生产率高的企业进行出口贸易，而生产率较低的企业则在国内销售产品，生产率最低的企业将伴随市场开放而被淘汰；由此得出“出口企业的生产率要显著高于非出口企业”的论断。基于 Melitz（2003）的经典贸易理论，本书把存在“出口—生产率悖论”的企业定义为“出口扭曲”企业。出口扭曲程度的具体度量为出口企业全要素生产率对行业平均全要素生产率的偏离度，值越高说明出口扭曲越严重。

$$exportdist = (TFP_s - TFP_{si})/TFP_s \quad (6-3)$$

②核心解释变量：行业的资本错配（$misk$）。有关资本错配的度量，本书依据 Hsieh 和 Klenow（2009）发展起来的一个包含异质性企业的垄断竞争模型。对资本错配的具体求解，本书借鉴 Ackerberg 等（2015）的 ACF 方

法进行参数估计,基于 OP 和 LP 方法发展的 ACF 方法可以更好地解决内生性和共线性问题,而且不会带来样本量的损失。对于产品替代弹性 σ 以及资本价格 R 的校准,本书均借鉴 Hsieh 和 Klenow(2009)的研究,令 $\sigma=3$,$R=0.10$。

③控制变量。本书选择的企业控制变量主要有:企业规模(ln*size*),企业工业总产值并取自然对数;所有制性质(*soe*),国家资本与实收资本之比;杠杆率(*leverage*),以总负债与总资产的比值代表;资本密集度(*capinten*),固定资产合计/总资产;存货密集度(*invinten*),存货/总资产;企业资产收益率(*roa*),利润总额/总资产;企业年龄(ln*age*),企业建立时间并取对数。

省份控制变量有:工业化程度(*industry*),以各省份第二产业占 GDP 的比重衡量;经济发展程度(ln*pgdp*),各省份人均 GDP 并取自然对数;金融发展(*fin*),各省份年末贷款余额占 GDP 的比值;政府行为(*gov*),使用各省份财政支出占 GDP 的比重表示;地区开放程度(*open*),各省份的进出口总额占 GDP 的比重;外商直接投资(*fdi*),各省份外资直接投资额 / 地区 GDP;交通便利度(*traffic*),使用地区公路和铁路里程与地区面积的比值代表。

④中介变量。为了实现出口经济增长,政府可以通过实行经济特区、开发区、保税区、补贴、税负等政策影响企业的出口行为。本书主要选择政府补贴和企业税负,研究行业的资本错配对企业出口行为的中介效应。根据施炳展等(2013)的研究,本书的政府补贴(*issubsidy*)变量使用企业是否有补贴收入来衡量;企业税负(*tax*)变量使用所得税与企业利润总额的比值来衡量。表 6-1 给出了本章研究涉及的企业主要变量的描述性统计信息;表 6-2 是代表性年份的分行业出口情况。

表 6-1　企业主要变量的描述性统计

变量	样本量	平均值	标准差	最小值	最大值
isexport	1871612	0.2563	0.4366	0.0000	1.0000
export	1871612	0.1618	0.3361	0.0000	1.0503
exportdist	479657	-0.0726	0.6903	-8.4293	1.0000
misk	1871169	0.1134	0.0683	0.0000	4.3726
issubsidy	1871612	0.1266	0.3326	0.0000	1.0000
tax	1833290	0.1398	0.1597	0.0000	0.5385

续表

变量	样本量	平均值	标准差	最小值	最大值
ln*size*	1871612	10.1167	1.1196	8.5564	12.9902
soe	1871612	0.0924	0.2756	0.0000	1.0000
leverage	1871612	0.5750	0.2688	0.0461	1.1054
capinten	1871612	0.3651	0.2155	0.0311	0.8388
invinten	1871612	0.1803	0.1570	0.0000	0.6128
roa	1871612	0.0784	0.1360	-0.1045	0.5860
ln*age*	1871561	2.0011	0.8745	0.0000	3.8286

表 6-2　代表性年份的分行业出口情况

行业代码	平均出口强度			出口企业占全部企业的比重		
	1998 年	2007 年	2013 年	1998 年	2007 年	2013 年
06	0.0028	0.0005	0.0067	0.0201	0.0049	0.0054
07	0.0255	0.0042	0.0082	0.0870	0.0698	0.0198
08	0.0030	0.0006	0.0014	0.0126	0.0022	0.0030
09	0.0096	0.0098	0.0056	0.0303	0.0308	0.0069
10	0.0565	0.0191	0.0184	0.1235	0.0495	0.0216
11	0.2479	0.0417	0.0113	0.3333	0.0435	0.0467
13	0.0876	0.0898	0.1247	0.1572	0.1471	0.1229
14	0.1340	0.1058	0.1493	0.2414	0.1974	0.1702
15	0.0395	0.0356	0.0538	0.1125	0.0920	0.0738
16	0.0095	0.0161	0.0099	0.1024	0.1926	0.2300
17	0.2482	0.1906	0.2126	0.4257	0.2988	0.2416
18	0.5734	0.4219	0.3502	0.6895	0.5243	0.4129
19	0.4589	0.4099	0.4475	0.5885	0.5133	0.4266
20	0.1554	0.1293	0.1367	0.2500	0.1901	0.1191
21	0.2197	0.3249	0.3592	0.3031	0.4181	0.3699
22	0.0616	0.0551	0.0774	0.1323	0.1102	0.1180
23	0.0449	0.0553	0.0943	0.1000	0.1181	0.1549
24	0.6041	0.5107	0.4662	0.7532	0.6402	0.5212
25	0.0577	0.0080	0.0105	0.1319	0.0337	0.0324
26	0.0785	0.0697	0.0894	0.2106	0.1714	0.1790
27	0.0970	0.0694	0.1157	0.2579	0.1871	0.1981

续表

行业代码	平均出口强度			出口企业占全部企业的比重		
	1998 年	2007 年	2013 年	1998 年	2007 年	2013 年
28	0.0890	0.0475	0.0589	0.2345	0.1588	0.1853
29	0.1664	0.1661	0.1943	0.3237	0.2865	0.2638
30	0.1780	0.1712	0.1492	0.2839	0.2680	0.0890
31	0.0552	0.0754	0.0791	0.1156	0.1305	0.1066
32	0.0354	0.0287	0.0459	0.0958	0.0824	0.1370
33	0.0653	0.0442	0.1371	0.1578	0.1235	0.2468
34	0.1801	0.1841	0.1675	0.3022	0.2774	0.2603
35	0.0965	0.1011	0.1251	0.2602	0.2064	0.2550
36	0.0551	0.0889	0.1287	0.2144	0.2210	0.2450
37	0.0672	0.1066	0.1463	0.1794	0.2290	0.2641
39	0.1754	0.2317	0.2473	0.3200	0.3635	0.5649
40	0.2641	0.2548	0.3447	0.4388	0.4213	0.3566
41	0.4956	0.4183	0.2563	0.6359	0.5348	0.4118
44	0.0026	0.0010	0.0034	0.0072	0.0052	0.0045
45	0.0052	0.0031	0.0042	0.0231	0.0126	0.0099
46	0.0021	0.0013	0.0037	0.0064	0.0026	0.0047

6.3 资本错配与企业出口的实证研究

6.3.1 基准模型

依据上文设定的回归模型进行计量回归，结果如表 6－3 所示，各列均是控制时间固定效应、地区固定效应和行业固定效应后的回归结果。列（1）和列（3）分别为行业的资本错配对企业出口决策和出口强度的单独回归结果；列（2）和列（4）则是加入了企业控制变量和地区控制变量的计量结果。可以发现，行业的资本错配对企业出口行为有显著的促进作用。行业的资本错配每提高 10%，中国工业企业的出口概率便上升 0.086%，企业的平均出口强度便提高 0.045%，即企业的出口交货值占企业总产值的比重会上升 0.045%。行业资本错配程度的加剧，意味着行业内不同企业间资本使用成本的差异度更大，资本边际收益产品低的企业，资本使用成本更低；资本边际收益产品高的企业，资本使用成本更高。在出口导向型经济政策的驱使下，资本成本下降的企业会倾向于出口，提高了其出口决策的概率；已经出口的企业，会扩大出口规模、提高出口强度，换取更多的外汇，获得政府更大的支持，以使有利政策向本企业继续倾斜。

表6－3　资本错配与出口行为

变量	(1)	(2)	(3)	(4)
	出口决策	出口决策	出口强度	出口强度
misk	0.0640** (2.2400)	0.0086** (2.1600)	0.0233*** (5.0800)	0.0045*** (2.9800)
firctrl	no	yes	no	yes
regctrl	no	yes	no	yes
N	1871169	1871118	1871169	1871118
R^2			0.1757	0.1941

注：＊＊＊、＊＊、＊分别表示统计值在1%、5%、10%的显著性水平下显著，括号内为t统计量。

6.3.2　稳健性检验

为进一步检验结论的稳健性，本书从改变数据样本时间跨度、剔除数据样本特殊行业、变换核心解释变量的度量方法三个方面进行计量结果可靠件的验证。首先，表6－4列(1)、列(2)分别是使用2000—2006年中国工业企业数据的出口决策和出口强度的回归结果。其次，根据本书对中国工业分行业资本错配的测算结果，在工业中的3个一位数代码行业里，采矿业的资本错配普遍高于制造业的资本错配，制造业中的工艺品及其他制造业由于企业数量较少（样本期内仅有54家企业），导致其资本错配程度过大(2.7548)，与制造业其他行业相差过大。制造业中的烟草业由于处于完全垄断经营地位，行业的资本错配程度过小，仅有0.0002。电力、燃气及水的生产和供应业具有较强的公共事业属性。本书把采矿业，电力、燃气及水的生产和供应业，烟草制品业，工艺品及其他制造业剔除以后得到表6－4的列(3)和列(4)。最后，行业的资本错配实质上是异质性企业的资本边际产品收益存在差异性，资本错配越大表明差异越大。与资本边际产品收益相对的是资本使用成本,如果不同企业的资本使用成本不同,就认为资本在企业之间存在错配,企业间资本使用成本的差异越大,资本错配程度就越高。从这个角度出发,本书结合 Hsieh 和 Klenow(2009)的研究并参考 Song 等(2011)、邵挺(2010)的研究,使用行业内各企业的利息支出占企业负债总计的以标准差衡量的离散程度,作为 Hsieh 和 Klenow(2009)框架测算资本错配的替代变量进行回归,得到列(5)和列(6)。可以发现,以上各种稳健性检验的回归结果,均显示行业的资本错配对企业出口决策、企业出口强度具有显著的促进作用,表明本书的回归结论是稳健可靠的。

表 6-4 稳健性检验

变量	(1) 缩短时间 出口决策	(2) 缩短时间 出口强度	(3) 剔除行业 出口决策	(4) 剔除行业 出口强度	(5) 替换变量 出口决策	(6) 替换变量 出口强度
misk	0.1303** (1.9700)	0.0262*** (4.3900)	0.6235*** (9.2900)	0.1423*** (13.9600)		
miskrep					0.4843*** (3.2200)	0.3936*** (17.6200)
ctrl	yes	yes	yes	yes	yes	yes
N	1326821	1326832	1741280	1741280	1871110	1871110
R^2		0.1888		0.1851		0.1942

注:***、**、*分别表示统计值在1%、5%、10%的显著性水平下显著,括号内为 *t* 统计量。

6.3.3 内生性讨论

以上实证结果表明,行业的资本错配对微观企业出口行为具有显著的促进性。本书对回归结论存在的担忧是,实证模型中被解释变量和核心解释变量有可能存在逆向因果关系,即企业出口决策和企业出口强度有可能会反过来影响作为核心解释变量的行业的资本错配。当某个企业进行出口、开拓境外市场时,以外向型经济为导向的宏观经济环境,会通过多种方式的出口鼓励政策加剧企业资本使用成本或资本边际收益与市场均衡水平的偏离,进一步加剧行业的资本错配。那么,行业资本错配的加剧则成为行业内企业出口增长的结果,属于反向因果问题。

为了避免反向因果关系导致的内生性对计量结果的影响，本书使用行业层面的资本错配作为解释变量，企业层面的出口决策与出口强度作为被解释变量。从宏观影响微观的角度，宏观层面的资本错配对微观企业的出口行为有着显而易见的影响，而微观企业的出口行为对宏观资本错配的影响则不是那么明显，这种做法能在一定程度上解决内生性问题。但是即便这样，本书仍然不能忽略可能存在的反向因果关系。

为了更深入地讨论内生性问题对本书研究结论的影响，首先，本书参考以往研究的做法（席鹏辉，2017），选取行业资本错配的滞后一期作为行业资本错配的工具变量。一方面，因为中国工业企业数据库每年的企业进入退出较为频繁，上年行业的资本错配在一定程度上可以看作企业本年资本错配的“历史变量”。另一方面，对于企业更替较缓慢的行业，企业当年的出口行为对行业资本错配的影响也更多地表现在本年，而对上年资本错配的影响较弱。其次，参考 Kim 等（2016）、王小龙和余龙（2018）的研究，本书使用同一行业内的其他企业的资本扭曲程度计算得到行业资本错配作为工具变量；选定合适的工具变量以后，利用两阶段最小二乘法对可能存在的内生性问题进行处理，并使用外生性的 Wald 检验，工具变量的识别不足检验和弱工具变量识别检验，各项检验结果均在 1% 的水平上拒绝“外生性”“识别不足”和“弱工具变量识别”的原假设，而核心解释变量符号并未发生改变，进一步证明了本书的结论是可靠的。内生性检验如表 6－5 所示。

表 6－5　内生性检验

变量	(1) 第一阶段 资本错配	(2) 第一阶段 资本错配	(3) 第二阶段 出口决策	(4) 第二阶段 出口决策	(5) 第二阶段 出口强度	(6) 第二阶段 出口强度
l. misk	0.6033*** (1132.2600)		0.4135*** (4.6900)		0.0260* (1.9500)	
miskoth		0.9075*** (4286.4700)		0.0220** (2.3800)		0.0040** (2.4700)
ctrl	yes	yes	yes	yes	yes	yes
外生性的 Wald 检验			29.72 (0.0000)	4.67 (0.0000)		

续表

变量	(1)	(2)	(3)	(4)	(5)	(6)
	第一阶段	第一阶段	第二阶段	第二阶段	第二阶段	第二阶段
	资本错配	资本错配	出口决策	出口决策	出口强度	出口强度
识别不足检验					7.4×10^5 (0.0000)	1.7×10^6 (0.0000)
弱工具变量的检验					1.3×10^6 (0.0000)	1.8×10^7 (0.0000)
N	1759063	1868418	1759063	1868418	1759063	1868418
R^2	0.9098	0.9852			0.1913	0.1940

注：第一阶段括号中是 t 统计量，第二阶段是 z 统计量；***、**、*分别表示统计值在1%、5%、10%的显著性水平下显著。

6.3.4 异质性回归结果

(1)地区异质性

中国资本配置效率在地区间存在显著的差异性。由于东部地区市场化程度明显高于中部和西部地区的市场化程度，与中部和西部地区相比，东部地区更依靠市场机制来调配资本要素资源的流动（刘盛宇、尹恒，2018）。企业间的资本错配对中国工业企业出口行为是否也存在地区异质性呢？表6－6的回归结果表明，企业间的资本错配对企业出口行为确实存在地区差异性，行业的资本错配显著提高了东部和西部地区企业的出口概率，降低了中部地区企业的出口概率，资本错配每提高10%，东部和西部地区企业的出口概率便分别提高4.372%和4.464%，中部地区企业的出口概率便下降8.178%。行业的资本错配也显著提高了东部地区企业的出口强度，降低了中部地区企业的出口强度，对西部地区企业的出口强度没有显著影响。其原因在于，与中部地区相比，在市场化程度较高的东部地区，资本错配的加剧，使企业选择以劳动力要素代替资本要素，从而东部地区的资本错配会使企业向劳动密集型转变，进而提高了企业的出口决策和出口强度；而西部地区的出口企业多为政府支持型企业，资本错配提高了这些企业的出口意愿。

表 6-6　资本错配与出口行为：地区异质性

变量	(1)	(2)	(3)	(4)	(5)	(6)
	出口决策	出口决策	出口决策	出口强度	出口强度	出口强度
	东部地区	中部地区	西部地区	东部地区	中部地区	西部地区
misk	0.4372 ***	-0.8178 ***	0.4464 ***	0.0680 ***	-0.0339 ***	0.0101
	(6.0700)	(-6.3900)	(3.8200)	(8.1200)	(-4.3600)	(1.4300)
ctrl	yes	yes	yes	yes	yes	yes
N	1278281	348728	244102	1278281	348735	244102
R^2				0.1798	0.1192	0.2277

注：＊＊＊、＊＊、＊分别表示统计值在1%、5%、10%的显著性水平下显著，括号内为 *t* 统计量。

(2)所有制异质性

行业资本错配会给部分企业带来成本优势，正向资本扭曲的企业获利空间会更大，越能够克服出口的固定成本，也就越容易出口。政府干预下的国有企业可以面临更低的资本成本（施炳展、冼国明，2012）。那么资本错配是否对不同所有制企业的出口行为表现出差异性的影响呢？表 6-7 为企业间资本错配与不同所有制企业出口决策和出口强度的回归结果。行业资本错配的加剧对外资及港澳台企业的出口概率存在显著的正向作用，对民营企业的出口决策有抑制作用，对国有企业的出口决策影响不显著；资本错配每增加 10%，外资及港澳台企业参与出口的概率便提高 6.242%，民营企业参与出口的概率下降 3.885%。行业的资本错配提升了民营企业和外企的企业出口强度，降低了国有企业的出口强度。具体地，资本错配每增加 10%，民营企业出口强度便提高 0.560%，外资及港澳台企业提高 1.125%，而国有企业的出口强度则下降 0.338%。

行业内资本错配程度的升高，说明市场中的资本配置更多地依赖非市场力量实现。在这样的环境下，对于民营企业来说，一方面，已经出口的企业由于“制度逃离”会提高企业的出口强度，以增强自身竞争力；另一方面，有出口意愿的企业由于面临更高的资本成本而放弃出口。对于国有企业来说，其是否选择出口与资本错配无关；随着资本使用成本的下降，由于国有企业已经获得超额利润，所以没有动力改变现有出口行为，反而会降低出口意愿，规避国外市场可能带来的不确定性风险因素。对于外资及港澳台企业来说，资本错配也会降低其资本使用成本，由于外资及港澳台企业对国外市场更加熟悉,而且外资及港澳台企业来中国发展主要为了寻求资源、降低生产成本,这使得资本错配提高了外资及港澳台企业的出口决策和出口强度。

表 6-7 资本错配与出口决策:企业所有制异质性

变量	(1)	(2)	(3)	(4)	(5)	(6)
	出口决策	出口决策	出口决策	出口强度	出口强度	出口强度
	国有企业	民营企业	外资及港澳台企业	国有企业	民营企业	外资及港澳台企业
misk	-0.0636 (-0.5200)	-0.3885 *** (-5.6000)	0.6242 *** (3.6200)	-0.0338 *** (-5.0800)	0.0560 *** (10.0700)	0.1125 *** (2.9200)
ctrl	yes	yes	yes	yes	yes	yes
N	176898	1426625	276499	176950	1426625	276501
R^2				0.1522	0.1648	0.1727

注:***、**、*分别表示统计值在1%、5%、10%的显著性水平下显著,括号内为t统计量。

(3)生产率异质性

已有研究表明,不同生产效率的企业对政策导向下投资机会的敏感程度不同,生产率低的企业为谋求政策支持,更倾向于拓展国际市场(陈胜蓝、刘晓玲,2018)。行业的资本错配是否对不同生产率水平的企业出口行为影响存在差异性?表6-8是行业资本错配在高生产率和低生产率时对企业出口行为影响的计量结果;列(1)和列(2)分别是低全要素生产率企业的出口决策和出口强度的回归结果,列(3)和列(4)则是高全要素生产率企业的出口决策和出口强度的回归结果。可以发现,资本错配显著提高了全要素生产率较低企业的出口决策和出口强度,也显著降低了生产率较高企业的出口概率和出口强度。对于生产率较低的企业来说,行业的资本错配每提高10%,其出口概率便提升0.892%,企业的出口强度便提高0.096%;对于全要素生产率较高的企业来说,行业的资本错配每增加10%,企业的出口概率便下降2.004%,企业出口强度便下降0.139%。企业间资本错配造成了部分企业的资本成本优势,也提高了部分企业的资本成本,表6-8的结果说明,资本错配更多地造成生产率较低企业的资本成本优势,也导致生产率较高企业的资本使用成本的劣势,使低生产率企业出口决策概率增加。结论启示,行业的资本错配可能造成中国企业出口—生产率偏离的出口扭曲。

表 6-8 资本错配与出口行为:企业生产率异质性

变量	(1)	(2)	(3)	(4)
	出口决策	出口强度	出口决策	出口强度
	低 TFP	低 TFP	高 TFP	高 TFP
misk	0.0892** (2.3000)	0.0096* (1.6600)	-0.2004** (-2.2200)	-0.0139* (-1.7800)
ctrl	yes	yes	yes	yes
N	1242598	1242598	628514	628520
R^2		0.2008		0.1906

注:***、**、*分别表示统计值在1%、5%、10%的显著性水平下显著,括号内为 *t* 统计量。

6.3.5 机制分析:基于中介效应的回归结果

基于前文的回归结果,本书发现,企业间资本错配能够显著影响企业的出口行为,进一步地,本书不禁思考资本错配是通过什么途径影响企业的出口决策呢?政府补贴和企业税负是政府对企业行为进行干预的主要方式。表6-9的回归结果考察政府补贴和企业税负对资本错配与企业出口行为的中介效应。列(1)~列(3)是资本错配对企业出口行为的政府补贴中介效应的回归结论,行业资本错配显著提高了企业获取补贴的概率,行业的资本错配每提高10%,企业获得补贴的概率便提升6.511%,而政府的补贴则显著提升了企业的出口决策概率与出口企业的出口强度。在政府补贴的中介效应模型下,行业的资本错配对企业出口决策无显著影响,政府补贴对出口决策存在完全中介效应;对于出口企业的出口强度来说,资本错配也通过提高企业的补贴概率对企业的出口强度有着强大的促进作用。列(4)~列(6)是资本错配对企业出口行为的企业税负中介效应,行业的资本错配降低了企业税负,较高的企业税负会降低企业出口。因此,行业的资本错配会通过降低企业税负,最终促进企业出口。企业税负在企业出口决策和出口强度中均表现为部分中介效应。结论启示,资本要素资源非市场化配置的提升,会进一步加剧政府对市场的干预,强化政府对要素资源的控制力,最终影响企业的出口行为选择。

表6-9 资本错配与出口行为:政府补贴与企业税负的中介效应

变量	(1)	(2)	(3)	(4)	(5)	(6)
	政府补贴	出口决策	出口强度	企业税负	出口决策	出口强度
misk	0.6511 *** (14.5000)	-0.0293 (-0.5400)	-0.0092 ** (-1.9900)	-0.0765 *** (-18.3000)	0.0651 ** (2.1800)	0.0163 *** (3.4500)
issubsidy		0.2330 *** (72.4200)	0.0371 *** (50.8500)			
tax					-0.5672 *** (-77.5100)	-0.1338 *** (-96.7500)
ctrl	yes	yes	yes	yes	yes	yes
N	1871104	1871118	1871118	1832812	1832812	1832812
R^2			0.1953	0.0686		0.1978

注:***、**、*分别表示统计值在1%、5%、10%的显著性水平下显著,括号内为t统计量。

6.4 进一步研究:资本错配与出口扭曲的实证研究

通过上文的研究,本书发现资本错配提高了企业出口概率和出口强度,那么,是否资本错配越严重对企业出口行为越有利呢?高生产率与低生产率的分组回归发现,资本错配提高了低生产率企业的出口行为,却降低了高生产率企业的出口行为。本书有理由怀疑,资本错配扭曲了中国工业企业的出口行为。

6.4.1 初步回归结果

本书依据资本错配与企业出口扭曲的模型设定进行回归,如表6-10所示,所有回归结果均控制了时间固定效应、行业固定效应和地区固定效应。列(1)、列(2)、列(3)和列(4)则分别是逐步加入控制变量的计量结果。可以发现,行业的资本错配在1%的显著性水平下,导致了中国工业企业出口扭曲程度的加剧。在数值上,行业的资本错配每提高10%,企业的出口扭曲程度便上升3.859%,即出口企业生产率相对于行业平均生产率的偏离度下降了3.859%。这说明行业的资本错配事实上扭曲了行业内企业的出口行为,负向影响了中国企业的出口生产率结构,直接证实了中国金融改革滞后是导致中国出口企业存在“出口—生产率悖论”的原因之一。本书的结论从金融角度完善了中国存在的“出口—生产率悖论”的相关研究。

表 6-10 资本错配与出口扭曲

变量	(1)	(2)	(3)	(4)
misk	0.2555*** (4.0500)	0.3508*** (6.4100)	0.2881*** (4.4500)	0.3859*** (6.8000)
firctrl	no	yes	no	yes
regctrl	no	no	yes	yes
N	479592	479589	479592	479589
R^2	0.0130	0.4788	0.0131	0.4793

注：***、**、*分别表示统计值在1%、5%、10%的显著性水平下显著，括号内为 *t* 统计量。

6.4.2 异质性回归结果

(1)地区异质性

表6-11是行业资本错配对出口扭曲的东、中、西部地区的回归结果，即资本错配均提高了东、中、西部地区企业的出口扭曲程度，并且提高程度依照东部、中部、西部地区次序递增。资本错配每提高10%，东部地区企业出口扭曲便提高1.946%，中部地区企业出口扭曲便提高6.228%，而西部地区企业的出口扭曲便提高10.820%。相比中、西部地区，东部地区的市场化程度较高，当企业面临较高的资本错配时，会促进企业使用更多的劳动力来缓解资本错配对企业的负面影响；而且东部地区的企业多为加工贸易类，具有相对成本优势，在国际市场中有着较高的竞争力，因此资本错配对东部地区企业出口扭曲的影响相对较弱。西部地区市场化程度较低，而且出口企业多为资源密集型企业，需要投入大量资本要素。随着行业资本错配的提高，低使用成本的资本会配置给低效率的出口企业，提高了低效率企业的出口扭曲；而高效率的出口企业由于政策干预不能有效获得资本资源，受到较强的资金约束，逐渐退出出口市场，进一步加剧了出口扭曲。

表 6-11 资本错配与出口扭曲:地区异质性

变量	(1)	(2)	(3)
	东部地区	中部地区	西部地区
misk	0.1946*** (3.1600)	0.6228*** (4.9000)	1.0820*** (9.5200)
ctrl	yes	yes	yes
N	384047	49879	45663
R^2	0.4880	0.4253	0.4909

注:***、**、*分别表示统计值在1%、5%、10%的显著性水平下显著,括号内为 *t* 统计量。

(2)所有制异质性

表6-12是行业资本错配对不同所有制企业出口扭曲的计量结果。可以发现,资本错配会导致各所有制企业不同程度的出口扭曲,资本错配每提升10%,国有企业、民营企业和外资及港澳台企业的出口扭曲程度便分别上升5.273%、2.294%和3.900%。对比数值可知,资本错配对国有企业出口行为扭曲的影响最强,对民营企业出口行为扭曲的影响最弱。这表明行业资本错配的加剧,事实上使低成本的资本资源更多地配置给了国有出口企业,降低了国有出口企业的资本使用成本,而负向影响了民营出口企业对资本资源的获取能力和利用程度。

表 6-12 资本错配与出口扭曲:企业所有制异质性

变量	(1)	(2)	(3)
	国有企业	民营企业	外资及港澳台企业
misk	0.5273*** (3.8000)	0.2294*** (3.7600)	0.3900*** (4.0200)
ctrl	yes	yes	yes
N	28316	280395	175364
R^2	0.4758	0.4733	0.5060

注:***、**、*分别表示统计值在1%、5%、10%的显著性水平下显著,括号内为 *t* 统计量。

6.4.3 机制分析:基于中介效应的回归结果

政府补贴和企业税负是行业内企业间资本错配影响企业出口行为的有

效渠道,那么二者是否也是导致出口扭曲的主要途径呢?表6-13为行业的资本错配对出口扭曲中介效应的检验结果。列(1)和列(2)是政府补贴的中介效应检验结果,列(3)和列(4)是企业税负的中介效应检验结果。列(1)中资本错配的估计系数显著为正,列(2)中政府补贴和资本错配对企业出口扭曲的回归结果显著为正,说明资本错配通过提高企业的政府补贴,进而提高了出口企业的出口扭曲程度,存在政府补贴的部分中介效应。列(3)和列(4)的结果表明,行业的资本错配通过降低企业的平均税负,进而提高了出口企业的出口扭曲,存在企业税负的部分中介效应,说明政府补贴和企业税负是行业资本错配导致企业出口扭曲的主要渠道。一方面,行业资本错配的加剧使出口企业获得如补贴等形式的出口优惠政策,依靠补贴优惠政策等资本成本优势存活下来的出口企业,没有动力提高企业的生产率,导致政策优惠没有转化为企业自身国际竞争力的提升。另一方面,行业资本错配的加剧降低了行业内企业的平均税负,使用较低资本成本的出口企业的税率下降得更多,进一步降低了这类出口企业的运营成本;而且,非市场因素导致的企业资本成本的下降,也会扭曲市场经济中企业的正常退出行为,使本该退出市场的企业继续存活;税收失去了对企业生产率的倒逼机制,进一步导致"出口—生产率偏离扭曲"的形成。

表6-13 资本错配与出口扭曲:政府补贴和企业税负的中介效应

变量	(1)	(2)	(3)	(4)
	政府补贴	出口扭曲	企业税负	出口扭曲
misk	0.6511*** (14.5000)	0.3856*** (6.8300)	-0.0765*** (-18.3000)	0.3781*** (6.6300)
issubsidy		0.0458*** (21.4000)		
tax				-0.0301*** (-6.1400)
ctrl	yes	yes	yes	yes
N	1871118	479589	1832812	472514
R^2	0.0316	0.4799	0.0686	0.4797

注:***、**、*分别表示统计值在1%、5%、10%的显著性水平下显著,括号内为t统计量。

6.5 本章小结

本章利用中国工业企业数据库的微观企业数据，实证研究了行业的资本错配对企业出口决策与企业出口强度的影响，得出以下两点结论：

第一，行业的资本错配对行业内企业的出口行为有显著的促进作用，行业的资本错配每提高10%，中国工业企业的平均出口概率便上升0.086%，企业的出口交货值占企业总产值的比重便上升0.045%。行业的资本错配提高了东部和西部地区企业的出口概率，降低了中部地区企业的出口概率，也提高了东部地区企业的出口强度，降低了中部地区企业的出口强度，对西部地区企业的出口强度没有显著影响。有关所有制异质性的研究发现，行业资本错配的加剧对外资及港澳台企业的出口概率存在显著的正向作用，对民营企业的出口决策有抑制作用，对国有企业的出口决策影响不显著。高全要素生产率和低有关全要素生产率的分层回归发现，资本错配提高了低生产率企业的出口决策和出口强度，但是对高生产率企业的出口决策和出口强度却有降低作用。

第二，本章进一步对出口企业出口—生产率偏离扭曲的研究发现，行业的资本错配在1%的显著性水平下，导致了中国工业企业的出口扭曲程度的加剧，行业的资本错配每提高10%，企业的出口扭曲程度便上升3.859%。有关地区异质性的研究得出，资本错配均提高了东、中、西部地区企业的出口扭曲程度，并且提高程度依东、中、西部地区顺次递增。有关所有制异质性发现，资本错配导致各类型所有制企业出现不同程度的出口扭曲，资本错配程度每提高10%，国有企业、民营企业和外资及港澳台企业的出口扭曲程度便分别上升5.273%、2.294%和3.900%。有关政府补贴和企业税负的中介效应得出，资本错配通过提高企业的政府补贴，进而提高了企业的出口扭曲程度，存在政府补贴的部分中介效应；行业的资本错配通过降低企业税负，进而提高了企业的出口扭曲，存在企业税负的部分中介效应。

7　资本错配与中国工业企业进入退出的实证分析

企业进入退出是市场经济实现“优胜劣汰”机制的基础，对增强企业竞争力、提高供给质量，实现供给侧结构性改革有着关键性作用。中国工业企业有着较高的进入退出率，企业更替也对加总全要素生产率的增长有重要贡献，但是为何微观企业的生存年限较短、宏观经济供给质量较低、社会加总全要素生产率增长缓慢呢？本章尝试从中国金融改革滞后所引发的资本错配角度，探讨其对企业进入退出的影响，以解答上述问题。研究发现：①资本错配加速了国有企业的进入，对其退出无影响；同时，加速了民营企业和外资及港澳台企业的进入退出，对其退出的影响更大。当资本错配一定时，僵尸企业阻碍了企业进入，加剧了企业退出，在同一地级市表现得尤为明显。②进一步地，以进入退出企业的生产率与在位企业平均生产率的偏离度来衡量企业进入退出扭曲，本书发现资本错配提高了国有企业和外资及港澳台企业的进入扭曲，降低了国有企业的退出扭曲；虽然资本错配对民营企业的进入扭曲无影响，但是却使民营企业的退出扭曲增大。③僵尸企业对企业进入有“筛选效应”，提高了进入企业生产率门槛；同时，僵尸企业对企业退出有“挤出效应”，降低了企业的退出门槛。本书拓展了资本错配的研究，发现资本错配会扭曲市场经济中企业的进入退出行为。表面上，民营企业在资本错配的环境中“受伤最深”，外资及港澳台企业和国有企业从中“获利”，尤其以国有企业“受益最大”。但是，长此以往，面对低资本使用成本的正向资本错配，国有企业失去了自我革新的动力，不利于其长远发展。

7.1 问题提出

2015 年 11 月召开的中央财经领导小组会议，首先提出“供给侧结构性改革”。自此以后，努力推动供给侧结构性改革就成为现阶段中国经济改革的主线，改革举措主要围绕供给端企业展开，目标是提高企业竞争力、增强中国经济供给质量。党的十九大报告中提出，“推动经济发展质量变革、效率变革、动力变革，提高全要素生产率”。2018 年 12 月召开的中央经济会议，具体提出“促进正向激励和优胜劣汰，发展更多优质企业”。优胜劣汰不仅能够提高企业竞争力、发展优质企业，也是熊彼特“创造性破坏”的关键，对增强微观企业主体活力、提高加总全要素生产率均有重要作用。

企业进入退出是市场经济的基本特征，也是市场经济中优胜劣汰机制发挥作用的基础，通常伴随着高生产率企业的进入与低生产率企业的退出，市场竞争得到强化，进一步刺激创新和生产力的提升（Aghion et al. ,2009），使产业结构不断升级，为经济增长提供动力源泉（Tybout,2000；张维迎等，2003）。企业的进入不仅有助于优化资源配置，使资源要素从低生产率企业转移到高生产率企业，还是消除垄断租金竞争压力的基础（Caves,1998）；频繁的企业进入还可以提高高等教育溢价和技能劳动的回报率（Fernandes et al. ,2014）。而且，企业进入退出对劳动力从业也有着重要的影响，企业退出的差异性是造成欧洲与美国失业率较大差距的重要原因（Janiak,2013）。另外，企业进入退出动态与宏观经济周期也有着密切的联系（Tian,2018）。

中国企业具有较高的进入退出率，年平均进入率和退出率分别为 25% 和 17%，各年的企业主要由新进入企业构成，但是新进入的企业生存期较短，新进入企业中约 2/3 的企业经营年限小于 6 年（毛其淋、盛斌，2013）。既然中国的企业有着较高的进入退出率，“大浪淘沙”留下来的高效率企业应该生存更久，但是为何经营年限较短呢？另外，企业更替对中国加总全要素生产率的增长有重要作用[①]，企业更替可以解释大部分中国制造业加总 TFP 的增长（Brandt et al. ,2012；Mao and Sheng,2017）。那么，较高的企业进

① 也有研究指出，中国制造业 TFP 增长的 90% 来自企业成长，而企业进入与退出对制造业 TFP 增长的贡献率仅为 10% 左右（吴利学等，2016）。那么，为什么如此高的企业更替却对制造业 TFP 的增长贡献如此之低呢？

入退出率，为何没有带来中国加总 TFP 较快的增长呢？本书有理由怀疑，一方面，从企业进入角度对市场输送的新鲜“血液”存在问题；另一方面，从企业退出角度，市场内企业间的竞争存在问题，造成企业不合理退出。

微观经济学的厂商理论认为，厂商进入退出市场的难易程度取决于市场的竞争程度，在完全竞争和垄断竞争市场中，厂商可以很容易或比较容易地进入退出市场，厂商进入与否与自身关系密切；而在寡头垄断市场中，厂商进入退出市场都比较困难，并且进入退出行为与在位厂商密切相关；在垄断市场中，厂商很难进入，而且进入退出行为受到政府的管制。在现实中，企业进入的影响因素众多、纷繁复杂。根据已有研究，企业进入退出行为既受到企业自身因素的影响，如企业家素质（Schulz et al.，2016）、管理层决策（Golombek and Raknerud，2018；Ee et al.，2018）、企业创新能力（Nemlioglu and Mallick，2017；何文韬、肖兴志，2018）等，也受到外部的制度环境（Campos and Iootty，2007；Branstetter et al.，2014；Amici et al.，2016；毕青苗等，2018）、政府干预（Pfluger and Suedekum，2013；Peng and Liu，2018；金晓雨，2018；Rin et al.，2011；贾俊雪，2014；Mayneris et al.，2018）、金融因素（Kobayashi，2011；马光荣、李力行，2014；李俊青等，2017；Spokeviciute et al.，2019）的密切影响。

但是，学者却忽略了要素配置这一影响企业生存的基本因素。从微观经济学理论角度，企业进入与退出行为受到市场类型和企业利润的影响；在完全竞争市场和垄断竞争市场中，企业可以自由地进入和退出，企业利润直接决定企业的进入退出行为，本质上受制于企业的要素配置。事实上，自 Hsieh 和 Klenow（2009）的经典论文后，围绕要素资源错配的研究才逐渐受到学者的关注和重视。资源错配对中国经济健康、持续发展的重要制约已成共识，如果能够纠正资源错配现象，中国制造业加总全要素生产率会提高 30% ~50%，中国人均 GDP 水平能够增长 115.6%（Hsieh and Klenow，2009；罗德明等，2012）。

随着学术界对资源错配问题探索的不断细化和逐渐深入，当前国内外的学者已经把资源错配分解为资本错配、劳动力错配，以及随之延伸的能源错配、创新错配等展开探讨，并取得了一系列丰硕的成果，推动着资源错配研究的前进（Midrigan and Xu，2010；Song et al.，2011；Ranasinghe，2017；Caggese et al.，2018；Li et al.，2017；Wei and Li，2017；马颖等，2018；陈小亮、陈伟泽，2017；王竹泉等，2017）。在中国市场化经济转型过程中，资本市场的市场化改革严重滞后于劳动力市场和产品市场的市场化改革，由此引发的资本错配问题严重制约着中国经济的发展（简泽等，2018），资本错配带来的生产率损失显著高于劳动力错配带来的生产率损失（Dai and Cheng，2018；龚关、胡关亮，2013；姚毓春等，2014）。除中国以外，其他一些发展中国家也存在资本错配比劳动力错配更严重的现象（Oberfield，2013）。因此，追根溯源，本书从经济学最基础的厂商理论进行思考，重点探索资本要素错配对企业进入退出的影响问题，以便能够解答为什么中国企业生存时间短、为何加总全要素生产率增长缓慢等问题。本书的研究对提升中国工业企业竞争力有着一定贡献。

7.2 数据处理与实证策略

7.2.1 数据来源与数据处理

本部分内容参见 4.2.1 的数据来源与数据处理，此处不再赘述。

7.2.2 实证策略与变量说明

（1）资本错配对企业进入退出行为的影响

为了考察资本错配对企业进入退出行为的影响，本书将回归模型设定为

$$enter_{tfji} = \beta_0 + \beta_1 misk_{tfj} + \beta_2 firctrl_{tfji} + \beta_3 regctrl_{tf} + \beta_4 year_t + \beta_5 reg_f + \beta_6 ind_j + \varepsilon_{tfji} \tag{7-1}$$

式（7-1）中，t、f、j、i 分别为 t 年、f 省、行业 j 和企业 i；*enter*（*exit*）为被解释变量，表示企业进入率（企业退出率）；*misk* 为核心解释变量，表示行业内企业间的资本错配；*firctrl* 和 *regctrl* 分别是企业层面和省份层面的控制变量；*year*、*reg*、*ind* 分别是年份、省份和行业的虚拟变量，以控制年份、省份和行业的差异性。如果在具体的回归分析中，被解释变量为取值为 0 或 1 的二元离散变量，为得到资本错配对发生概率的准确影响，本书选择 Probit 模型进行估计。

（2）资本错配对企业进入扭曲和退出扭曲的影响

在成熟的市场经济中，企业进入和退出市场是竞争和“优胜劣汰”的结果，相比在位企业，平均而言，新进入企业的生产率更高，而退出企业的生产率则更低（Pe'er and Vertinsky，2008）。以高生产率企业进入和低生产率企业退出的企业动态更替是经济体实现加总全要素生产率增长的重要来源（Brandt et al.，2012；吴利学等，2016），而且企业动态更替对转型经济体生产率增长的影响程度更大（Bartelsman et al.，2004）。

为了考察资本错配对企业进入退出与生产率关系的影响，本书将回归模型设定为

$$enterdist_{tfji} = \beta_0 + \beta_1 misk_{tfj} + \beta_2 firctrl_{tfji} + \beta_3 regctrl_{tf} + \beta_4 year_t + \beta_5 reg_f + \beta_6 ind_j + \varepsilon_{tfji} \quad (7-2)$$

其中，*enterdist*（*exitdist*）为被解释变量，表示企业进入扭曲程度（企业退出扭曲程度），其余变量说明与上文相同。

（3）变量说明

①被解释变量：企业进入（*enter*）、企业退出（*exit*）、企业进入扭曲程度（*enterdist*）、企业退出扭曲程度（*exitdist*）。第一，企业进入与企业退出变量的衡量。如果企业 i 在 t 期进入市场，则为进入企业，本书使用分年、分省份、分行业中新进入企业占全部企业的比率表示。如果企业 i 在 t 期退出市场，则为退出企业，使用1和0表示。第二，企业进入退出扭曲变量的度量。如果退出企业的全要素生产率比在位企业的平均全要素生产率低，则标记该企业是正常退出；如果退出企业的生产率高于在位企业平均的生产率，则标记该企业为退入扭曲。类似地，如果进入企业的生产率高于在位企业的平均生产率，则认为该企业是正常进入；如果低于在位企业的平均生产率，则认为该企业存在进入扭曲。具体地，本书使用进入企业的全要素生产率对行业平均全要素生产率的偏离度来衡量进入扭曲程度（*enterdist*），值越高说明进入扭曲越严重；使用退出企业的全要素生产率对行业平均全要素生产率的偏离度表示退出扭曲程度（*exitdist*），值越高说明退出扭曲越严重。

$$enterdist = (TFP_s - TFP_{si})/TFP_s \quad (7-3)$$

$$exitdist = (TFP_{si} - TFP_s)/TFP_s \quad (7-4)$$

表7-1为中国工业企业数据库中企业进入和企业退出的基本情况。需

要特别指出的是，由于中国工业企业数据库中部分企业样本数据缺失或不合逻辑，学者在使用此数据之前都需要对数据进行处理，那么对数据的剔除处理是否会带来样本自选择问题，导致企业进入和退出的实证结论存在偏差呢？例如，某企业 A 为退出企业，但是由于该企业存在数据缺失，在具体研究中会对其进行剔除处理，显然会带来计量结果的偏误。通过表 7－1可以发现，完整数据库中平均进入率为 28.83%，平均退出率为 17.74%，与毛其淋和盛斌（2013）的统计结论基本一致。存在财务指标缺失的样本量共有 354195 个，在 354195 个样本数据中，进入企业占比达到 28.94%，与完整样本量相当，但是退出企业占比却高达 33.34%。在剔除指标缺失的样本数据以后，本书最终进行回归分析的样本共计 1871612 个，回归分析的样本中进入企业占比为 28.81%，与完整样本量、指标缺失的样本量不相上下；但是，最终进行回归分析的样本中退出企业占比仅为 14.79%，与完整样本量的 17.74% 大致相同，表明本书在剔除缺失样本后，企业退出率未发生太大变化，以此进行计量回归，结论是可信的。通过对中国工业企业数据库中企业进入退出的简要说明，可以说明，即将退出的企业，其财务报表会变得不规范，印证了 Bakarich 等（2018）的企业处于衰退阶段时信息披露最模糊的研究结论。

表 7－1　中国工业企业数据库中企业进入退出简要说明

样本量说明	企业样本数量/个	进入企业样本数量/个	进入企业占比/%	退出企业样本数量/个	退出企业占比/%
完整样本量	2225807	641784	28.83	394864	17.74
指标缺失的样本量	354195	102491	28.94	118084	33.34
回归使用的样本量	1871612	539293	28.81	276780	14.79

②核心解释变量：行业内企业间的资本错配（*misk*）。有关资本错配的度量，本书主要依据 Hsieh 和 Klenow（2009）发展起来的一个包含异质性企业的垄断竞争模型。有关资本错配理论的具体阐述和中国工业分行业的资本错配状况。

③控制变量，本书选择的企业控制变量主要有：企业规模（ln*size*），企业工业总产值并取自然对数；所有制性质（*soe*），国家资本与实收资本之比；杠杆率（*leverage*），以总负债与总资产的比值代表；资本密集度（*capinten*），固定资产合计／总资产；存货密集度（*invinten*），存货／总资产；企业资产收益率

(*roa*),利润总额/总资产;企业年龄(ln*age*),企业建立时间并取对数。

省份控制变量有:工业化程度(*industry*),以各省份第二产业占 GDP 的比重衡量;经济发展程度(ln*pgdp*),各省份人均 GDP 并取自然对数;金融发展(*fin*),各省份年末贷款余额占 GDP 的比值;政府行为(*gov*),使用各省份财政支出占 GDP 比重表示;地区开放程度(*open*),各省份的进出口总额占 GDP 的比重;外商直接投资(*fdi*),各省份外资直接投资额/地区 GDP;交通便利度(*traffic*),使用地区公路和铁路里程与地区面积的比值代表。表 7-2给出了本书中涉及的企业主要变量的描述性统计信息;表 7-3 给出了重点年份中国工业企业的进入退出率。

表 7-2 企业主要变量的描述性统计

变量名称	样本量	平均值	标准差	最小值	最大值
enter	1871612	0.2881	0.4529	0.0000	1.0000
exit	1871612	0.1479	0.3550	0.0000	1.0000
enterdist	539293	0.0664	0.6421	-6.2418	1.0000
exitdist	276780	-0.0152	0.6378	-0.9763	8.0054
misk	1871169	0.1134	0.0683	0.0000	4.3726
ln*size*	1871612	10.1167	1.1196	8.5564	12.9902
soe	1871612	0.0924	0.2756	0.0000	1.0000
leverage	1871612	0.5750	0.2688	0.0461	1.1054
capinten	1871612	0.3651	0.2155	0.0311	0.8388
invinten	1871612	0.1803	0.1570	0.0000	0.6128
roa	1871612	0.0784	0.1360	-0.1045	0.5860
ln*age*	1871561	2.0011	0.8745	0.0000	3.8286

表 7-3 重点年份中国工业企业进入退出率

行业代码	行业内企业进入率			行业内企业退出率		
	1999 年	2007 年	2012 年	1999 年	2007 年	2012 年
06	0.3468	0.3570	0.1216	0.3099	0.3297	0.2543
07	0.2941	0.2151	0.0885	0.1569	0.2582	0.1577
08	0.3357	0.2786	0.1037	0.3052	0.2967	0.1697
09	0.3396	0.2747	0.0901	0.3020	0.9730	0.3443
10	0.3734	0.3559	0.1437	0.3373	0.2906	0.1463
11	0.2222	0.4348	0.3043	0.4444	0.2083	0.2609
13	0.3575	0.2493	0.1194	0.3419	0.2649	0.1214

续表

行业代码	行业内企业进入率			行业内企业退出率		
	1999 年	2007 年	2012 年	1999 年	2007 年	2012 年
14	0. 3610	0. 2510	0. 1246	0. 3077	0. 2515	0. 1411
15	0. 3707	0. 2746	0. 1289	0. 3519	0. 2774	0. 1277
16	0. 3090	0. 2444	0. 0315	0. 3368	0. 2282	0. 1575
17	0. 2784	0. 2025	0. 1050	0. 3119	0. 4333	0. 1435
18	0. 3169	0. 2327	0. 1439	0. 2851	0. 2452	0. 1557
19	0. 3026	0. 2092	0. 1306	0. 2966	0. 2337	0. 1466
20	0. 3846	0. 3093	0. 1326	0. 3483	0. 2914	0. 1381
21	0. 3740	0. 2515	0. 1565	0. 3177	0. 2669	0. 1460
22	0. 3322	0. 1928	0. 1062	0. 3056	0. 2380	0. 1438
23	0. 3070	0. 2178	0. 1228	0. 2631	0. 2165	0. 1253
24	0. 3246	0. 2152	0. 1330	0. 2835	0. 2391	0. 1367
25	0. 3673	0. 2536	0. 1143	0. 3427	0. 2561	0. 1564
26	0. 3008	0. 2349	0. 1120	0. 2950	0. 2565	0. 1362
27	0. 3303	0. 1982	0. 1052	0. 2881	0. 9043	0. 1203
28	0. 2758	0. 1939	0. 1188	0. 3114	0. 2281	0. 1328
29	0. 3030	0. 2176	0. 1172	0. 3001	0. 2273	0. 1376
30	0. 3193	0. 2400	0. 1317	0. 2850	0. 2335	0. 1306
31	0. 3340	0. 2398	0. 1603	0. 3092	0. 2548	0. 1335
32	0. 3528	0. 2296	0. 1011	0. 3578	0. 2994	0. 1611
33	0. 3224	0. 2763	0. 1229	0. 3074	0. 9046	0. 5022
34	0. 3320	0. 2536	0. 1315	0. 3020	0. 2548	0. 1401
35	0. 2835	0. 2507	0. 1223	0. 2770	0. 2347	0. 1338
36	0. 2993	0. 2697	0. 1512	0. 2870	0. 2780	0. 1343
37	0. 3357	0. 2555	0. 1264	0. 2933	0. 7818	0. 1247
39	0. 3223	0. 2408	0. 1298	0. 2788	0. 2302	0. 1408
40	0. 3637	0. 2446	0. 1393	0. 2593	0. 2635	0. 1511
41	0. 3602	0. 2300	0. 1193	0. 2910	0. 2269	0. 1376
44	0. 3055	0. 1906	0. 1067	0. 2409	0. 2408	0. 1243
45	0. 3720	0. 3009	0. 1351	0. 2866	0. 2369	0. 0832
46	0. 2745	0. 1677	0. 1178	0. 1707	0. 2173	0. 1015

7.3 资本错配与企业进入退出的实证研究

本部分就资本错配对中国工业企业进入退出的影响进行实证分析，通过基准回归、所有制异质性回归、僵尸企业的调节效应回归三步逐层深入，系统考察资本错配对企业进入退出行为的影响。首先，针对资本错配对企业进入和企业退出的总体影响进行基准回归分析。其次，现有研究表明，扭曲性的政府政策是中国资本错配的主要原因，重点表现在不同所有制企业之间，例如，信贷的所有制歧视等（Hsieh and Klenow，2009；Wu，2018；简泽等，2018）；因此，在基准回归的基础上，进一步考察资本错配对不同所有制企业进入退出的异质性影响。最后，考虑僵尸企业是企业退出机制失灵的直接体现，其对潜在进入企业也有着一定的阻碍作用；在基准回归的基础上，本书更深一步地考察资本错配对企业进入退出影响的僵尸企业调节效应；为保证结论的稳健性，也进行了稳健性检验，以及内生性检验。

7.3.1 基准模型

本书首先给出行业的资本错配对企业进入退出的全样本估计结果。表7－4列（1）、列（2）和列（3）、列（4）分别对应企业进入和企业退出的回归结果。可以发现，无论是否加入企业控制变量和地区控制变量，行业的资本错配的估计系数均在1%的显著性水平下为正，并且估计系数的大小和显著性水平比较稳定，说明行业的资本错配对企业进入和企业退出均具有显著的正向影响。根据列（2）和列（4），资本错配每提高10%，行业内企业的进入率便增加0.868%，退出概率便上升2.259%，即行业资本错配的加剧，导致企业进入概率和企业退出概率的提升。行业资本错配的加剧意味着行业内不同企业之间资本扭曲离散程度的扩大，也就是行业内不同企业间资本边际收益产品（MRPK）的差异变大。对于行业内MRPK低于市场出清时的资本使用成本的企业来说，较低的资本使用成本，能够使企业快速成长，显著提高此类企业进入的概率；而对于MRPK高于市场出清时的资本使用成本的企业来说，较高的资本使用成本会使企业减少资本的使用，使企业进入受到抑制，降低这部分企业的进入概率。本书的回归结果表明，行业资本错配的加剧，更多地表现为降低企业的资本使用成本，即整体上行业资本错配对企业进入的促进作用大于抑制作用。对企业退出而言,行业资本错配的加剧,意味着高生产率的企业资本使用成本更高,不利于企业经营,降低了企业的竞争力,增加了企业退出市场的概率;而对于低生产率的企业来说,意味着资本使用成本变得更低,对企业的发展更加有利,变相提高了企业的市场竞争力,降低了企业退出市场的概率。根据回归结论,整体上,行业的资本错配对企业退出的促进作用大于抑制作用。总之,行业的资本错配影响着企业的进入和退出,改变了市场经济原本的运行规律。

表 7-4 资本错配与企业进入退出

变量	(1)	(2)	(3)	(4)
	企业进入	企业进入	企业退出	企业退出
misk	0.0628*** (15.1800)	0.0868*** (20.7100)	0.1711*** (4.2600)	0.2259*** (5.5700)
ctrl	no	yes	no	yes
N	1761443	1761395	1549156	1549105
R^2	0.7937	0.8007		

注:***、**、*分别表示统计值在1%、5%、10%的显著性水平下显著,括号内为 *t* 统计量。

7.3.2 稳健性检验

为对上述结论的稳健性进行确认,本书从改变数据样本时间跨度、剔除数据样本特殊行业、变换核心变量的度量方法等方面对结论进行稳健性检验。首先,剔除样本时间首尾三年的数据,仅使用2000—2006年的中国工业企业数据,对行业的资本错配与企业进入、企业退出进行计量回归,得到表7-5列(1)和列(2)的结果。其次,根据国民经济分类,中国工业共含有采矿业,制造业,电力、燃气及水的生产和供应业3个一位数行业。本书把采矿业与电力、燃气及水的生产和供应业作剔除处理,仅保留制造业的企业数据。针对制造业,由于工艺品及其他制造业的企业数量较少(样本期内仅有54家企业),烟草业处于完全垄断经营地位,因此本书也对两者作剔除处理。使用剔除特殊行业后的数据进行回归分析,结果见表7-5中的列(3)、列(4)。最后,行业内企业间的资本错配实质是异质性企业的资本边际产品存在着差异性,差异性越大表明错配越大。从企业成本角度来看,如果异质性企业间的资本使用成本不同,则认为企业间存在着资本错配,企业间资本使用成本的差异越大,则说明企业间资本错配程度越高。从这个角度出发,本书结合 Hsieh 和 Klenow(2009)的研究并参考邵挺(2010)、Song 等(2011)的研究,使用行业内各企业的利息支出占企业负债总计的比重,并求标准差,把利息率的离散程度作为上文测算的资本错配变量的替代变量进行回归分析,结果见表 7-5 中列(5)和列(6)。通过表 7-5可以发现,在经过以上各种稳健性检验后,回归结果仍然显示行业的资本错配提高了行业内企业的进入概率,同时提高了行业内企业的退出概率,表明本书回归结论是可信的。

表 7-5　稳健性检验

变量	(1)	(2)	(3)	(4)	(5)	(6)
	缩短时间	缩短时间	剔除行业	剔除行业	替换变量	替换变量
	企业进入	企业退出	企业进入	企业退出	企业进入	企业退出
misk	0.1076*** (22.0600)	0.2802*** (5.9400)	0.0755*** (13.7400)	0.4386*** (6.8500)		
miskrep					0.1586*** (14.8200)	0.2920** (2.0400)
ctrl	yes	yes	yes	yes	yes	yes
N	1326832	1326832	1639636	1441590	1761387	1549097
R^2	0.8300		0.8201		0.8006	

注:***、**、*分别表示统计值在1%、5%、10%的显著性水平下显著,括号内为 t 统计量。

7.3.3　内生性讨论

以上实证结果表明,行业的资本错配均显著促进了企业的进入退出。本书对实证结论的担忧是,资本错配与企业进入退出可能存在逆向因果关系,即作为被解释变量的企业进入率和退出率可能反过来影响作为核心解释变量的资本错配。伴随着市场中企业的频繁进入退出,企业过分地争夺稀缺生产资源,市场产生恶性竞争,企业寻租动机上升,与政府等非市场性因素的关系也会变得密切,使企业的资本配置发生偏离,进而影响行业内各企业间资本配置的偏离。那么,行业资本错配的上升则成为行业内企业进入退出率上升的结果，属于反向因果问题。

为了尽可能地避免内生性问题对本书研究结论的影响，本书采用行业层面的资本错配作为解释变量。企业层面的企业进入退出作为被解释变量，从宏观影响微观的角度来看，行业层面的资本错配对微观企业的企业进入退出有着显而易见的影响，而微观企业的进入退出对行业资本错配的影响则不是那么明显，这种做法能在一定程度上解决内生性问题。但是即便这样，我们仍然不能忽略可能存在的反向因果关系。

为了更深入地讨论内生性问题对本书研究结论的影响，一方面，本书参考以往研究的做法（Dai and Xu，2017；韩永辉等，2017），选取资本错配的滞后一期作为核心解释变量资本错配的工具变量。由于在中国工业企业数据库中，每年的企业进入退出较为频繁，滞后一期的资本错配可以在一定程度上被看作当期资本错配的"历史变量"。另一方面，参考 Kim 等（2016）、王小龙和余龙（2018）的研究文献，本书使用同一行业内的不包含本企业的其他企业资本扭曲计算所得的行业资本错配，作为行业资本错配的工具变量，由行业内其他企业资本扭曲计算所得的行业资本错配与本企业不存在直接关系；然后，利用两阶段最小二乘法进行估计，解决模型中存在的内生性问题。表 7－6 列（1）和列（2）是滞后一期资本错配与企业进入率的 2SLS 回归结果，列（3）和列（4）是由行业内其他企业计算所得的资本错配与企业进入率的 2SLS 估计结果。可以发现，在 1% 的显著性水平上拒绝识别不足检验的原假设，即本书选择的工具变量与内生解释变量存在相关性；在 1% 的显著性水平上拒绝弱工具变量检验的原假设，即所选的工具变量与内生解释变量相关性较高。列（5）和列（6）是滞后一期资本错配与企业退出概率的 2SLS 回归结果；列（7）和列（8）是由行业内其他企业计算所得的资本错配与企业退出概率的 2SLS 回归结果。可以看到，外生性瓦尔德检验（Wald test of Exogeneity χ^2）在 1% 的显著性水平上拒绝"不存在内生性"的原假设，认为模型存在内生性。通过观察表 7－6 中第二阶段的回归系数，核心解释变量的符号和显著性未发生改变，进一步证明本书的结论是可靠的。

表 7－6 模型内生性检验

变量	(1)	(2)	(3)	(4)	(5)	(6)	(7)	(8)
	第一阶段	第二阶段	第一阶段	第二阶段	第一阶段	第二阶段	第一阶段	第二阶段
	资本错配	企业进入	资本错配	企业进入	资本错配	企业退出	资本错配	企业退出
l. misk	0. 6033 *** (71. 7500)	0. 0775 *** (11. 3100)			0. 5835 *** (966. 5600)	0. 0446 *** (2. 6200)		0. 1892 *** (4. 1700)
miskother			0. 9104 *** (60. 6100)	0. 0928 *** (22. 0400)			0. 9028 *** (3793. 0900)	
ctrl	yes	yes	yes	yes	yes	yes	yes	yes
识别不足检验		3629. 889 (0. 0000)		4638. 74				
弱工具变量检验		1.3×10^6 (0. 0000)		1.8×10^7 (0. 0000)				
外生性 Wald 检验						15. 9000 (0. 0000)		10. 3300 (0. 0000)
N	1759063	1759063	1759016	1759016	1437208	1437208	1546591	1546591
R^2	0. 9574	0. 8015	0. 9576	0. 8026	0. 9023		0. 9839	

注：第一阶段括号中是 t 统计量，第二阶段括号中是 z 统计量。＊＊＊、＊＊、＊分别表示统计值在 1%、5%、10% 的显著性水平下显著。

7.3.4 异质性回归结果

本书的基准回归考察了资本错配对企业进入退出概率的总体影响，发现资本错配显著促进企业进入退出，影响市场经济运行规律。实际上，资本错配对各类型样本可能产生不同的影响。为了得到更加完善的结论，本书按照企业的区域归属和所有制类型划分不同的子样本，检验行业资本错配对企业进入退出的差异化影响。

(1)地区异质性

东部、中部、西部地区的经济发展条件和市场机制完善程度存在较大差异，行业资本错配对不同地区企业进入退出可能存在不一样的影响效果。表7-7的回归结果显示，行业资本错配提高了各地区企业进入退出概率，并且行业资本错配对东部和中部地区企业进入退出的促进作用更为明显。具体地，资本错配每提高10%，东部、中部、西部地区企业进入概率便分别提高1.324%、1.494%和0.692%。对于企业有退出来说，行业资本错配能够显著促进东部、中部地区企业的退出，而对西部地区企业退出的影响不明显。总体来看，行业资本错配对企业进入退出的促进作用更易发生于市场机制相对完善的地区。西部地区经济相对落后，并且市场化改革程度较低、企业数量较少，而且资源密集型的国有企业在市场中有着主导地位，经济结构比较单一，许多企业能够依靠资本成本优势实现迅速成长并长期存活，导致市场缺乏活力，进而增加了行业资本错配改变企业进入退出规律的难度。

表7-7 资本错配与企业进入退出:地区异质性

变量	(1)	(2)	(3)	(4)	(5)	(6)
	企业进入	企业进入	企业进入	企业退出	企业退出	企业退出
	东部地区	中部地区	西部地区	东部地区	中部地区	西部地区
misk	0.1324*** (19.6800)	0.1494*** (18.7100)	0.0692*** (8.0900)	0.4301*** (6.8400)	0.1705* (1.9500)	-0.1107 (-1.4100)
ctrl	yes	yes	yes	yes	yes	yes
N	1207455	324408	229532	1056839	290337	201929
R^2	0.8625	0.7533	0.7071			

注：***、**、*分别表示统计值在1%、5%、10%的显著性水平下显著，括号内为*t*统计量。

(2)所有制异质性

中国经济的一个典型事实是,资本边际收益产品(MRPK)在不同所有制的公司之间存在显著差异(Dollar and Wei,2007,Song et al.,2011;Brandt et al.,2013),这种现象经常被视为资本配置政策扭曲的直接证据。也有研究直接指出,不同所有制企业的信贷歧视政策是中国资本错配的主要原因(Hsieh and Klenow,2009;Wu,2018;简泽等,2018)。那么,是否资本错配对企业进入退出存在所有制的差异?表7-8是行业资本错配对国有企业、民营企业和外资及港澳台企业进入退出的所有制异质性回归结果,结论得出资本错配显著提高了国有企业、民营企业和外资及港澳台企业的进入率;而且资本错配显著提高了民营企业和外资及港澳台企业的退出概率,但对国有企业的退出概率不存在显著影响。也就是说,资本错配对企业进入的影响不存在所有制异质性,但对企业退出的影响存在所有制异质性。综合来说,虽然资本错配提高了民营企业和外资及港澳台企业的进入,但是对民营企业和外资及港澳台企业退出的影响更大。反观国有企业,资本错配提高了国有企业的进入,但对国有企业的退出无显著影响,从数值上,资本错配对国有企业进入的影响也较低。可以理解为,国有企业的进入退出受资本错配的影响较低,尤其是国有企业的退出行为与资本错配无关。

表7-8 资本错配与企业进入:所有制异质性

变量	(1)	(2)	(3)	(4)	(5)	(6)
	企业进入	企业进入	企业进入	企业退出	企业退出	企业退出
	国有企业	民营企业	外资及港澳台企业	国有企业	民营企业	外资及港澳台企业
misk	0.0440*** (3.9500)	0.0892*** (15.7500)	0.1161*** (4.0800)	0.0700 (0.8900)	0.1970*** (3.9000)	0.6340*** (3.1000)
ctrl	yes	yes	yes	yes	yes	yes
N	151539	1354474	263560	165939	1163033	228062
R^2	0.5213	0.7933	0.6907			

注:***、**、*分别表示统计值在1%、5%、10%的显著性水平下显著,括号内为*t*统计量。

7.3.5 僵尸企业的调节效应分析

目前,妥善处置僵尸企业已成为中国经济亟待解决的问题。2018年12

月召开的中央经济会议强调,"要坚定不移地建设制造强国。要稳步推进企业优胜劣汰,加快处置'僵尸企业',制定退出实施办法"。企业生命周期理论认为,企业作为一个生命体,会经历从"出生"到"死亡"的生命周期过程。通过市场竞争,行业中低效率的企业退出,高效率的企业进入,持续的企业进入退出为行业发展注入新鲜"血液",提高行业的活力。僵尸企业代表了市场中企业进入退出机制的失灵,这些"死而不腐"的僵尸企业依赖外部资源的支撑而存活在市场中,挤占了市场中其他"健康"企业的生存资源(谭语嫣等,2017),扭曲了市场中企业的进入和退出行为。本部分主要研究资本错配与僵尸企业交互项对企业进入退出行为的影响。僵尸企业变量包括企业所在省份的僵尸化程度(*zompro*)、企业所在省份所在行业的僵尸化程度(*zomindself*)、企业所在省份其他行业的僵尸化程度(*zomindother*)、企业所在省份所在地级市的僵尸化程度(*zomcityself*)、企业所在省份其他地级市的僵尸化程度(*zomcityother*),并且本部分使用僵尸企业资产占总资产的比重表示僵尸化程度。对僵尸企业的识别,本部分主要根据过度借贷法,参考申广军(2016)、李旭超等(2018)的研究,认为某个企业如果满足以下三个条件,即把该企业识别为僵尸企业:条件一,资本负债率超过50%;条件二,资产负债率较上一年有所升高;条件三,实际利润为负,实际中实际利润使用息税前利润-营业外收入-补贴收入表示。此种僵尸企业的识别方法的经济意义在于,如果企业资产负债率较高且还款能力很弱,却还能获得源源不断的外部资金支持,这样的企业就被认定为僵尸企业。

(1)资本错配对企业进入的僵尸企业调节效应

本部分通过构建交互项,考察僵尸企业在行业资本错配对企业进入和企业退出影响中的调节效应。表7-9为行业资本错配对企业进入影响的僵尸企业调节效应,列(1)~列(5)分别是行业资本错配与本省份、本省份本行业、本省份其他行业、本省份本地级市、本省份其他地级市僵尸企业资产占比的交互项回归结果。可以发现,资本错配、僵尸企业占比、二者交互项的系数均通过1%下显著性水平,与企业进入率的关系分别为正向、负向、正向关系。首先,本部分考察僵尸企业占比对企业进入影响的总效应。为此,把企业进入率对僵尸企业占比变量求一阶偏导($\frac{\partial enter}{\partial zombie}$),并把资本错配的均值0.1134代入,得到各项僵尸企业占比对企业进入率影响的总效应,分

别为 -0.6386、-0.1239、-0.6099、-0.0950、-0.5824,说明僵尸企业抑制了企业进入。其次,考察资本错配与僵尸企业占比交互项,列(1)~列(5)的交互项均显著为正,说明资本错配对企业进入的影响和僵尸企业对企业进入的影响有着互相促进的作用,意味着资本错配变量中配置给僵尸企业的那一部分资本提高了企业进入,暗含这部分资本提高了僵尸企业的进入。对比各列的回归系数,僵尸企业不仅对本行业和本地级市的企业进入有抑制作用,还对其他行业和其他地级市的企业进入有跨行业和跨地区的抑制作用。在位的僵尸企业消耗着大量的要素资源,使本来就稀缺的资本资源更加稀缺。当行业存在资本错配时,一方面,僵尸化程度的加剧会使行业的资本要素资源的配置更加不合理,严重阻碍新企业的进入。另一方面,由于僵尸企业靠外部"输血"存活在市场上,资本错配会导致部分僵尸企业更易获得低成本的资本,提高了这部分僵尸企业的进入。

表7-9　资本错配对企业进入影响的僵尸企业调节效应

变量	(1)	(2)	(3)	(4)	(5)
misk×zompro	0.6899*** (15.8300)				
misk×zomindself		0.1021*** (5.9500)			
misk×zomindother			0.9428*** (22.8700)		
misk×zomcityself				0.0669*** (3.2200)	
misk×zomcityother					0.8098*** (14.9300)
misk	0.0355*** (6.3800)	0.0964*** (25.3100)	0.0060 (1.2400)	0.0822*** (17.7700)	0.0271*** (4.2000)
zompro	-0.7168*** (-107.7500)				
zomindself		-0.1355*** (-47.3200)			
zomindother			-0.7168*** (-116.5300)		

续表

变量	(1)	(2)	(3)	(4)	(5)
zomcityself				-0.1026*** (-35.6400)	
zomcityother					-0.6742*** (-79.3300)
ctrl	yes	yes	yes	yes	yes
N	1761395	1742264	1742264	1758712	1567285
R^2	0.8070	0.8109	0.8146	0.8019	0.8109

注：***、**、*分别表示统计值在1%、5%、10%的显著性水平下显著，括号内为 t 统计量。

(2)资本错配对企业退出的僵尸企业调节效应

为了研究僵尸企业在行业资本错配对企业退出影响中的调节效应，本部分通过构建交互项进行探讨。表7-10为全部的回归结果，列(1)~列(5)分别是行业资本错配与本省份僵尸化程度、本省份本行业僵尸化程度、本省份其他行业僵尸化程度、本省份本地级市僵尸化程度、本省份其他地级市僵尸化程度交互项的回归结果。由表7-10可知，资本错配和僵尸企业的系数均在1%的显著性水平下为正，二者交互项则显著为负。首先，本部分分析僵尸企业对企业退出概率的总效应，把企业退出对僵尸企业变量求一阶偏导($\frac{\partial exit}{\partial zombie}$)，并把资本错配的均值0.1134代入，得到各项僵尸企业占比对企业退出概率影响的总效应，分别为0.5658、0.0623、0.5426、0.2531、0.6947，说明僵尸企业的存在提高了企业退出概率。其次，分析资本错配与僵尸企业的交互项，列(1)~列(5)中交互项系数均显著为负，说明资本错配对企业退出的影响与僵尸企业对企业退出的影响有着互相削弱的作用，意味着资本错配变量作用于僵尸企业的部分降低了僵尸企业的退出概率，资本错配导致僵尸企业继续存活在市场中。列(3)和列(5)的结果显示，随着其他行业(其他地级市)僵尸化程度的提高，即其他行业(其他地级市)越“不健康”，行业资本错配对行业内企业退出的影响越小，因为其他行业僵尸化程度的加剧，会变相提高本行业企业的竞争力。僵尸企业不仅影响着所在行业和所在地区的企业退出行为，也产生着跨行业和跨地区的影响。

表 7-10　资本错配对企业退出影响的僵尸企业调节效应

变量	(1)	(2)	(3)	(4)	(5)
misk × zompro	-6.2491*** (-12.4800)				
misk × zomindself		-0.3498* (-1.9400)			
misk × zomindother			-7.2172*** (-13.5100)		
misk × zomcityself				-2.2422*** (-9.0500)	
misk × zomcityother					-5.0753*** (-8.8700)
misk	0.8032*** (12.5700)	0.4123*** (7.3000)	1.0490*** (14.7500)	0.4633*** (9.1100)	0.7513*** (10.8700)
zompro	1.2744*** (14.6300)				
zomindself		0.1020*** (2.9600)			
zomindother			1.3610*** (15.3100)		
zomcityself				0.5074*** (13.1000)	
zomcityother					1.2702*** (13.7700)
ctrl	yes	yes	yes	yes	yes
N	1439382	1422080	1422080	1436817	1274840

注：***、**、*分别表示统计值在1%、5%、10%的显著性水平下显著，括号内为 t 统计量。

7.4 进一步研究：资本错配与企业进入退出扭曲的实证研究

在有效的市场机制下，企业更替是经济生产率增长的重要动力来源，生产率较高企业的进入、生产率较低企业的退出，为经济持续增长提供长久支持（张维迎等，2003；吴利学等，2016）。前文的初步研究发现，行业资本错配程度的提高显著提升了企业的进入退出率。那么，资本错配通过研究加速企业进入退出率的方式，是否有利于市场竞争和“优胜劣汰”呢？本书通过研究企业进入退出行为与企业生产率的关系，间接检验资本错配对企业进入退出的加速效应是否有利于市场竞争和“优胜劣汰”机制。

7.4.1 整体回归结果

本书进一步研究了行业资本错配与企业进入退出扭曲的关系，回归结果如表7-11所示。可以发现，整体上，资本错配与企业进入扭曲呈显著的正相关关系，与企业退出扭曲表现为显著的负相关关系，说明行业内跨企业的资本错配会提高低生产率企业的进入并抑制高生产率企业的进入；同时，促进低生产率企业的退出并抑制高生产率企业的退出。资本错配意味着各个企业生产率与市场出清时的资本使用成本存在不同程度的偏离。其中，低生产率企业获得了较低的资本资源，随着资本错配的提高，其竞争优势更加明显，企业更容易进入，造成企业的进入扭曲。而对于在位企业来说，创新能力及生产效率是这类企业能否进一步做大做强的关键。当行业内资本错配加剧时，一方面，资本使用成本低的企业其资本使用成本会进一步降低，使这部分低效率的企业更加缺乏改善自身低效管理理念的动力，会更加依赖低成本的资本投入，然而低成本的资本不可能无限期地进行投入，企业缺乏持续竞争的能力会快速衰退，最终加快了这部分低效率企业的退出；另一方面，资本使用成本高的高效率企业，面对更加恶劣的融资环境，为了企业生存，会学习借鉴先进管理经验，也可能重视研发活动，还可以使用低成本的劳动力资源来替代高成本的资本资源，想尽一切办法，努力提高企业的生产率，促使企业生存下去。上述两个方面的合力在总体上表现为资本错配缓解了企业退出扭曲。以上结果说明，低效率的企业虽然能够依靠资本成本优势进入市场，但是这一优势无法保证在位企业的持续成长；行业发展不仅需要充足的资本要素投入，更要注重资本配置的合理性，只有这样才能够最终形成“优胜劣汰”的市场竞争环境。

表 7－11　资本错配与企业进入退出扭曲

变量	(1)	(2)	(3)	(4)
	企业进入扭曲	企业进入扭曲	企业退出扭曲	企业退出扭曲
misk	0.0650** (2.0400)	0.0743** (2.3300)	－0.0475** (－2.1500)	－0.0745* (－1.8100)
ctrl	yes	yes	yes	yes
N	539136	539136	276676	276676
R^2	0.4932	0.4938	0.4018	0.4027

注：＊＊＊、＊＊、＊分别表示统计值在1%、5%、10%的显著性水平下显著，括号内为 t 统计量。

7.4.2　异质性回归结果

(1)区域异质性

表7－12是不同区域行业资本错配与企业进入退出扭曲的计量结果。本书发现，资本错配的加剧造成了中部地区和西部地区更严重的企业进入扭曲，而东部地区企业进入扭曲不受影响。具体地，资本错配每提高10%，中部地区、西部地区企业进入扭曲程度便分别增加0.156%和1.416%，东部地区分样本的回归系数则不显著。在考察企业退出扭曲时，东部地区、西部地区资本错配的回归系数显著为负，而中部地区分样本的回归系数不显著，说明资本错配降低了东部地区和西部地区企业的退出扭曲程度。整体上，行业资本错配的加剧对西部地区企业进入退出扭曲的影响更加显著。西部地区市场竞争机制相对落后，政府对银行体系的干预使资本要素配置偏离了企业生产率分布，使较多低效率企业获得了大量的资本支持。在资本错配加剧的条件下，企业资本扭曲离散程度的扩张表明企业间资本使用成本的差距进一步拉大。低生产率的企业资本使用成本降低并实现快速发展，表现为企业进入扭曲的恶化。但是，对于已经成长起来的低效率企业，由于缺乏先进的经营理念和生产技术，企业迅速衰退。

表 7 - 12 资本错配与企业进入退出扭曲:地区异质性

变量	(1)	(2)	(3)	(4)	(5)	(6)
	进入扭曲	进入扭曲	进入扭曲	退出扭曲	退出扭曲	退出扭曲
	东部地区	中部地区	西部地区	东部地区	中部地区	西部地区
misk	-0.0237 (-0.4600)	0.0156 ** (2.2400)	0.1416 ** (2.5000)	-0.0445 ** (-2.4300)	0.0990 (1.1800)	-0.2033 *** (-2.8100)
ctrl	yes	yes	yes	yes	yes	yes
N	361264	105574	72298	176904	62085	37687
R^2	0.5183	0.4599	0.4524	0.4264	0.3652	0.3755

注:* * *、* *、* 分别表示统计值在 1%、5%、10% 的显著性水平下显著,括号内为 *t* 统计量。

(2)企业所有制异质性

表 7 - 13 为资本错配对不同所有制企业进入退出扭曲的回归结果。可以发现,资本错配对企业进入退出扭曲的影响存在明显的所有制异质性。资本错配的加剧显著激化了国有企业和外资及港澳台企业的进入扭曲,对民营企业的进入扭曲无显著影响。在数值上,行业的资本错配每提高 1 个单位,行业内国有企业和外资及港澳台企业的进入扭曲便分别提高 0.2379 个和 0.4522 个单位。对于企业退出而言,资本错配的加剧会促进低效率国有企业退出概率的上升、高效率国有企业退出概率的下降,从而降低国有企业的退出扭曲;然而,资本错配程度的提高又会提高高效率民营企业的退出概率,导致民营企业退出扭曲上升;资本错配对外资及港澳台企业退出扭曲无显著影响。在数值上,行业的资本错配每提高 1 个单位,行业内国有企业的退出扭曲会下降 0.4492 个单位,民营企业的退出扭曲会上升 0.0924 个单位。

在市场化改革的转型期,信贷配给偏向使国有企业能够得到低使用成本的资本资源,导致一些生产率较低的国有企业也能够进入市场,造成国有企业的进入扭曲。对于已经进入市场的国有企业,低资本成本优势会诱发其"不思进取",致使低资本使用成本难以发挥长久的支持作用,导致低效率国有企业最终被市场淘汰。类似国有企业的进入扭曲,外资及港澳台企业也受到偏向性资本优惠政策,导致低效率的外资及港澳台企业进入,外资及港澳台企业形成进入扭曲。对比回归系数,低效率外资及港澳台企业受到的偏向性资本优惠政策可能比国有企业受到的偏向性资本优惠政策更大,值得引起政策制定者的警惕。与国有企业和外资及港澳台企业的境况不同,民营企业普遍需要一定的生产率优势才能进入市场,资本错配对民营企业进入扭曲的影响不显著。但是,在位的民营企业依然处于信贷市场的弱势地位,难以获得足够的资本满足高效率企业发展先进技术、进一步扩大生产的需求,资本错配的加剧,迫使高效率的民营企业离开市场,导致民营企业的退出扭曲。而对于外资及港澳台企业来说,资本错配的加剧未影响其经营,说明外资及港澳台企业的资本来源主要依赖内部融资,对投资资本的依赖程度较低。

表7-13　资本错配与企业进入扭曲:所有制异质性

变量	(1)	(2)	(3)	(4)	(5)	(6)
	进入扭曲	进入扭曲	进入扭曲	退出扭曲	退出扭曲	退出扭曲
	国有企业	民营企业	外资及港澳台企业	国有企业	民营企业	外资及港澳台企业
misk	0.2379*** (3.3000)	0.0183 (0.5000)	0.4522*** (3.3600)	-0.4492*** (-7.7200)	0.0924* (1.9100)	-0.2486 (-1.2800)
ctrl	yes	yes	yes	yes	yes	yes
N	33484	441858	65820	32463	218108	27206
R^2	0.3863	0.5002	0.5560	0.3473	0.4071	0.4758

注:***、**、*分别表示统计值在1%、5%、10%的显著性水平下显著,括号内为t统计量。

7.4.3　僵尸企业的调节效应

上文研究表明,僵尸企业存在着资本错配和企业进入退出关系的调节效应。那么,僵尸企业对资本错配与企业进入退出扭曲的调节效应如何呢?

(1)资本错配对企业进入扭曲的僵尸企业调节效应

表7-14给出了僵尸企业与资本错配交互项对企业进入扭曲影响的实证结果。列(1)~列(5)分别是本省份、本省份本行业、本省份其他行业、本省份本地级市、本省份其他地级市僵尸化程度的交互项结果。

首先,本部分考察僵尸企业对企业进入扭曲的总效应,将企业进入扭曲变量对僵尸企业变量求一阶偏导($\frac{\partial enterdist}{\partial zombie}$),并把资本错配的均值0.1134

代入,得到各僵尸企业占比对企业进入扭曲影响的总效应系数,分别为 -0.2298、-0.1289、-0.1158、-0.1871、-0.0955,表明僵尸企业会降低企业进入扭曲,僵尸企业比例越高、企业进入扭曲程度越低。非市场的制度性因素致使企业演化成僵尸企业,银行向僵尸企业输送了大量资金,使其长期存在并形成市场势力,阻碍其他企业的进入和发展。回归结论启示,僵尸企业的存在,占用了市场的生产资源、拥有在位市场的力量,使市场对新进入企业设置了更高的进入门槛,导致新企业更难进入市场;使新进入企业必须具备更高的生产效率、更强的竞争力,才能够突破在位僵尸企业设置的进入壁垒。因此,僵尸企业通过"筛选效应"提高了新进入企业的生产率标准。

其次,资本错配与僵尸企业占比的交互项系数为负。除表 7-14 的列(2)以外,其余系数均在 1% 水平下显著,僵尸企业减弱了资本错配对企业进入扭曲的提高效果,实证结果看似对行业发展有利,实则降低了行业这一开放系统与外界环境交互的频率,最终会造成进入企业与在位企业生产效率的两极分化,不利于行业的整体成长。与前文类似,僵尸企业问题不仅会影响本行业和本地级市,也存在跨行业和跨地级市的负向影响。

表 7-14 资本错配与企业进入扭曲:僵尸企业的调节效应

变量	(1)	(2)	(3)	(4)	(5)
misk × zompro	-1.1387*** (-3.1500)				
misk × zomindself		-0.1742 (-1.4000)			
misk × zomindother			-0.9184*** (-2.6100)		
misk × zomcityself				-1.0873*** (-5.0900)	
misk × zomcityother					-1.9405*** (-5.2000)
misk	0.1728*** (3.9000)	0.1756*** (4.9500)	0.2093*** (4.7500)	0.1846*** (4.7600)	0.2931*** (6.7300)
zompro	-0.1007* (-1.8300)				

续表

变量	(1)	(2)	(3)	(4)	(5)
zomindself		-0.1091*** (-5.2500)			
zomindother			-0.0117 (-0.2200)		
zomcityself				-0.0638*** (-4.9100)	
zomcityother					0.1246** (2.4200)
ctrl	yes	yes	yes	yes	yes
N	539136	531149	531149	537523	487635
R^2	0.4939	0.4968	0.4966	0.4942	0.4999

注:①本书把上述交互项进行了中心化处理。②***、**、*分别表示统计值在1%、5%、10%的显著性水平下显著,括号内为 t 统计量。

(2)资本错配对企业退出扭曲的僵尸企业调节效应

表7-15相应地考察了行业资本错配与僵尸企业交互项对企业退出扭曲的影响。列(1)~列(5)分别为行业资本错配与本省份、本行业、其他行业、本地级市和其他地级市僵尸企业资产占比的交互项结果。由表7-15可知,与基准回归相同,行业资本错配与企业退出扭曲呈负相关关系。接下来,本书主要分析僵尸企业对退出扭曲影响的总效应,以及资本错配与僵尸企业的交互项。

首先,将企业退出扭曲对僵尸企业求一阶偏导,并把资本错配的均值0.1134代入,得到僵尸企业对企业退出扭曲的总效应系数分别为0.0834、0.1411、-0.0026、0.1410、-0.0323。本省份僵尸企业占比提高了企业的退出扭曲,即僵尸企业的存在提高了高生产率企业的退出风险。类似地,本行业(本地级市)的僵尸企业占比也提高了本行业(本地级市)企业的退出扭曲;而其他行业(其他地级市)的僵尸企业占比则显著降低了本行业(本地级市)企业的退出扭曲。

其次,除资本错配与本行业僵尸企业交互项系数在统计上不显著以外,其余交互项系数均显著为正,表明资本错配对企业退出扭曲的影响与僵尸企业对企业退出扭曲的影响存在互相促进的作用;可以理解为僵尸企业强化了资本错配对企业退出扭曲的正向影响,资本错配作用于僵尸企业的部分越多,僵尸企业对正常企业的“挤出效应”越明显。顾名思义,僵尸企业的最大特点就是“僵而不死”,最应该退出市场的僵尸企业“霸占”着行业的生产资源,依赖政策的“输血”存活,其存在就表明市场退出机制的失灵。交互项表明行业资本错配与僵尸化程度形成“螺旋式恶化”,即行业的资本错配的提高会使资本使用成本低的资本资源以“输血”形式更多地流向僵尸企业,持续其存活,使行业或地区的僵尸化程度更加严重;当行业或地区企业僵尸化程度更高时,如果不能妥善处置,僵尸企业会需要更多的低成本资本“输血”,使资本错配更加严重。总之,僵尸企业挤占了正常企业的融资渠道,提高了正常企业的资本使用成本,减少了企业获取的利润,使企业投资意愿下降,导致企业出现与生产率不相符合的非正常退出行为。僵尸企业调节了资本错配对企业退出扭曲的影响,并且在本行业、其他行业、本地级市和其他地级市均显著有效。

表 7-15 资本错配与企业退出扭曲:僵尸企业的调节效应

变量	(1)	(2)	(3)	(4)	(5)
misk × zompro	1.2960*** (2.9500)				
misk × zomindself		-0.0848 (-0.6200)			
misk × zomindother			1.4371*** (3.0200)		
misk × zomcityself				1.0291*** (3.7100)	
misk × zomcityother					1.1728*** (2.5900)
misk	-0.2469*** (-4.1900)	-0.1676*** (-3.2600)	-0.2791*** (-4.4800)	-0.2312*** (-4.4900)	-0.2761*** (-4.4300)
zompro	-0.0636 (-0.9200)				
zomindself		0.1507*** (6.0700)			

续表

变量	(1)	(2)	(3)	(4)	(5)
zomindother			-0.1656** (-2.3300)		
zomcityself				0.0243 (1.3900)	
zomcityother					-0.1653** (-2.5600)
ctrl	yes	yes	yes	yes	yes
N	255623	251633	251633	254820	230129
R^2	0.4033	0.4047	0.4045	0.4033	0.4077

注:①本书把上述交互项进行了中心化处理。②***、**、*分别表示统计值在1%、5%、10%的显著性水平下显著,括号内为 t 统计量。

7.4.4 政府补贴和企业税负的传导效应

政府干预对企业进入退出有着重要影响,那么,行业的资本错配是否通过政府补贴和企业税负两个重要的政府干预手段扭曲了企业的进入退出呢?表7-16是资本错配与企业进入退出扭曲的政府补贴和企业税负的传导效应。由列(1)和列(2)可知,行业的资本错配提高了企业获得政府补贴的概率,企业获得政府补贴提高了企业的进入扭曲,表明行业的资本错配对企业进入扭曲存在政府补贴的中介效应。行业的资本错配不仅对企业进入扭曲有直接的作用,也存在政府补贴的间接影响作用,即政府补贴有部分中介效应。由列(3)可知,政府补贴降低了企业的退出扭曲,即企业如果获得政府补贴,那么就会降低高效率企业退出市场,说明企业建立与政府的联系,有助于效率高的企业存活。这暗含了中国工业企业的生存环境存在问题。由列(4)和列(5)可以发现,行业的资本错配降低了行业内企业的平均税负,而企业税负的提高对企业的进入扭曲有抑制作用。企业税负是企业经营的成本,企业税负的提高起到了筛选作用,使企业需要有更高的效率才能进入市场。中介效应表明,行业的资本错配通过降低企业税负,提高企业的进入扭曲,企业税负对企业进入有部分中介效应。列(6)的回归结果表明,企业税负降低了企业的退出扭曲,企业税负提高了低效率企业的退出概率,企业税负对企业退出扭曲也表现出部分中介效应。

表 7-16 资本错配与企业进入退出扭曲：政府补贴和企业税负的传导效应

变量	(1)	(2)	(3)	(4)	(5)	(6)
	政府补贴	进入扭曲	退出扭曲	企业税负	进入扭曲	退出扭曲
misk	0.6511*** (14.5000)	0.0677** (2.1200)	-0.0706* (-1.7200)	-0.0765*** (-18.3000)	0.0802** (2.4700)	-0.0923** (-2.2300)
issubsidy		0.0693*** (28.1800)	-0.0703*** (-20.3800)			
tax					-0.0124*** (-3.0700)	-0.0547*** (-8.8400)
ctrl	yes	yes	yes	yes	yes	yes
N	1871104	539136	276676	1832812	526388	268525
R^2		0.4948	0.4038	0.0686	0.4959	0.4055

注：***、**、*分别表示统计值在1%、5%、10%的显著性水平下显著，括号内为 t 统计量。

7.5 本章小结

企业进入退出是市场经济的基本特征，对市场发挥“优胜劣汰”有着关键作用。本书从中国金融改革滞后导致中国式政策扭曲所引发资本错配的视角，研究中国普遍存在的资本错配对企业进入退出基本问题的影响。在构建多部门模型，从理论上分析资本错配对企业进入退出的影响后，本章利用中国工业企业数据库的微观企业数据，实证检验了行业的资本错配对企业进入退出的影响。研究发现：①资本错配显著提高了企业进入概率和企业退出概率，所有制异质性分析得出，资本错配提高了国有企业、民营企业和外资及港澳台企业的进入概率，同时提高了民营企业和外资及港澳台企业的退出概率，对国有企业的退出行为无显著影响，并且资本错配对民营企业和外资及港澳台企业退出概率的影响更大。②总体上，僵尸企业抑制了企业进入，却提高了企业退出；交互项结果显示，资本错配通过僵尸企业的调节效应，提高企业进入，降低企业退出。③以进入退出企业的生产率与在位企业平均生产率的偏离度作为度量企业进入退出扭曲的方法，本章进一步研究资本错配与企业进入退出扭曲的关系，研究发现，行业资本错配提高了企业进入扭曲，但降低了企业退出扭曲。④僵尸企业通过“筛选效应”提高了新进入企业的生产率标准,降低了企业进入扭曲,并且僵尸企业减弱了资本错配对企业进入扭曲的提高。本省份、本行业、本地级市的僵尸企业占比提高了高生产率企业的退出风险,而其他行业、其他地级市的僵尸企业占比降低了企业的退出扭曲;并且僵尸企业强化了资本错配对企业退出扭曲的正向影响,资本错配作用于僵尸企业的部分越多,僵尸企业对正常企业的"挤出效应"越明显。⑤补贴和税负的中介效应研究表明,资本错配通过提高企业的补贴概率,提高了企业的进入扭曲,但降低了企业的退出扭曲;通过降低企业的税负,进一步提高了企业的进入扭曲,但降低了企业的退出扭曲。

结论启示:首先,资本错配不仅会带来中国经济加总全要素生产率的损失[①],还会扭曲市场经济中企业的进入退出行为。虽然表面上,以政府干预为主要特征的"中国式资本错配"[②]会提高企业进入退出率,加速市场中企业的动态更替,但是实质上,政府对资本资源的配置干预又会干扰市场正常运行,带来市场扭曲,不利于经济高质量发展。其次,从所有制角度来看,民营企业在资本错配的环境中"受伤最深",外资及港澳台企业和国有企业从中"获利",国有企业"受益最大"。但是,深层次地,在面对低资本使用成本的有利资本错配时,国有企业会失去自我革新的动力,不利于国有企业的长远发展;政府的"父爱主义"实质上不利于国有企业的健康成长。最后,本书从影响企业进入退出的角度启示,政府应尽快妥善处置僵尸企业;推动中国金融领域的改革,使市场在资源配置中起决定性作用,对提高企业供给质量有重要作用。

① Hsieh 和 Klenow(2009)发现,中国因资源错配造成 30% ~50% 的加总生产率损失;Song 和 Wu(2015)估计出单是资本错配导致中国的加总 TFP 至少损失 20%。

② 需要说明的是,发达国家也存在资本错配,其主要由金融摩擦引起。与发达国家不同,中国的资本错配则主要归因于政策扭曲。有关中国资本错配成因的研究众多,典型的文献请参考 Wu(2018)。

8 主要结论与研究展望

8.1 主要结论

中国经济正处在从经济增长数量向经济发展质量的转变期，深入推进供给侧结构性改革对实现中国经济的高质量发展有重要作用。供给侧结构性改革的根本目的是提高社会整体生产率水平，企业作为供给端的基础微观个体，因此解决资本和金融市场结构性扭曲，扫除企业在制度和体制上面临的金融市场的制度性歧视，进一步推动金融供给侧结构性改革，增强金融部门对实体经济部门的服务作用是当前供给侧结构性改革的主要目标（刘伟，2016）。目前，中国资本市场的市场化改革严重滞后，资本错配问题已成为制约中国经济高质量发展的关键问题（简泽等，2018）。资本错配引发的加总全要素生产率损失问题，以及资本错配的形成因素分析已受到学术界的广泛关注（Hsieh and Klenow，2009；Song and Wu，2015；Dai and Cheng，2018）。综观现有文献，尚且缺乏资本错配对实体经济中微观企业行为的影响研究。资本错配对实体企业有着什么样的负面影响呢？弄清楚这些基本问题，对准确实施金融供给侧结构性改革至关重要。本书在 Hsieh 和 Klenow（2009）异质性企业垄断竞争模型讨论资源错配的理论框架基础上，重点研究资本错配现状，并基于测算结果利用中国工业企业的微观数据，实证研究资本错配对产能行为、规模行为、出口行为、进入退出行为等企业行为的动态影响，并得出以下五点结论：

第一，从国民经济分类的一位数行业来看，采矿业的资本错配程度最高，电力、燃气及水的生产和供应业的资本错配程度次之；制造业的资本错配程度最低。从国民经济分类的两位数行业来看，中国的资本错配程度基本上表现为市场竞争程度高的行业的资本错配程度低，市场竞争程度低的行业的资本错配程度高，二者呈现负相关关系。

第二，资本错配对企业产能利用率有显著负向影响。资本错配降低了高生产率企业的产能利用率，而提高了低生产率企业的产能利用率。进一步地，资本错配显著地降低了正常企业的产能利用率，却显著提高了僵尸企业的产能利用率。机制研究表明，资本错配通过僵尸企业的政府补贴渠道提高了企业的产能利用率；但是，资本错配对僵尸企业的企业税负没有显著影响。在使用企业增值税税率、主营业务税率、管理税金，以及使用企业应交税与主营业务收入的比值、企业应交税占企业工业增加值的比重作为企业综合税负的不同衡量方式，进行的计量回归中，本书均发现，资本错配对企业各项税负和综合税负的影响都不显著，说明行业的资本错配对僵尸企业产能利用率的影响不存在企业税负的中介效应。

第三，资本错配显著扩大了行业内的企业规模。相比较而言，资本错配对国有企业的企业规模扩大作用更加明显，对民营企业的扩大作用最弱。进一步地，本书把大企业低生产率与小企业高生产率视作企业规模扭曲，考察行业资本错配对企业规模扭曲的影响。研究得出，资本错配的加剧显著提高了企业规模扭曲的发生概率。有关探讨资本错配对企业规模扭曲的僵尸企业调节效应结果表明，僵尸企业占比越多，资本错配对该行业内大企业规模扭曲的发生概率就越大，即僵尸化程度的加剧让资本更多地错配给了行业内规模较大但效率较低的企业，并且僵尸企业在一定程度上放大了资本错配对高效率小企业成长的抑制作用，使行业内效率高的企业规模偏小。

第四，资本错配对企业出口行为有显著的促进作用。所有制异质性得出，资本错配的加剧对外资及港澳台企业的出口概率存在显著的正向作用，对民营企业的出口决策有抑制作用，对国有企业的出口决策影响不显著。进一步地，资本错配导致了中国工业企业的出口扭曲程度的加剧。本书的政府补贴和企业税负的中介效应得出，资本错配通过提高企业的政府补贴，进而提高了企业的出口扭曲程度，存在政府补贴的部分中介效应。行业的资本错配通过降低企业的平均税负，进而提高了企业的出口扭曲，存在企业税负的部分中介效应。

第五，资本错配显著提高了企业进入概率和企业退出概率。本书的所有制异质性得出，资本错配提高了国有企业、民营企业和外资及港澳台企业的进入概率,同时提高了外资及港澳台企业和民营企业的退出概率,而对国有企业的退出概率没有统计上的显著影响。对比而言,民营企业和外资及港澳台企业的退出概率受资本错配的影响更大。整体上,僵尸企业抑制了企业进入率,却对企业退出的概率有积极作用。资本错配与僵尸企业的交互项结果表明,资本错配通过僵尸企业的调节作用,提高了企业进入,降低了企业退出。以进入退出企业的生产率与在位企业平均生产率的偏离度作为度量企业进入退出扭曲的方法,本书进一步研究资本错配与企业进入退出扭曲的关系,研究发现,行业资本错配提高了企业进入扭曲,但降低了企业退出扭曲。僵尸企业通过"筛选效应"提高了新进入企业的生产率标准,降低了企业进入扭曲,并且僵尸企业也减弱了资本错配对企业进入扭曲的提高。本省份、本行业、本地级市的僵尸企业占比提高了高生产率企业的退出风险,而其他行业、其他地级市的僵尸企业占比降低了企业的退出扭曲;并且僵尸企业强化了资本错配对企业退出扭曲的正向影响,资本错配作用于僵尸企业的部分越多,僵尸企业对正常企业的"挤出效应"越明显。政府补贴和税负的中介效应研究表明,资本错配通过提高企业的补贴概率,提高了企业的进入扭曲,但降低了企业的退出扭曲;降低企业的税负,进一步提高了企业的进入扭曲,但降低了企业的退出扭曲。

8.2 不足之处与研究展望

中国金融部门改革滞后,使工业企业各行业均存在严重的资本错配现象。深入推进金融供给侧结构性改革、增强金融部门对实体经济部门服务能力的前提,就是要全面掌握资本错配对中国工业企业行为的影响与影响机制。本书根据 Hsieh 和 Klenow(2009)发展的异质性企业垄断竞争模型,准确测算了中国工业企业间的资本错配。基于测算结果,本书实证分析资本错配对企业产能、企业规模、企业出口、企业进入退出的影响。虽然本书的实证研究比较翔实、充分、合理,在一定程度上丰富了资本错配与企业行为的理论与经验研究,但是本书仍然存在一些不足。

第一,由于数据的局限性,本书仅能讨论资本错配对企业行为的整体影响,无法关注二者的动态演化,尤其缺乏"经济新常态"以后的演变现状。虽然中国工业企业数据库是现存包含中国工业企业最全面的微观企业级数据，但是由于其更新的缓慢性（目前数据库的时间跨度为1998—2013年），本书只能从整体上讨论资本错配对企业行为的影响，无法关注二者的动态性特征，尤其缺乏“经济新常态”后的新特征。

第二，应该进一步挖掘资本错配的工具变量。内生性问题是影响实证研究结论的重要问题。为了解决实证研究可能存在的反向因果问题，本书在实证研究中，利用含有工具变量的两阶段最小二乘法进行内生性问题检验。对于具体工具变量的选择，本书利用行业资本错配的滞后一期以及剔除本企业数据的其他企业所得的资本错配的两个指标作为资本错配的工具变量。虽然实证结论通过了识别不足检验和弱工具变量检验，但是本书工具变量的选择仍稍显乏力。

第三，资本错配对中国工业企业的影响，除本书研究的企业产能、企业规模、企业出口和企业进入退出以外，还包括很多内容，例如，企业创新行为、企业投资行为、企业员工收入、企业利润分配等。明显地，对这些问题的研究可以进一步丰富资本错配对企业的影响研究，有助于深化对资本错配与工业企业的微观影响认识，同时能够更全面地认识中国的资本错配问题。

基于对本书不足之处的分析，未来研究展望包括三个方面：首先，在使用中国工业企业数据库研究资本错配对中国工业企业的微观影响的同时，是否可以使用中国上市公司数据对资本错配问题进行进一步的讨论？上市公司的微观数据为资本错配问题的研究提供了更广阔的空间。例如，企业IOP是否存在着错配现象？其次，深入挖掘资本错配的工具变量，使实证部分更具说服力。内生性问题是实证研究中重要的问题之一，处理不好内生性问题，实证研究结论的准确性会大打折扣。最后，在本书的研究基础上，继续深入推进资本错配与微观企业行为的相关研究，可以把企业行为拓展至企业投资行为、企业创新行为、企业员工行为、企业利润分配、企业组织行为等并将其纳入研究框架。

参考文献

[1]ABOR J Y , AGBLOYOR E K , KUIPO R. Bank finance and export activities of small and medium enterprises[J]. Review of Development Finance, 2014, 4(2): 97-103.

[2]ABOR J, BIEKPE N. How are SMEs financed? Evidence from the ghanaian Nontraditional export sector[J]. Environment and Planning C: Government and Policy, 2006, 24(1): 71-81.

[3]ACEMOGLU D, JOHNSON S, ROBINSON J, THAICHAROEN Y. Institutional causes, macroeconomic symptoms: Volatility, crises and growth[J]. Journal of Monetary Economics, 2003, 50(1): 49-123.

[4]ACKERBERG D A, CAVES K, FRAZER G. Identification properties of recent production function estimators[J]. Econometrica, 2015, 83(6): 2411-2451.

[5]AGHION P, BLUNDELL R, GRIFFITH R, HOWITT P, PRANTL S. The effects of entry on incumbent innovation and productivity[J]. Review of Economics & Statistics, 2009, 91(1): 20-32.

[6]AIDIS R, ADACHI Y. Russia: Firm entry and survival barriers[J]. Economic Systems, 2007, 31(4): 391-411.

[7]AIDIS R, ESTRIN S, MICKIEWICZ T. Institutions and entrepreneurship development in Russia: A comparative perspective[J]. Journal of Business Venturing, 2008, 23(6): 656-672.

[8]AKCIGIT U, KERR W R. Growth through heterogeneous innovations[J]. Journal of Political Economy, 2018, 126(4): 1374-1443.

[9]AHEARNE A G, SHINADA N. Zombie firms and economic stagnation in japan[J]. International Economics and Economic Policy, 2005, 2(4): 363-381.

[10]ALLEN F, QIAN J, QIAN M. Law, finance, and economic growth in china[J]. Journal of Financial Economics, 2005, 77(1): 57 - 116.

[11]ALMEIDA H, WOLFENZON D. Should business groups be dismantled? The equilibrium costs of efficient internal capital markets[J]. Journal of Financial Economics, 2006, 79(1): 99 - 144.

[12]AMICI M, GIACOMELLI S, MANARESI F, et al. Red tape reduction and firm entry: New evidence from an Italian reform[J]. Economics Letters, 2016(146): 24 - 27.

[13]ANDERSON M C, BANKER R D, JANAKIRAMAN S N. Are selling, general, and administrative costs "sticky"[J]. Journal of Accounting Research, 2003, 41(1):47 - 63.

[14]ANGELINI P, GENERALE A. On the evolution of firm size distributions[J]. American Economic Review, 2008, 98(1): 426 - 438.

[15]ANTONELLI C, CRESPI F, SCELLATO G. Productivity growth persistence: Firm strategies, size and system properties[J]. Small Business Economics, 2015, 45(1): 129 - 147.

[16]ARFA C, LELEU H, GOAIED M. Measuring the capacity utilization of public district hospitals in tunisia: Using dual data envelopment analysis approach[J]. International Journal of Health Policy and Management, 2017, 6(1): 9 - 18.

[17]ARTHUR - AIDOO B M, AIGBAVBOA C O, THWALA W D. Attitudes of owners which impedes firm's growth: A case of small and medium - sized construction firms in ghana[J]. Procedia Engineering, 2016(164):230 - 234.

[18]ASKENAZY P, CALDERA A, GAULIER G, et al. Financial constraints and foreign market entries or exits: Firm - level evidence from france[J]. Review of World Economics, 2015, 151(2):231 - 253.

[19]AUERNHEIMER L, TRUPKIN D R. The role of inventories and capacity utilization as shock absorbers[J]. Review of Economic Dynamics, 2014, 17(1): 70 - 85.

[20]AW B Y , ROBERTS M J, Xu D Y. R&D Investment, exporting, and productivity dynamics[J]. American Economic Review, 2011, 101(4):1312 - 1344.

[21]AZAR G, CIABUSCHI F. Organizational innovation, technological innovation, and export performance: The effects of innovation radicalness and extensiveness[J]. International Business Review, 2017, 26(2):324-336.

[22]AZARIADIS C, KAAS L. Capital misallocation and aggregate factor productivity[J]. Macroeconomic Dynamics, 2016, 20(2):525-543.

[23]BAKARICH K M, HOSSAIN M, WEINTROP J. Different time, different tone: Company life cycle[J]. Journal of Contemporary Accounting & Economics, 2018,15(1):69-86.

[24]BALDWIN J R, GU W. Plant turnover and productivity growth in Canadian manufacturing[J]. Industrial and Corporate Change, 2006, 15(3): 417-465.

[25]BANERJEE A V, DUFLO E, MUNSHI K. The (mis)allocation of capital [J]. Journal of the European Economic Association, 2003,1(2): 484-494.

[26]BAPTISTA R, LIMA F, MENDONCA J. Establishment of higher education institutions and new firm entry[J]. Research Policy, 2011,40(5): 751-760.

[27]BARRIOS S, BERTINELLI L, STROBL E. Geographic concentration and establishment scale: An extension using panel data[J]. Journal of Regional Science, 2006, 46(4): 733-746.

[28]BARTELSMAN E, HALTIWANGER J C, SCARPETTA S. Microeconomic evidence of creative destruction in industrial and developing countries[J]. IZA Discussion Papers, 2004:1374.

[29]BECK T, DEMIRGUC-KUNT A, LAEVEN L. Finance, firm size, and growth [J]. Journal of Money, Credit and Banking, 2008 (40): 1379-1405.

[30]BECK T, DEMIRGUC-KUNT A, LEVINE R. SMEs, growth, and poverty: Cross-country evidence[J]. Journal of Economic Growth, 2005a, 10(3): 199-229.

[31]BECK T, DEMIRGUC-KUNT A, MAKSIMOVIC V. The influence of financial and legal institutions on firm size[J]. Journal of Banking & Finance, 2006, 30(11): 2995-3015.

[32]BELLONE F, MUSSO P, NESTA L, et al. Financial constraints and firm export behavior[J]. World Economy, 2010, 33(3):347 -373.

[33]BENA J, ONDKO P. Financial development and the allocation of external finance[J]. Journal of Empirical Finance, 2012, 19(1): 1 -25.

[34]BENHIMA K. Financial integration, capital misallocation and global imbalances[J]. Journal of International Money and Finance, 2013 (32):324 -340.

[35]BENTO P, RESTUCCIA D. Misallocation, establishment size, and productivity[J]. American Economic Journal: Macroeconomics, 2017, 9(3): 267 -303.

[36]BERMAN E, BUI L T M. Environmental regulation and labor demand: Evidence from the South Coast air basin[J]. Journal of Public Economics, 2001, 79(2): 265 -295.

[37]BERNARD A B, EATON J, JENSEN J B, et al. Plants and productivity in international trade[J]. American Economic Review, 2003, 93(4):1268 -1290.

[38]BLECK A, LIU X W. Credit expansion and credit misallocation[J]. Journal of Monetary Economics, 2018 (94):27 -40.

[39]BOYLE G W, GUTHRIE G A. Investment, uncertainty, and liquidity [J]. The Journal of Finance, 2003, 58(5): 2143 -2166.

[40]BRANDT L, BIESEBROECK J V, ZHANG Y F. Creative accounting or creative destruction? Firm - level productivity growth in Chinese manufacturing [J]. Journal of Development Economics, 2012,97(2): 339 -351.

[41]BRANDT L, TOMBE T, ZHU X. Factor mnarket distortions across time, space and sectors in China[J]. Review of Economic Dynamics, 2013, 16: 39 -58.

[42]BRANSTETTER L, LIMA F, TAYLOR L J, et al. Do entry regulations deter entrepreneurship and job creation? Evidence from recent reforms in portugal [J]. The Economic Journal, 2014, 124(577): 805 -832.

[43]BRUHN M. A tale of two species: Revisiting the effect of registration reform on informal business owners in Mexico[J]. Journal of Development Economics, 2013(103): 275 -283.

[44]BRUHN M. License to sell: The effect of business registration reform on entrepreneurial activity in Mexico[J]. The Review of Economics and Statistics, 2011, 93(1): 382 -386.

[45]BUATSI S N. Financing non - traditional exports in Ghana[J]. Journal of Business & Industrial Marketing, 2002, 17(6):501 -522.

[46]BUERA F J, KABOSKI J P, SHIN Y. Finance and development: A tale of two sectors[J]. The American Economic Review, 2011, 101(5): 1964 -2002.

[47]BUSSO M, MADRIGAL L, PAGES C. Productivity and resource misallocation in latin America[J]. The BE Journal of Macroeconomics, 2013, 13(1): 903 -932.

[48]CABALLERO R J, HOSHI T, KASHYAP A K. Zombie lending and depressed restructuring in Japan[J]. American Economic Review, 2008, 98(5):1943 -1977.

[49]CAGGESE A, PEREZ - ORIVE A. Capital misallocation and secular stagnation[J]. Society for Economic Dynamics, 2017.

[50]CAGGESE A, CUNAT V, MMTZGER D. Firing the wong workers:Financing constraints and labor misallocationp[J]. Journal of Financial Economics, 2018, 107(8): 2352 -2408.

[51]CALVINO F, CRISUOLO C, MENON C. Growth volatility and size: A firm - level study[J]. Journal of Economic Dynamics and Control, 2018 (90): 390 -407.

[52] CAMACHO A, CONOVER E. Misallocation and productivity in colombia's manufacturing industries [J]. Inter - American Development Bank Working Paper, 2010, No. IDB - WP - 123.

[53] CAMPOS N F, IOOTTY M. Institutional barriers to firm entry and exit: Case - study evidence from the Brazilian textiles and electronics industries [J]. Economic Systems, 2007,31(4): 346 -363.

[54]CAVES R E. Industrial organization and new findings on the turnover and mobility of firms[J]. Journal of Economic Literature, 1998, 36(4): 1947 -1982.

[55]CEFIS E, MARSILI O. Born to Flip. Exit decisions of entrepreneurial

firms in high - tech and low - tech industries[J]. Journal of Evolutionary Economics, 2011, 21(3):473 - 498.

[56]CHANEY T. Liquidity constrained exporters[J]. Journal of Economic Dynamics and Control, 2016(72): 141 - 154.

[57]CHATURVEDI A, MARTINEZ - DE - ALBENIZ V. Safety stock, excess capacity or diversification: Trade - offs under supply and demand uncertainty[J]. Production and Operations Management, 2016, 25(1):77 - 95.

[58]CHAUVET L, JACOLIN L. Financial inclusion, bank concentration, and firm performance[J]. World Development, 2017(97):1 - 13.

[59]CHEN C H, MAI C C, YU H C. The effect of export tax rebates on export performance: Theory and evidence from China[J]. China Economic Review, 2006, 17(2):226 - 235.

[60]CHEN K, HIGGINS P, WAGGONER D F. Impacts of monetary stimulus on credit allocation and macroeconomy: Evidence from China[J]. NBER Working Paper, 2016.

[61]CHEN K, SONG Z M. Financial frictions on capital allocation: A transmission mechanism of TFP fluctuations[J]. Journal of Monetary Economics, 2013, 60(6): 683 - 703.

[62]CHEN Y P, LAI T W, LEE W C, et al. Trade barrier and misallocations: The case of the photovoltaic manufacturing industry in China[J]. International Review of Economics and Finance, 2017 (52): 352 - 367.

[63]CHEUNG Y W, SENGUPTA R. Impact of exchange rate movements on exports: An analysis of Indian non - financial sector firms[J]. Journal of International Money and Finance, 2013, 39(4):231 - 245.

[64]CHONG A, GRADSTEIN M. Inequality and informality[J]. Journal of Public Economics, 2007, 91(1 - 2): 159 - 179.

[65]CHUAH L L, LOAYZA N, NGUYEN H. Resource misallocation and productivity gaps in Malaysia[J]. Norman Loayza, 2018.

[66]CICCONE A, PAPAIONNAOU E. Red tape and delayed entry[J]. Journal of European Economic Association, 2007,5(2): 444 - 458.

[67]CICHELLO M S. The impact of firm size on pay - performance sensi-

tivities[J]. Journal of Corporate Finance, 2005, 11(4): 609 -627.

[68]CLAUSEN T, POHJOLA M, SAPPRASERT K, et al. Innovation strategies as a source of persistent innovation[J]. Industrial and Corporate Change, 2012, 21(3): 553 -585.

[69]COELLI T, GRIFELL - TATJE E, PERELMAN S. Capacity utilisation and profitability: A decomposition of short - run profit efficiency[J]. International Journal of Production Economics, 2002, 79(3): 261 -278.

[70]COLOMBELLI A, KRAFFT J, QUATRARO F. High - growth firms and technological knowledge: Do gazelles follow exploration or exploitation strategies? [J]. Industrial and Corporate Change, 2013, 23(1): 261 -291.

[71]ACORA J, KYRIAKOPOULOU E. Environmental policy, technology adoption and the size distribution of firms[J]. Energy Economics, 2018(72): 470 -485.

[72]COWLING M, TANEWSKI G. On the productive efficiency of Australian businesses: Firm size and age class effects[J]. Small Business Economics, 2019,53(3):739 -752.

[73]CRAMER J, KRUEGER A B. Disruptive change in the taxi business: The case of Uber[J]. American Economic Review, 2016, 106(5): 177 -182.

[74]CROWLEY M, MENG N, SONG H S. Tariff scares: Trade policy uncertainty and foreign market entry by Chinese firms[J]. Journal of International Economics, 2018(114): 96 -115.

[75]CUBIZOL D. Transition and capital misallocation: The Chinese case [J]. Journal of International Money and Finance, 2018(81): 88 -115.

[76]DAI X Y, CHENG L W. Aggregate productivity losses from factor misallocation across Chinese manufacturing firms[J]. Economic Systems, 2018(8): 1 -12.

[77]DAI M, XU J. Firm - specific exchange rate shocks and employment adjustment: Evidence from China[J]. Journal of International Economics, 2017(108): 54 -66.

[78]DAVID J M, VENKATESWARAN V. The sources of capital misallocation[R]. NBER Working Papers, 2018.

[79] DEFEVER F, RIANO A. Subsidies with export share requirements in China[J]. Journal of Development Economics, 2017, 126(5): 33 - 51.

[80] DEMIRGUC - KUNT A, LEVINE R. Finance and economic opportunity[R]. Policy Research Working Paper, 2008.

[81] DHAWAN R. Firm size and productivity differential: Theory and evidence from a panel of US firms[J]. Journal of Economic Behavior and Organization, 2001, 44(3): 269 - 293.

[82] DI NOLA A. Capital misallocation during the Great Recession[J]. Social science electronic publishing, 2016.

[83] DIXON P B, RIMMER M T. You can't have a CGE recession without excess capacity[J]. Economic Modelling, 2011, 28(1): 602 - 613.

[84] DOHSE D, NIEBUHR A. How different kinds of innovation affect exporting[J]. Economics Letters, 2018(163): 182 - 185.

[85] DOLLAR D, WEI S J. Firm ownership and investment efficiency in China[R]. NBER Working Paper, 2017, 13103.

[86] DU W J, LI M J. Can environmental regulation promote the governance of excess capacity in China's energy sector? The market exit of zombie enterprises[J]. Journal of Cleaner Production, 2019, 207(10): 306 - 316.

[87] DUSCHL M, PENG S S. The patterns of Chinese firm growth: A conditional estimation approach of the asymmetric exponential power density[J]. Industrial and Corporate Change, 2015, 24(3): 539 - 563.

[88] EATON J, KORTUM S, KRAMARZ F. An anatomy of international trade: Evidence from French firms[J]. Econometrica, 2011(79): 1453 - 1498.

[89] EE M S, CHAO C C, WANG F S, et al. Environmental corporate social responsibility, firm dynamics and wage inequality[J]. International Review of Economics & Finance, 2018(56): 63 - 74.

[90] EK C, WU G L. Investment - cash flow sensitivities and capital misallocation[J]. Journal of Development Economics, 2018(133): 220 - 230.

[91] ELIASSON K, HANSSON P, LONDVERT M. Do firms learn by exporting or learn to export? Evidence from small and medium - sized enterprises[J]. Small Business Economics, 2012, 39(2): 453 - 472.

[92]FANG L, HE L, HUANG Z. Asymmetric effects of monetary policy on firm scale in China: A quantile regression approach[J]. Emerging Markets Review, 2018,38(C):35 -50.

[93]FAUCEGLIA D. Credit constraints, firm exports and financial development: Evidence from developing countries[J]. The Quarterly Review of Economics and Finance, 2015(55):53 -66.

[94]FENG L, LIN C Y. Financial shocks and exports[J]. International Review of Economics & Finance, 2013(26):39 -55.

[95]FENG X, JOHANSSON A C, ZHANG T. Mixing business with politics: Political participation by entrepreneurs in China[J]. Journal of Banking and Finance, 2015(59): 220 -235.

[96]FENG Y, WANG S, SHA Y. Coal power overcapacity in China: Province - level estimates and policy implications[J]. Resources, Conservation and Recycling, 2018(137): 89 -100.

[97]FERNANDES A M, MATTOO A, NGUYEN H, et al. The internet and Chinese exports in the Pre - Ali Baba Era[J]. Journal of Development Economics, 2019, 138(5): 57 -76.

[98]FERNANDES A M, PAUNOV C. The risks of innovation: Are innovating firms less likely to die? [J]. Review of Economics and Statistics, 2015, 97(3): 638 -653.

[99]FERNANDES A P, FERREIRA P, WINTERS L A. Firm entry deregulation, competition and returns to education and skill[J]. European Economic Review, 2014(70): 210 -230.

[100]FOSTER L, HALTIWANGER J, SYVERSON C. Reallocation, firm turnover, and efficiency: Selection on productivity or profitability? [J]. American Economic Review, 2008, 98(1): 394 -425.

[101]FUCHS W, GREEN B,PAPANIKOLAOU D. Adverse selection, slow moving capital and misallocation[J]. Journal of Financial Economics, 2016,120(2):286 -308.

[102]GABIX X, LANDIER A, SAUVAGNAT J. CEO pay and firm size: An update after the crisis[J]. The Economic Journal, 2014, 124(574):

40 – 59.

[103]GAMBERONI E, GARTNER C, GIORDANO C, et al. Is corruption efficiency – enhancing? A case study of nine central and eastern European countries[R]. ECB Working Paper, 2016, 1950.

[104]GAN L, HERNANDEZ M A, MA S. The higher costs of doing business in China: Minimum wages and firms' export behavior[J]. Journal of International Economics, 2016(100):81 – 94.

[105]GAVIN S, ROSS T W. Long – term contracts as barriers to entry with differentiated products[J]. International Journal of Industrial Organization, 2018 (59): 514 – 537.

[106]GERSBACH H, ROCHET J C. Capital regulation and credit fluctuations[J]. Journal of Monetary Economics, 2017(90):113 – 124.

[107]GILCHRIST S, SIM J W, ZAKRAJSEK E. Misallocation and financial market frictions: Some direct evidence from the dispersion in borrowing costs [J]. Review of Economic Dynamics, 2013,16(1): 159 – 176.

[108]GOLMOHAMMADI A, HASSINI E. Capacity, pricing and production under supply and demand uncertainties with an application in agriculture[J]. European Journal of Operational Research, 2018,275(3):1037 – 1049.

[109]GOLOMBEK R, RAKNERUD A. Exit dynamics of start – up firms: Structural estimation using indirect inference[J]. Journal of Econometrics, 2018, 205(1): 204 – 225.

[110]GOMES P, KUEHN Z. Human capital and the size distribution of firms[J]. Review of Economic Dynamics, 2017(26): 164 – 179.

[111]GOPINATH G,KALEMLI – OACAN S E,KARABRBOUNIS L,et al. Capital allocation and productivity in South Europe[J]. The Quarterly Journal of Economics,2017, 132(4): 1915 – 1967.

[112]GORG H, HENZE P, JIENWATCHARAMONGKHOL V. Firm size distribution and employment fluctuations: Theory and evidence[J]. Research in Economics, 2017, 71(4): 690 – 703.

[113]GREANEY T M, LI Y, TU D M. Pollution control and foreign firms's exit behavior in China[J]. Journal of Asian Economics, 2017(48): 148 – 159.

[114] GREENAWAY D, GUARIGLIA A, KNELLER R. Financial factors and exporting decisions[J]. Journal of International Economics, 2007, 73(2): 377 -395.

[115] GRILLITSCH M, SCHUBERT T, SRHOLEC M. Knowledge base combinations and firm growth[J]. Research Policy, 2019, 48(1): 234 -247.

[116] GUISO L, SAPIENZA P, ZINGALES L. Does local financial development matter? [J]. The Quarterly Journal of Economics, 2004, 119(3): 929 -969.

[117] HAEHL C, SPINLER S. Capacity expansion under regulatory uncertainty: A real options - based study in international container shipping[J]. Transportation Research Part E: Logistics and Transportation Review, 2018(113): 75 -93.

[118] HALLWARDDRIEMEIER M., RIJKERS B. Do crises catalyze creative destruction? Firm - level evidence from Indonesia[J]. Review of Economics and Statistics, 2013, 95(5):1788 -1810.

[119] HALLWARDDRIEMEIER M, THOMPSON F. Creative destruction and policy reforms: Changing productivity effects of firm turnover in moroccan manufacturing[R]. Policy Research Working Paper, 2009.

[120] HASKEL J E, DISNEY R, HEDEN Y. Restructuring and productivity growth in UK manufacturing[J]. The economic journal, 2003, 113(489): 666 -694.

[121] HATASEA M, MATSUBAYASHI Y. Does government promote or hinder capital accumulation? Evidence from Japan's high - growth era[J]. Structural Change and Economic Dynamics, 2018(8): 1 -21.

[122] HEINRICH T, DAI S. Diversity of firm sizes, complexity, and industry structure in the Chinese economy[J]. Structural Change and Economic Dynamics, 2016(37): 90 -106.

[123] HOLMES T J, STEVENS J J. Geographic concentration and establishment scale [J]. Review of Economics and Statistics, 2002, 84(4): 682 -690.

[124] HORTON J J, ZECKHAUSER R J. Owning, using and renting: Some

simple economics of the "Sharing Economy"[R]. NBER Working Paper, 2016.

[125]HOWELL A. "Indigenous" innovation with heterogeneous risk and new firm survival in a transitioning Chinese[J]. Research Policy, 2015, 44(10): 1866 – 1876.

[126]HOYT J, SHERMAN H. Strategic groups, exit barriers and strategy decision constraints in high – tech companies[J]. The Journal of High Technology Management Research, 2004, 15(2): 237 – 247.

[127]HSIEH C T, KLENOW P J. Misallocation and manufacturing TFP in China and India[J]. The Quarterly Journal of Economics, 2009, 124(4): 1403 – 1448.

[128]HSIEH C T, KLENOW P J. The life cycle of plants in India and Mexico[J]. The Quarterly Journal of Economics, 2014, 129(3): 1035 – 1084.

[129]HU C, TAN Y. Export spillovers and export performance in China[J]. China Economic Review, 2016,41(12): 75 – 89.

[130]HUANG Y. China's great ascendancy and structural risks: Consequences of asymmetric market liberalisation[J]. Asian – Pacific Economic Literature, 2010, 24(1): 65 – 85.

[131]LACOVONE L, FERRO E, PEREIRA – LOPEZ M, et al. Banking crises and exports: Lessons from the past[J]. Journal of Development Economics, 2019,138(C):192 – 204.

[132]ISABEL – MARIA G S, LIGIA N G. Integrated information and the cost of capital[J]. International Business Review, 2017, 26(5): 959 – 975.

[133]LSHII J. Useful excess capacity? An empirical study of US oil and gas drilling[R]. Amherst College Working Paper, 2011.

[134]LWASAKI I, MAUREL M, MEUNIER B. Firm entry and exit during a crisis period: Evidence from russian Regions[J]. Russian Journal of Economics, 2016, 2(2): 162 – 191.

[135]JAEF R F. Entry and exit, multi – product firms, and allocative distortions[J]. American Economic Journal, Macroeconomics, 2018,10(2): 86 – 112.

[136]JANIAK A. Structural unemployment and the costs of firm entry and exit[J]. Labour Economics,2013,23(c): 1 – 19.

[137]JARREAU J,PONCET S. Credit constraints,firm ownership and the structure of exports in China[J]. International Economics, 2014, 139(10): 152 - 173.

[138]JIN M, ZHAO S, KUMBHAKAR S C. Financial constraints and firm productivity: Evidence from Chinese manufacturing[J]. European Journal of Operational Research, 2018(12):1 - 41.

[139]JOHANSEN L. Production functions and the concept of capacity[J]. Recherches Recentes Sur La Function De Production, Collection Economie Et Mathematique Et Econometrie, 1968(2): 46 - 72.

[140]JOHANSSON A C, FENG X. The state advances, the private sector retreats? Firm effects of China's great stimulus program[J]. Cambridge Journal of Economics, 2016, 40(6):1635 - 1668.

[141]JOHANSSONA A C, LUOB D L, RICKNEC J., ZHENG W. Government intervention in the capital allocation process: Excess employment as an IPO selection rule in China[J]. China Economic Review, 2017(44): 271 - 281.

[142]JOSE B, CHRISTIAN F. Exporting firm's engagement with trade associations: Insights from Chile[J]. International Business Review, 2019, 28(1):25 - 35.

[143]KALEMLI - OZCAN S, SORENSEN B, YESILTAS S. Leverage across firms, banks, and countries[J]. Journal of International Economics, 2012, 88(2):284 - 298.

[144]KAPLAN D S, PIEDRA E, SEIRA E. Entry regulation and business start - Ups: Evidence from mexico[J]. Journal of Public Economics, 2011, 95(11): 1501 - 1515.

[145]KAPRI K. Impact of political instability on firm - level export decisions[J]. International Review of Economics and Finance, 2019(59): 98 - 105.

[146]KAPRI K. Productivity, firm size and trade liberalization in a partner country: Evidence from korean firm - level data[J]. International Review of Economics and Finance, 2016(45): 572 - 583.

[147]KHAN U, OZEL N B. Real activity forecasts using loan portfolio in-

formation[J]. Journal of Accounting Research, 2016, 54(3): 895 -937.

[148]KIM D H, LIN S C, CHEN T C. Financial structure, firm size and industry growth[J]. International Review of Economics and Finance, 2016(41): 23 -39.

[149]KIRKLEY J, PAUL C J M, SQUIRES D. Capacity and capacity utilization in common - pool resource industries[J]. Environmental and Resource Economics, 2002, 22(1 -2): 71 -97.

[150]KLAPPER L, LAEVEN L, RAJAN R. Entry regulation as a barrier to entrepreneurship [J]. Journal of Financial Economics, 2006, 82 (3): 591 -629.

[151]KOBAYASHI T. Firm entry, credit availability and monetary policy [J]. Journal of Economic Dynamics and Control, 2011, 35(8): 1245 -1272.

[152]KURMANNA A, RABINOVICHB S. Dynamic inefficiency in decentralized capital markets [J]. Journal of Economic Theory, 2018 (173): 231 -256.

[153]LACERDA J S, JEROEN C J M. Van Den Bergh. Mismatch of wind power capacity and generation: Causing factors, GHG emissions and potential policy responses[J]. Journal of Cleaner Production, 2016(128):178 -189.

[154]LAFOURCADE M, MION G. Concentration, agglomeration and the size of plants [J]. Regional Science and Urban Economics, 2007, 37 (1): 46 -68.

[155]LASHITEW A A. The uneven effect of financial constraints: Size, public ownership, and firm investment in ethiopia[J]. World Development, 2017 (97): 178 -198.

[156]LAU L J. A characterization of the normalized restricted profit function [J]. Journal of Economic Theory, 1976(12): 131 -163.

[157]LE V, VALADKHANI A. Are exporting manufacturing smes more efficient than non - exporting ones? Evidence from Australia's business longitudinal database[J]. Economic Analysis and Policy, 2014, 44(3): 310 -317.

[158]LI D, LU Y, WU M. Industrial agglomeration and firm size: Evidence from China [J]. Regional Science and Urban Economics, 2012, 42

(1 - 2): 135 - 143.

[159]LI H C, LEE W C, KO B T. What determines misallocation in innovation? A study of regional innovation in China[J]. Journal of Macroeconomics, 2017(52): 221 - 237.

[160]LI X, LIU A. Imitating to export[J]. China Economic Review, 2018(9): 254 - 270.

[161]LIU Q, LU Y. Firm investment and exporting: Evidence from China's value - added tax reform[J]. Journal of International Economics, 2015, 97(2): 392 - 403.

[162]LOPEZ - GARCIA P, PUENTE S. What makes a high - growth firm? A dynamic probit analysis using spanish firm - level data[J]. Small Business Economics, 2012, 39(4): 1029 - 1041.

[163]LUTTMER E G J. Selection, growth, and the size distribution of firms[J]. Quarterly Journal of Economics, 2007, 122(3): 1103 - 1144.

[164]MAHENDRA E, ZUHDI U, MUYANTO R. Determinants of firm innovation in indonesia: The role of institutions and access to finance[J]. Economics and Finance in Indonesia, 2015, 61(3): 149 - 179.

[165]MAHMOUDZADEH A, NILI M, NILI F. Real effects of working capital shocks: Theory and evidence frommicro data[J]. The Quarterly Review of Economics and Finance, 2018(67): 191 - 218.

[166]MAMIZADEH - CHATGHAYEH S, TOHIDI G, LANKARANI S. Capacity utilization of buyer - supplier relationships[J]. Indian Journal of Science and Technology, 2012, 5(9): 3345 - 3348.

[167]MANOLOPOULOS D, CHATZOPOULOU E, KOTTARIDI C. Resources, home institutional context and smes' exporting: Direct relationships and contingency effects[J]. International Business Review, 2018, 27(5): 993 - 1006.

[168]MANOVA K. Credit constraints, heterogeneous firms, and international trade[J]. The Review of Economic Studies, 2013, 80(2): 711 - 744.

[169]MANOVA K, WEI S, ZHANG Z. Firm exports and multinational activity under credit constraints[J]. Review of Economics and Statistics, 2015, 97

(3): 574 - 588.

[170]MAO Q L, SHENG B. The impact of tariff reductions on firm dynamics and productivity in China: Does market - oriented transition matter? [J]. China Economic Review, 2017, 45(9): 168 - 194.

[171]MARCONI D, UPPER C. Capital misallocation and financial development: A sector - level analysis[R]. Bis Working Papers, 2017.

[172]MASHAYEKHI B, BAZAZ M S. Corporate governance and firm performance in Iran[J]. Journal of Contemporary Accounting & Economics, 2008, 4(2): 156 - 172.

[173]MASON R, WEEDS H. Investment, uncertainty, and preemption [J]. International Journal of Industrial Organization, 2010, 28(3): 278 - 287.

[174]MAYNERIS F, PONCET S, ZHANG T. Improving or disappearing: Firm - level adjustments to minimum wages in China[J]. Journal of Development Economics, 2018(135): 20 - 42.

[175]MEDRANO - ADA'N L, SALAS - FUMA'S V, SANCHEZ - ASIN J J. Firm size and productivity from occupational choices[J]. Small Business Economics, 2018,53(1):243 - 267.

[176]MELITZ M J. The impact of trade on intra - industry reallocations and aggregate industry productivity[J]. Econometrica, 2003, 71(6): 1695 - 1725.

[177]MIDRIGAN V,XU D Y. Finance and misallocation: Evidence from plant - level data[R]. NYU Working Paper, 2010.

[178]MINETTI R, ZHU S C. Credit constraints and firm export: Microeconomic evidence from Italy[J]. Journal of International Economics, 2015, 83(2):109 - 125.

[179]MIRABELLE M. Exporters, importers and credit constraints[J]. Journal of International Economics, 2015, 95(2):333 - 343.

[180]MOLL B. Productivity losses from financial frictions: Can self - financing undo capital misallocation? [J]. American Economic Review, 2014, 104(10): 3186 - 3221.

[181]MORAL - BENITO E. Growing by learning: Firm - level evidence on the size - productivity nexus[J]. Series, 2018, 9(1): 65 - 90.

[182]MORAL - PAJARES E, MOZAS - MORAL A, BERNAL - JURADO E, et al. Efficiency and exports: Evidence from southern european companies [J]. Journal of Business Research, 2015, 68(7): 1506 - 1511.

[183]MORRISON C J. On the economic interpretation and measurement of optimal capacity utilization with anticipatory expectations[J]. The Review of Economic Studies, 1985, 52(2):295 - 310.

[184]MURPHY D. Excess capacity in a fixed - cost economy[J]. European Economic Review, 2017(91): 245 - 260.

[185]NAGARAJ P. Financial constraints and export participation in India [J]. International Economics, 2014, 140(12): 19 - 35.

[186]NELSON R A. On the measurement of capacity utilization[J]. The Journal of Industrial Economics, 1989, 37(3):273 - 286.

[187]NEMLIOGLU I, MALLICK S K. Do managerial practices matter in innovation and firm performance relations? New evidence from the UK[J]. European Financial Management, 2017, 23(5): 1016 - 1061.

[188] NIEPMANN F, SCHMIDT - EISENLOHR T. No guarantees, no trade: How banks affect export patterns[J]. Journal of International Economics, 2017, 108(9): 338 - 350.

[189]NIKIFOROS M. The (normal) rate of capacity utilization at the firm level[J]. Metroeconomica, 2013, 64(3): 513 - 538.

[190]NISHIMORI A, OGAWA H. Do firms always choose excess capacity? [J]. Economics Bulletin, 2004, 12(2): 1 - 7.

[191]NIU Y G, WANG C L, DONG L C. Firm resources and entry - related advantages: An empirical study in China [J]. Industrial Marketing Management, 2013, 42(4): 595 - 607.

[192] NORTH D C. Institutions [J]. Journal of Economic Perspectives, 1991, 5(1): 97 - 112.

[193]NYAOGA R B, WANG M, MAGUTU P O. Testing the relationship between constraints management and capacity utilization of tea processing firms: Evidence from kenya[J]. Future Business Journal, 2015, 1(1 - 2):35 - 50.

[194]OBERFIELD E. Productivity and misallocation during a crisis: Evi-

dence from the chilean crisis of 1982[J]. Review of Economic Dynamics, 2013 (16): 100 - 119.

[195]OHASHI H, TOYMAM Y. The effects of domestic merger on exports: A case study of the 1998 korean automobile industry[J]. Journal of International Economics, 2017, 107(7):147 - 164.

[196]OLLEY G S, PAKES A. The dynamics of productivity in the telecommunications equipment industry[J]. Econometrica, 1996,64(6): 1263 - 1297.

[197]OLOKOYO F O. Capital structure and corporate performance of nigerian quoted firms: A panel data approach[J]. African Development Review, 2013, 25(3): 358 - 369.

[198]PARKER S C, STOREY D J, VAN WITTELOOSTUIJN A. What happens to gazelles? The importance of dynamic management strategy[J]. Small Business Economics, 2010, 35(2): 203 - 226.

[199]PE'ER A, VERTINSKY I. Firm exits as a determinant of new entry: Is there evidence of local creative destruction? [J]. Journal of Business Venturing, 2008, 23(3): 280 - 306.

[200]PENG H T, LIU Y. How government subsidies promote the growth of entrepreneurial companies in clean energy industry: An empirical study in China [J]. Journal of Cleaner Production, 2018, 188(1):508 - 520.

[201]PETRUZZELLI A M, ARDITO L, SAVINO T. Maturity of knowledge inputs and innovation value: The moderating effect of firm age and size[J]. Journal of Business Research, 2018(86): 190 - 201.

[202]PFLUGER M, SUEDEKUM J. Subsidizing firm entry in open economies[J]. Journal of Public Economics, 2013(97): 258 - 271.

[203]PIRARD R, IRLAND L C. Missing links between timber scarcity and industrial overcapacity: Lessons from the indonesian pulp and paper expansion [J]. Forest Policy and Economics, 2007, 9(8): 1056 - 1070.

[204]PISCHKE J S. Continuous training in germany[J]. Journal of Population Economics, 2001, 14(3): 523 - 548.

[205]POSCHKE M. The firm size distribution across countries and skill - biased change in entrepreneurial technology[J]. American Economic Journal: Macro-

economics, 2018,10(3):1 -41.

[206]PRATAP S, URRUTIA C, MEZA F. Credit, misallocation and TFP: The case of mexico (2003 -2010)[J]. Society for Economic Dynamics, 2014(2):1 -22.

[207]QI G, ZOU H, XIE X, et al. Obedience or escape: Examining the contingency influences of corruption on firm exports[J]. Journal of Business Research, 2018a(9).

[208]QI J H, ZHANG Z Y, LIU H. Credit constraints and firm market entry decision: Firm - level evidence from internationalizing Chinese multinationals [J]. The North American Journal of Economics and Finance, 2018b(46): 272 -285.

[209]RADIM B, HUGO R M. Misallocation of capital in a model of endogenous financial intermediation and insurance[R]. Barcelona GSE Working Paper, 2011.

[210]RAHAMAN M. Do managerial behaviors trigger firm exit? The case of hyperactive bidders[R]. The Quarterly Review of Economics and Finance, 2014, 54(1): 92 -110.

[211]RAHAMAN M. Managerial discretion, corporate financial flexibility, and investment dynamics[R]. Working Paper of University of Toronto, 2009.

[212]RANASINGHE A. Innovation, firm size and the Canada - US Productivity Gap[J]. Journal of Economic Dynamics and Control, 2017b, 85(c): 46 -58.

[213]RANASINGHE A. Property rights, extortion and the misallocation of talent[J]. European Economic Review, 2017a, 98(9): 86 -110.

[214]RAY S C, WALDEN J, CHEN L. Economic measures of capacity utilization: A nonparametric cost function analysis[R]. Working Paper, 2018.

[215]RAY S C. Nonparametric measures of scale economies and capacity utilization: An application to U. S. manufacturing[J]. European Journal of Operational Research, 2015, 245(2):602 -611.

[216]REN M J, BRANSTETTER L G, KOVAK B K. Why has China overinvested in coal power? [R]. NBER Working Paper, 2019, 25437.

[217] RESTUCCIA D, ROGERSON R. Policy distortions and aggregate productivity with heterogeneous establishments[J]. Review of Economic Dynamics, 2008, 11(4): 707 -720.

[218] RIGBY D L, KEMENY T, COOKE A. Plant exit and U.S. imports from low - wage countries[J]. International Economics, 2017, 149(5): 27 -40.

[219] RIN M D, GIACOMO M D, SEMBENELLI A. Entrepreneurship, firm entry, and the taxation of corporate income: Evidence from Europe[J]. Journal of Public Economics, 2011, 95(9): 1048 -1066.

[220] RYZHENKOV M. Resource misallocation and manufacturing productivity: The case of Ukraine[J]. Journal of Comparative Economics, 2016, 44(1): 41 -55.

[221] SALNIKOV V, GALIMOV D, MIKEEVA O. Russian manufacturing production capacity: Primary trends and structural characteristics[J]. Russian Journal of Economics, 2017, 3(3): 240 -262.

[222] SARKAR S. A real - option rationale for investing in excess capacity [J]. Managerial and Decision Economics, 2009, 30(2): 119 -133.

[223] SAVVIDES S C. Financial markets, bloated governments and the misallocation of capital[J]. Journal of Finance and Investment Analysis, 2012, 1(2): 201 -219.

[224] SCHIERSCH A. Firm size and efficiency in the german mechanical engineering industry[J]. Small Business Economics, 2013, 40(2): 335 -350.

[225] SCHNELL M C A. Why do firms keep excess capacity? Testing hypotheses in the airline industry[J]. International Journal of Transport Economics, 2005, 32(3): 305 -321.

[226] SCHULZ M, UUBIG M, PROCHER V. Hybrid entrepreneurship and public policy: The case of firm entry deregulation[J]. Journal of Business Venturing, 2016, 31(3): 272 -286.

[227] SEVCIK P. Financial frictions, internal capital markets, and theorganization of production[J]. Review of Economic Dynamics, 2015(18): 505 -522.

[228] SHEN G, CHEN B. Zombie firms and over - capacity in Chinese manufacturing[J]. China Economic Review, 2017(44): 327 -342.

[229] SHEN J, LUO C. Overall review of renewable energy subsidy policies in China contradictions of intentions and effects [J]. Renewable & Sustainable Energy Reviews, 2015, 41(C):1478 - 1488.

[230] SHI X, XU Z. Environmental regulation and firm exports: Evidence from the eleventh five - year plan in China [J]. Journal of Environmental Economics and Management, 2018, 89(5): 187 - 200.

[231] SLEUWAEGEN L, GOEDHUYS M. Growth of firms in developing countries, evidence from cote d'Ivoire [J]. Journal of Development Economics, 2002, 68(1): 117 - 135.

[232] SONG Z, WU G L. Identifying capital misallocation [R]. University of Chicago, Booth School of Business Working Paper, 2015.

[233] SONG Z, STORESLETTEN K, ZILIBOTTI F. Growing like China [J]. American Economic Review, 2011, 101(1):196 - 233.

[234] SPATAREANU M, MANOLE V, KABIRI A. Exports and bank shocks: Evidence from matched firm - bank data [J]. Structural Change and Economic Dynamics, 2018(47): 46 - 56.

[235] SPOKEVICIUTE L, KEASEY K, VALLASCAS F. Do financial crises cleanse the banking industry? Evidence from US commercial bank exits [J]. Journal of Banking & Finance, 2019(99): 222 - 236.

[236] STOKEY N L. The economics of inaction [J]. Journal of Economic Literature, 2008, 47(3):806 - 808.

[237] SUMAILA U R, TEH L, WATSON R. Fuel price increase, subsidies, overcapacity, and resource sustainability [J]. ICES Journal of Marine Science, 2008, 65(6): 832 - 840.

[238] SUN S. The role of FDI in domestic exporting: Evidence from China [J]. Journal of Asian Economics, 2012, 23(4): 434 - 441.

[239] SYVERSON C. Market structure and productivity: A concrete example [J]. Journal of Political Economy, 2004, 112(6): 1181 - 1222.

[240] SYVERSON C. What determines productivity? [J]. Journal of economic literature, 2011, 49(2): 326 - 365.

[241] TIAN C. Firm - level entry and exit dynamics over the business cy-

cles[J]. European Economic Review, 2018(102): 298 - 326.

[242]TOVAR B, RAMOS - REAL F J, De Almeida E F. Firm size and productivity, Evidence from the electricity distribution industry in brazil[J]. Energy Policy, 2011, 39(2): 826 - 833.

[243]TUPPURA A, LAUKKANEN P H, PUUMALAINEN K, et al. The influence of appropriability conditions on the firm's entry timing orientation[J]. The Journal of High Technology Management Research, 2010, 21(2): 97 - 107.

[244]TYBOUT J R. Manufacturing firms in developing countries: How well do they do, and why? [J]. Journal of Economic Literature, 2000, 38(1): 11 - 44.

[245]URAS B R. Corporate financial structure, misallocation and total factor productivity[J]. Journal of Banking and Finance, 2014(39): 177 - 191.

[246]WAGNER J. Credit constraints and the extensive margins of exports: First evidence for german manufacturing[J]. Economics, 2015(9): 1 - 17.

[247]WAGNER R, ZAHLER A. New exports from emerging markets: Do followers benefit from pioneers? [J]. Journal of Development Economics, 2015, 114(5): 203 - 223.

[248]WANG W, MA H. Export strategy, export intensity and learning: Integrating the resource perspective and institutional perspective[J]. Journal of World Business, 2018, 53(4): 581 - 592.

[249]WANG Y, LUO G, GUO Y. Why is there overcapacity in China's PV industry in its early growth stage? [J]. Renewable Energy, 2014(72): 188 - 194.

[250]WANG D, WAN K, SONG X, et al. Provincial allocation of coal de - capacity targets in China in terms of cost, efficiency, and fairness[J]. Energy Economics, 2019(78): 109 - 128.

[251]WEI C, Li C Z. Resource misallocation in Chinese manufacturing enterprises: Evidence from firm - level data[J]. Journal of Cleaner Production, 2017(142): 837 - 845.

[252]WEI X, CHEN Y W, ZHOU M H, et al. SOE preference and credit misallocation: A model and some evidence from China[J]. Economics Letters, 2016 (138): 38 - 41.

[253]WEN M, SASAKI D. Would excess capacity in public firms be so-

cially optimal? [J]. Economic Record, 2001, 77(238): 283 – 290.

[254] WHITED T M. Debt, liquidity constraints, and corporate investment: Evidence from panel data[J]. The Journal of Finance, 1992, 47(4): 1425 – 1460.

[255] WU G L. Capital misallocation in China: Financial frictions or policy distortions? [J]. Journal of Development Economics, 2018(130):203 – 223.

[256] XING Y Q. Rising wages, Yuan's appreciation and China's processing exports[J]. China Economic Review, 2018, 48(5): 114 – 122.

[257] XING Y, PRADHANANGA M. How important is exports and FDI for China's economic growth? [J]. Grips Discussion Papers, 2013(13).

[258] XU H T. Domestic railroad infrastructure and exports: Evidence from the silk route[J]. China Economic Review, 2016, 41(12): 129 – 147.

[259] YANG G, FUKUYAMA H, SONG Y. Estimating capacity utilization of Chinese manufacturing industries[J]. Socio – Economic Planning Sciences, 2018a(10).

[260] YANG Q, HOU X, HAN J. The drivers of coal overcapacity in China: An empirical study based on the quantitative decomposition[J]. Resources, Conservation and Recycling, 2019(141): 123 – 132.

[261] YANG Q, HOU X, ZHANG L. Measurement of natural and cyclical excess capacity in china's coal industry[J]. Energy policy, 2018b(118): 270 – 278.

[262] YOON J, CHOI K. Why do export subsidies still exist? R&D and output subsidies[J]. Japan and the World Economy, 2018,45(3): 30 – 38.

[263] YU M M, CHANG Y C, CHEN L H. Measurement of airlines' capacity utilization and cost gap: Evidence from low – cost carriers[J]. Journal of Air Transport Management, 2016(53):186 – 198.

[264] ZARDKOOHI A, RANGAN N, KOLARI J. Homo – geneity restrictions on the translog cost model: A note[J]. The Journal of Finance, 1986, 41(5): 1153 – 1155.

[265] ZHANG D Z, ZHENG W P, NING L T. Does innovation facilitate firm survival? Evidence from chinese high – tech firms[J]. Economic Modelling, 2018b,75(11): 458 – 468.

[266]ZHANG Y, NIE R, SHI R. Measuring the capacity utilization of the coal sector and its decoupling with economic growth in China's supply - side reform[J]. Resources, Conservation and Recycling, 2018a(129): 314 - 325.

[267]ZHANG H, ZHENG Y, OZTURK U A. The impact of subsidies on overcapacity: A comparison of wind and solar energy companies in China[J]. Energy, 2016(94):821 - 827.

[268]ZHAO H, ZOU S. The impact of industry concentration and firm location on export propensity and intensity: An empirical analysis of Chinese manufacturing firms[J]. Journal of International Marketing, 2002, 10(1): 52 - 71.

[269]ZIEBARTH N L. Misallocation and productivity during the great depression[R]. Working Paper, Northwestern University, 2012.

[270]白俊, 连立帅. 信贷资金配置差异:所有制歧视抑或禀赋差异?[J]. 管理世界, 2012(6): 30 - 42.

[271]白俊红, 刘宇英. 对外直接投资能否改善中国的资源错配[J]. 中国工业经济, 2018(1):60 - 78.

[272]白让让. 竞争驱动、政策干预与产能扩张:兼论"潮涌现象"的微观机制[J]. 经济研究, 2016(11): 60 - 73.

[273]白重恩, 冀东星. 交通基础设施与出口:来自中国国道主干线的证据[J]. 世界经济, 2018(1): 101 - 122.

[274]包群, 唐诗, 刘碧. 地方竞争、主导产业雷同与国内产能过剩[J]. 世界经济, 2017(10): 146 - 171.

[275]毕青苗, 陈希路, 徐现祥, 等. 行政审批改革与企业进入[J]. 经济研究, 2018(2): 140 - 155.

[276]陈胜蓝, 刘晓玲. 公司投资如何响应"一带一路"倡议?:基于准自然实验的经验研究[J]. 财经研究, 2018(4): 20 - 33.

[277]陈小亮, 陈伟泽. 垂直生产结构、利率管制和资本错配[J]. 经济研究, 2017(10): 98 - 112.

[278]程俊杰, 刘志彪. 产能过剩、要素扭曲与经济波动:来自制造业的经验证据[J]. 经济学家, 2015(11): 59 - 69.

[279]董敏杰, 梁泳梅, 张其仔. 中国工业产能利用率:行业比较、地区

差距及影响因素[J].经济研究，2015(1)：84－98.

[280]樊茂清．中国产业部门产能利用率的测度以及影响因素研究[J].世界经济，2017(9)：5－28.

[281]高凌云，屈小博，贾鹏．中国工业企业规模与生产率的异质性[J].世界经济，2014(6)：113－137.

[282]耿强，江飞涛，傅坦．政策性补贴、产能过剩与中国的经济波动：引入产能利用率 RBC 模型的实证检验[J].中国工业经济，2011(5)：27－36.

[283]龚关，胡关亮．中国制造业资源配置效率与全要素生产率[J].经济研究，2013(4)：4－15.

[284]郭树龙，刘文彬．房价上涨对企业规模分布的影响研究[J].财经研究，2017(11)：46－58.

[285]郭长林．财政政策扩张、纵向产业结构与中国产能利用率[J].管理世界，2016 (10)：13－33.

[286]国务院发展研究中心．当前我国产能过剩的特征、风险及对策研究：基于实地调研及微观数据的分析[J].管理世界，2015(4)：1－10.

[287]韩超，张伟广，冯展斌．环境规制如何"去"资源错配：基于中国首次约束性污染控制的分析[J].中国工业经济，2017(4)：115－134.

[288]韩国高，高铁梅，王立国，等．中国制造业产能过剩的测度、波动及成因研究[J].经济研究，2011(12)：18－31.

[289]韩剑，郑秋玲．政府干预如何导致地区资源错配：基于行业内和行业间错配的分解[J].中国工业经济，2014(11)：69－81.

[290]韩永辉，黄亮雄，王贤彬．产业政策推动地方产业结构升级了吗?：基于发展型地方政府的理论解释与实证检验[J].经济研究，2017(8)：33－48.

[291]何文韬，肖兴志．进入波动、产业震荡与企业生存：中国光伏产业动态演进研究[J].管理世界，2018(1)：114－126.

[292]侯方宇，杨瑞龙．新型政商关系、产业政策与投资"潮涌现象"治理[J].中国工业经济，2018(5)：62－79.

[293]黄玖立，冼国明．金融发展、FDI 与中国地区的制造业出口[J].

管理世界，2010(7)：8－17.

[294]黄群慧．论中国工业的供给侧结构性改革[J]．中国工业经济，2016 (9)：5－23.

[295]黄少卿，陈彦．中国僵尸企业的分布特征与分类处置[J]．中国工业经济，2017(3)：24－43.

[296]黄秀路，葛鹏飞，武宵旭．中国工业产能利用率的地区行业交叉特征与差异分解[J]．数量经济技术经济研究，2018(9)：60－77.

[297]贾俊雪．税收激励、企业有效平均税率与企业进入[J]．经济研究，2014(7)：94－109.

[298]简泽，徐扬，吕大国，等．中国跨企业的资本配置扭曲:金融摩擦还是信贷配置的制度偏向[J]．中国工业经济，2018(11)：24－41.

[299]江飞涛，耿强，吕大国，等．地区竞争、体制扭曲与产能过剩的形成机理[J]．中国工业经济，2012(6)：44－56.

[300]蒋灵多，陆毅．市场竞争加剧是否助推国有企业加杠杆[J]．中国工业经济，2018(11)：155－173.

[301]金晓雨．政府补贴、资源误置与制造业生产率[J]．财贸经济，2018(6)：43－57.

[302]李春顶．中国出口企业是否存在"生产率悖论":基于中国制造业企业数据的检验[J]．世界经济，2010(7)：64－81.

[303]李俊青，刘帅光，刘鹏飞．金融契约执行效率、企业进入与产品市场竞争[J]．经济研究，2017(3)：136－150.

[304]李磊，蒋殿春，王小洁．外资进入、性别就业差距与企业退出[J]．世界经济，2018(12)：121－143.

[305]李思龙，郭丽虹．市场依赖度、资本错配与全要素生产率[J]．产业经济研究，2018(2)：103－115.

[306]李旭超，罗德明，金祥荣．资源错置与中国企业规模分布特征[J]．中国社会科学，2017(2)：26－44.

[307]李旭超，鲁建坤，金祥荣．僵尸企业与税负扭曲[J]．管理世界，2018(4)：127－139.

[308]李雪松，赵宸宇，聂菁．对外投资与企业异质性产能利用率[J]．

世界经济，2017(5)：75－99.

[309]林柯，陆震．我国产能过剩背景下的产能退出机制研究[J].经济学家，2017(3)：63－69.

[310]林毅夫，巫和懋，邢亦青．“潮涌现象”与产能过剩的形成机制[J].经济研究，2010(10)：4－19.

[311]林毅夫．“潮涌现象”与发展中国家宏观经济理论的重新构建[J].经济研究，2007(1)：126－131.

[312]刘斌，袁其刚，商辉．融资约束、歧视与企业规模分布：基于中国工业企业数据的分析[J].财贸经济，2015(3)：72－87.

[313]刘斌，张列柯．去产能黏性黏住了谁：国有企业还是非国有企业[J].南开管理评论，2018(4)：109－121.

[314]刘朝，赵志华，步晓宁．资本动态投入、生产率波动与资本错配[J].南开经济研究，2018(1)：34－49.

[315]刘贯春，陈登科，丰超．最低工资标准的资源错配效应及其作用机制分析[J].中国工业经济，2017(7)：62－80.

[316]刘航，孙早．城镇化动因扭曲与制造业产能过剩：基于2001—2012年中国省级面板数据的经验分析[J].中国工业经济，2014(11)：5－17.

[317]刘啟仁，黄建忠．企业税负如何影响资源配置效率[J].世界经济，2018(1)：78－100.

[318]刘盛宇，尹恒．资本调整成本及其对资本错配的影响：基于生产率波动的分析[J].中国工业经济，2018(3)：24－43.

[319]刘伟．经济新常态与供给侧结构性改革[J].管理世界，2016(7)：1－9.

[320]陆毅，李冬娅，方琦璐．产业集聚与企业规模：来自中国的证据[J].管理世界，2010(8)：84－89.

[321]骆永民，翟晓霞．中国税收自动稳定器功能的双重约束研究[J].经济研究，2018(7)：106－120.

[322]马光荣，李力行．金融契约效率、企业退出与资源误置[J].世界经济，2014(10)：77－103.

[323]马红旗，黄桂田，王韧．我国钢铁企业产能过剩的成因及所有制差异分析[J]. 经济研究，2018(3):94－109.

[324]马颖，何清，李静．行业间人力资本错配及其对产出的影响[J]. 中国工业经济，2018(11):5－23.

[325]毛其淋，盛斌．中国制造业企业的进入退出与生产率动态演化[J]. 经济研究，2013(4)：16－29.

[326]聂辉华，江艇，杨汝岱．中国工业企业数据库的使用现状和潜在问题[J]. 世界经济，2012(5)：142－158.

[327]钱学锋，毛海涛，徐小聪．中国贸易利益评估的新框架：基于双重偏向型政策引致的资源误置视角[J]. 中国社会科学，2016(12)：83－108.

[328]邵敏，包群．地方政府补贴企业行为分析：扶持强者还是保护弱者？[J]. 世界经济文汇，2011(1)：56－72.

[329]邵挺．金融错配、所有制结构与资本回报率：来自1999—2007年我国工业企业的研究[J]. 金融研究，2010(9)：51－68.

[330]邵宜航，步晓宁，张天华．资源配置扭曲与中国工业全要素生产率：基于工业企业数据库再测算[J]. 中国工业经济，2013(12)：39－51.

[331]邵宜航，李泽扬．空间集聚、企业动态与经济增长：基于中国制造业的分析[J]. 中国工业经济，2017(2)：5－23.

[332]申广军．比较优势与僵尸企业：基于新结构经济学视角的研究[J]. 管理世界，2016(12):13－24.

[333]盛斌，毛其淋．贸易自由化、企业成长和规模分布[J]. 世界经济，2015(2):3－30.

[334]施炳展，冼国明．要素价格扭曲与中国工业企业出口行为[J]. 中国工业经济，2012(2)：47－56.

[335]施炳展，逯建，王有鑫．补贴对中国企业出口模式的影响：数量还是价格？[J]. 经济学(季刊)，2013(4):1413－1442.

[336]宋超，谢一青．人民币汇率对中国企业出口的影响：加工贸易与一般贸易[J]. 世界经济，2017(8):78－10.

[337]孙楚仁，田国强，章韬．最低工资标准与中国企业的出口行为[J]. 经济研究，2013(2):42－54.

[338]孙晓华，王昀．企业规模对生产率及其差异的影响:来自工业企业微观数据的实证研究[J].中国工业经济，2014(5):57-69.

[339]孙学敏，王杰．环境规制对中国企业规模分布的影响[J].中国工业经济，2014(12):44-56.

[340]谭语嫣，谭之博，黄益平,等．僵尸企业的投资挤出效应:基于中国工业企业的证据[J].经济研究，2017(5):175-188.

[341]汤二子．中国企业“出口—生产率悖论”:理论裂变与检验重塑[J].管理世界，2017(2):30-42.

[342]汪建新，贾圆圆，黄鹏．国际生产分割、中间投入品进口和出口产品质量[J].财经研究，2015(4):54-65.

[343]王林辉，袁礼．资本错配会诱发全要素生产率损失吗[J].统计研究，2014(8):11-18.

[344]王明益，石丽静．政府干预影响中国制造业企业市场退出的路径分析[J].经济学动态，2018(6): 44-60.

[345]王小龙，余龙．财政转移支付的不确定性与企业实际税负[J].中国工业经济，2018(9):155-173.

[346]王永进，匡霞，邵文波．信息化、企业柔性与产能利用率[J].世界经济，2017(1): 67-90.

[347]王昱，成力为，王昊．金融低效、资本错配与异质企业两阶段创新[J].山西财经大学学报，2014(10): 46-57.

[348]王竹泉，段丙蕾，王苑琢，等．资本错配、资产专用性与公司价值:基于营业活动重新分类的视角[J].中国工业经济，2017(3):120-138.

[349]王自锋，白玥明．人民币实际汇率对工业产能利用率的影响[J].中国工业经济，2015(4):70-82.

[350]吴晗，段文斌．银行业市场结构、融资依赖与中国制造业企业进入:最优金融结构理论视角下的经验分析[J].财贸经济，2015(5): 72-83.

[351]吴利学，刘诚．项目匹配与中国产能过剩[J].经济研究，2018(10): 67-81.

[352]吴利学，叶素云，傅晓霞．中国制造业生产率提升的来源:企业成长还是市场更替? [J].管理世界，2016(6): 22-39.

[353]席鹏辉，梁若冰，谢贞发，等. 财政压力、产能过剩与供给侧改革[J]. 经济研究，2017(9)：86－102.

[354]项后军，巫姣，谢杰. 地方债务影响经济波动吗[J]. 中国工业经济，2017(1)：45－63.

[355]谢建国，陈莉莉. 出口退税与中国的工业制成品出口：一个基于长期均衡的经验分析[J]. 世界经济，2008(5)：3－12.

[356]邢天才，庞士高. 资本错配、企业规模、经济周期和资本边际生产率：基于1992—2013年我国制造业上市企业的实证研究[J]. 宏观经济研究，2015(4)：48－59.

[357]许和连，王海成. 简政放权改革会改善企业出口绩效吗?：基于出口退(免)税审批权下放的准自然试验[J]. 经济研究，2018(3)：157－170.

[358]许家云，佟家栋，毛其淋. 人民币汇率变动、产品排序与多产品企业的出口行为：以中国制造业企业为例[J]. 管理世界，2015(2)：17－31.

[359]鄢萍. 资本误配置的影响因素初探[J]. 经济学(季刊)，2012(2)：489－520.

[360]杨光，孙浦阳. 外资自由化能否缓解企业产能过剩? [J]. 数量经济技术经济研究，2017(6)：4－20.

[361]杨继东，罗路宝. 产业政策、地区竞争与资源空间配置扭曲[J]. 中国工业经济，2018(12)：5－22.

[362]杨其静，吴海军. 产能过剩、中央管制与地方政府反应[J]. 世界经济，2016(11)：128－148.

[363]杨汝岱. 中国制造业企业全要素生产率研究[J]. 经济研究，2015(2)：61－74.

[364]杨天宇，张蕾. 中国制造业企业进入和退出行为的影响因素分析[J]. 管理世界，2009(6)：82－90.

[365]杨先明，李波. 土地出让市场化能否影响企业退出和资源配置效率? [J]. 经济管理，2018(11)：55－72.

[366]杨振兵，陈小涵. 资本价格扭曲是产能过剩的加速器吗?：基于中介效应模型的经验考察[J]. 经济评论，2018(5)：45－59.

[367]杨振兵. 有偏技术进步视角下中国工业产能过剩的影响因素分

析[J].数量经济技术经济研究，2016(8):31-47.

[368]姚毓春，袁礼，董直庆．劳动力与资本错配效应:来自十九个行业的经验证据[J].经济学动态，2014(6):69-77.

[369]余东华，吕逸楠．政府不当干预与战略性新兴产业产能过剩:以中国光伏产业为例[J].中国工业经济，2015(10):53-68.

[370]余淼杰，金洋，张睿．工业企业产能利用率衡量与生产率估算[J].经济研究，2018(5):58-73.

[371]袁志刚，解栋栋．中国劳动力错配对TFP的影响分析[J].经济研究，2011(7):4-17.

[372]岳云嵩，李兵．电子商务平台应用与中国制造业企业出口绩效:基于"阿里巴巴"大数据的经验研究[J].中国工业经济，2018(8):97-115.

[373]张成思，刘贯春．最优金融结构的存在性、动态特征及经济增长效应[J].管理世界，2016(1):66-77.

[374]张栋，谢志华，王靖雯．中国僵尸企业及其认定:基于钢铁业上市公司的探索性研究[J].中国工业经济，2016(11):90-107.

[375]张国峰，王永进，李坤望．开发区与企业动态成长机制:基于企业进入、退出和增长的研究[J].财经研究，2016a(12):49-60.

[376]张会清，王剑．企业规模、市场能力与FDI地区聚集:来自企业层面的证据[J].管理世界，2011(1):82-91.

[377]张杰，杨连星．资本错配、关联效应与实体经济发展取向[J].改革，2015(10):32-40.

[378]张靖佳，孙浦阳，刘澜飚．量化宽松政策、财富效应与企业出口[J].经济研究，2015(12):158-172.

[379]张林．中国式产能过剩问题研究综述[J].经济学动态，2016(9):90-100.

[380]张庆君，李萌．金融错配、企业资本结构与非效率投资[J].金融论坛，2018(12):21-36.

[381]张少华，蒋伟杰．中国的产能过剩:程度测算与行业分布[J].经济研究，2017(1):91-104.

[382]张天华，陈力，董志强．高速公路建设、企业演化与区域经济效

率[J]. 中国工业经济，2018(1)：79-99.

[383]张维迎，周黎安，顾全林．经济转型中的企业退出机制：关于北京市中关村科技园区的一项经验研究[J]. 经济研究，2003(10)：3-14.

[384]周开国，闫润宇，杨海生．供给侧结构性改革背景下企业的退出与进入：政府和市场的作用[J]. 经济研究，2018(11)：81-98.

[385]朱希伟，沈璐敏，吴意云，等．产能过剩异质性的形成机理[J]. 中国工业经济，2017(8)：44-62.

索　引